LA
CROIX DE BERNY

ROMAN STEEPLE-CHASE.

PARIS.— TYP. DONDEY-DUPRÉ, RUE SAINT-LOUIS, 46

Mme EMILE DE GIRARDIN
THÉOPHILE GAUTIER — JULES SANDEAU
MÉRY.

LA CROIX
DE BERNY

ROMAN STEEPLE-CHASE

PARIS
LIBRAIRIE NOUVELLE
BOULEVARD DES ITALIENS, 15, EN FACE DE LA MAISON DORÉE

Les Auteurs et les Éditeurs se réservent tous droits de traduction et de reproduction.

1855

La Croix de Berny fut, on s'en souvient, un brillant tournoi littéraire, où tour à tour madame de Girardin, Méry, Théophile Gautier et Jules Sandeau rompirent des lances comme des preux.

Nous croyons répondre à un vœu général en enrichissant la *Bibliothèque nouvelle* de cette œuvre unique en son genre, qui a pris sa date, et qui restera comme une des plus curieuses pages de l'histoire littéraire de ce temps.

Il ne nous appartient pas, on le comprend, de désigner le vainqueur de la joûte. Tout ce que nous pouvons faire, c'est de soulever discrètement le voile pseudonyme qui cache chacun des champions :

Les lettres signées :   sont de :
  Irène de Chateaudun.   .   Mme de Girardin.
  Edgard de Meilhan. .   .   MM. Théophile Gautier.
  Raymond de Villiers.   .   Jules Sandeau.
  Roger de Monbert. .   .   Méry.

C'est-à-dire quatre des plus brillants et des plus justement célèbres parmi les auteurs contemporains.

LES ÉDITEURS.

LA CROIX DE BERNY

ROMAN STEEPLE-CHASE.

I

A MADAME
MADAME LA VICOMTESSE DE BRAIMES
HÔTEL DE LA PRÉFECTURE,
A GRENOBLE (ISÈRE).

Paris, 16 mai 18...

Vous êtes une grande prophétesse, ma chère Valentine ; tout ce que vous avez prédit est arrivé : grâce à mon caractère incorrigible, me voici déjà dans la position la plus insupportablement fausse qu'un esprit raisonnable et un cœur romanesque aient jamais pu combiner. J'ai toujours été sincère avec vous, d'abord par nature et puis aussi par instinct ; il est si difficile de vous tromper, et je vous ai vue tant de fois ramener d'un seul regard dans le droit chemin de la franchise des confidences effarouchées qu'un peu de honte et d'orgueil commençaient à faire dévier. Je vous dirai donc toutes mes misères ; vos conseils peuvent encore me sauver. Vous comprendrez peut-être que je ne suis pas trop ridicule d'être si malheureuse d'un événement que tout le monde regarde comme un bonheur. Entraînée par ma faiblesse, ou plutôt par ma raison fatale, je me suis engagée... Oh! mon Dieu! c'est donc vrai que je suis engagée... à épouser le prince de Monbert. Si vous connaissiez ce jeune homme, vous ririez de ma tristesse et des airs désolés que je prends pour vous annoncer cette nouvelle. M. de Monbert est, de tous les jeunes gens de Paris, le plus spirituel, le plus aimable; il est noble, dévoué, généreux ; il est charmant, et je l'aime ; lui seul me plaît; je m'ennuie à mourir tous les jours où je ne le vois pas. Quand il est là, tout m'amuse ; je passe des heures entières à l'écouter; je n'ai foi qu'en ses jugements; je reconnais avec orgueil sa supériorité incontestable, je l'honore, je l'admire, et... je le répète, je l'aime... et cependant la promesse que j'ai faite de lui donner ma vie m'épouvante, et depuis un mois je n'ai qu'une pensée, c'est de retarder ce mariage que j'ai souhaité, c'est de fuir cet homme que j'ai choisi !... Et je m'inquiète... j'interroge mon cœur, mes souvenirs, mes rêves, je me demande la cause de cette inconcevable contradiction... je ne trouve, pour expliquer tant de craintes, que des niaiseries de pensionnaire, des enfantillages de poëte, dont une imagination allemande ne voudrait même pas, et que vous ne me pardonnerez que par pitié ; car vous m'aimez et vous me plaindrez de souffrir, bien que mes souffrances soient une folie.

Le croirez-vous, ma chère Valentine, je suis aujourd'hui plus à plaindre que je ne l'ai jamais été dans mes jours de misère et d'abandon. Moi, qui ai bravé avec tant de courage ce qu'on appelle les coups de l'adversité, je me sens faible et tremblante sous le poids d'une fortune trop belle. Cette destinée heureuse, dont je suis responsable, m'alarme bien plus aujourd'hui que ne m'alarmait il y a un an le sort malheureux qu'il me fallait subir malgré moi. Les ennuis de la pauvreté ont cela de bon qu'ils rendent le champ de notre pensée très-aride et qu'ils empêchent nos tourments *indigènes* de germer en nous. Quand on a subi les tortures de sa propre imagination, quand on s'est vu aux prises avec les violences, les angoisses, les intempéries de son propre caractère livré à lui-même, on regarde presque avec indulgence les chagrins qui viennent du dehors, et l'on finit par apprécier les soucis de la pauvreté comme des distractions salutaires aux inquiétudes maladives d'une intelligence désœuvrée. Oh ! je suis de bonne foi en disant cela ; je ne fais pas de la philosophie d'opéra-comique ; je n'ai point ce fier dédain des faiseurs de romances pour la *fortune importune;* je ne regrette ni mon *gentil bateau,* ni ma *chaumine au bord de l'eau;* je ne regrette pas aujourd'hui, dans ce beau salon de l'hôtel de Langeac où je vous écris, ma triste mansarde du Marais, où je travaillais nuit et jour du plus insipide travail ; parodie coupable des arts les plus nobles et qu'on doit toujours saintement respecter ; littérature de confiseur, peinture de vitrier, labeur sans dignité qui rend la patience et le courage ridicules ; plaisanterie amère qu'on fait en pleurant, jeu cruel qu'on joue pour vivre en maudissant la vie... Non, ce n'est pas cela que je regrette, mais la quiétude ou plutôt la paresse d'esprit où me laissait ce vulgaire travail. Alors point de résolutions à prendre, point de caractères à étudier, et surtout point de responsabilité à supporter, rien à choisir, rien à changer ; il n'y avait qu'à suivre aveuglément chaque matin le chemin monotone que la nécessité avait tracé fatalement la veille ; et si la journée avait été bonne, si j'avais pu copier, trier ou même imaginer quelques centaines de devises, si j'avais eu assez de carmin et de cobalt pour enluminer les mauvaises gravures de mode qu'il me fallait *livrer* le lendemain, si j'étais parvenue à trouver quelques dessins nouveaux de broderies et de tapisseries, j'étais contente, et je me permettais pour ma récréation, le soir, les plus douces, c'est-à-dire les plus absurdes rêveries. Alors, pour moi, la rêverie était la distraction ; aujourd'hui la rêverie est le travail, et ce travail, quand il est le seul, est dangereux; alors les bonnes pensées venaient m'assister dans ma misère; aujourd'hui les fâcheux pressentiments viennent me tourmenter dans mon bonheur. L'incertitude de mon avenir me laissait maîtresse des événements. Je pouvais me choisir chaque jour un nouveau destin et des aventures nouvelles; mon malheur subit et si peu mérité était si complet que je n'avais plus à attendre que des consolations, et j'éprouvais une reconnaissance vague pour ces secours inconnus que j'espérais avec confiance. Souvent je passais de longues heures à regarder dans le lointain une petite lumière qui brillait à un quatrième étage en face de ma fenêtre. Quelles étranges conjectures n'ai-je pas faites, les yeux fixés sur ce fanal mystérieux! Parfois, en le contemplant, je me rappelais les poétiques questions que Childe Harold adresse à la tombe de Cécilia Métella, lorsqu'il interroge la pierre muette et lui demande si celle qui l'habite était une jeune et belle femme, au profil pur, à l'œil noir, qui eut le destin que le ciel réserve à ceux qu'il aime : une mort prématurée; ou si elle était une vénérable matrone morte avec les cheveux blancs, après avoir survécu à tous, à ses charmes, à ses amis, à ses enfants... Moi, de même, j'interrogeais ce phare mélancolique, je lui demandais à quel être affligé il prêtait son secours : était-ce une mère inquiète, veillant et priant auprès d'un berceau menacé? était-ce quelque studieux jeune homme, se plongeant chaque soir, avec une âpre volupté, dans les arcanes de la science, pour arracher aux esprits révélateurs des nuits quelque vérité lumineuse? Mais si le poëte interrogeait avec tant d'intérêt le passé et la mort, moi, j'interrogeais la vie, et il m'a semblé plus d'une fois que le lointain fanal me répondait. J'allais enfin jusqu'à me figurer que cette lampe laborieuse s'entendait avec la mienne, et qu'elle épiait son signal pour s'allumer et pour s'éteindre... Je ne la voyais qu'à travers l'épais feuillage des arbres. Un grand jardin, planté de peupliers, de pins et de sycomores, séparait la maison où je m'étais réfugiée de la haute maison dont la dernière fenêtre chaque soir s'illuminait pour moi. Comme je n'ai jamais pu parvenir à m'orienter nulle part, je ne savais pas dans quelle rue était cette maison, ni de quel côté donnait sa façade; je ne savais donc pas non plus qui l'habitait; n'importe, cette lumière était pour moi une amie : elle parlait à mes yeux un langage sympathique; elle me disait : Courage, tu n'es pas seule à souffrir à cette heure ; derrière ces arbres et sous ces étoiles, il y a là aussi, en face de toi, quelqu'un qui veille, qui travaille, qui rêve... Et quand la nuit était majestueuse et belle, quand la lune s'élevait solennellement dans l'azur, comme une rayonnante hostie que l'invisible main de Dieu offrait à l'adoration des fidèles qui prient, qui gémissent et meurent la nuit; quand ces splendeurs toujours nouvelles éblouissaient mon esprit troublé; quand je me sentais saisie de cette poignante admiration des cœurs solitaires, qui leur fait trouver presque une douleur dans une joie sans aide et sans partage... il me semblait qu'une voix chérie venait m'assister dans cette trop violente admiration et me criait avec enthousiasme : N'est-ce pas que cette nuit est belle, et qu'il est doux de pouvoir ensemble l'admirer?

Quand le rossignol, trompé par le silence de ce quartier désert, attiré par ces noirs ombrages, venait se faire Parisien pendant quelques jours et rajeunir de ses chants printaniers les vieux échos de la cité, il me semblait encore que la même voix venait m'avertir et me disait tout bas, à travers les feuilles tremblantes : Il chante! viens donc l'écouter!

Et mes tristes nuits s'écoulaient doucement à l'aide de ces rêveries insensées.

Souvent aussi j'évoquais mon cher idéal : fantôme bien-aimé, protecteur de toutes les âmes honnêtes, rêve orgueilleux, choix parfait qui préserve des choix vulgaires, amour jaloux qui rend quelquefois impossible tout autre amour!... O mon bel idéal ! il me faut donc te dire adieu ! Maintenant, je n'ose plus t'évoquer. Enfantillage impardonnable; le souvenir de cet idéal me trouble comme un remords; il me rend injuste pour de nobles et généreuses qualités que je devrais apprécier plus dignement. Ne vous moquez pas de moi, Valentine; mais, je l'avoue, c'est là ce qui fait mon malheur; c'est que... vous allez dire que je suis folle, c'est que *celui que j'aime...* ne ressemble pas du tout à mon idéal, et cela me gêne pour l'aimer. Je ne saurais me faire illusion; le contraste est frappant; jugez-en par vous-même. Je vais tâcher de plaisanter pour que vous ne vous fâchiez pas trop contre moi. Tout le secret de mes chagrins est dans la différence de ces deux portraits; riez-en donc à votre aise :

Celui que j'aime a de jolis yeux bleus pleins de finesse et d'esprit; — mon idéal a de beaux yeux noirs pleins de tristesse et de feu, non pas de ces grands yeux de troubadour qui ont des paupières trop longues et qui chantent au lieu de parler; non, mon idéal n'a pas un regard de roman langoureux et d'une tendresse timide ; c'est un regard puissant, fier et profond, un regard de penseur qui, par hasard, brûle d'amour, un regard de héros désarmé ou d'homme de génie dompté par la passion.

Celui que j'aime a une taille haute et svelte; — mon idéal n'est pas petit, mais il ne pourrait pas être grenadier... Allons! j'arrive à plaisanter assez facilement, je me moque de moi presque aussi bien que vous.

Celui que j'aime est d'une franchise admirable. — Mon

idéal n'est pas fourbe, mais il est mystérieux; il ne dit jamais sa pensée, il vous la laisse deviner, ou plutôt il vous la donne; et elle est la vôtre depuis longtemps déjà, quand vous vous apercevez qu'elle était la sienne.

Celui que j'aime est ce qu'on nomme un bon enfant; on est tout de suite en confiance avec lui.

Mon idéal n'est pas du tout un bon enfant; bien qu'il vous inspire une foi profonde, on n'est jamais à son aise avec lui; il a dans le maintien une dignité gracieuse, et dans les manières une douceur imposante, qui vous cause toujours une sorte de crainte; si j'osais, je dirais un agréable effroi. Vous vous rappelez, Valentine, quand nous étions toutes jeunes filles, nous nous demandions souvent, en relisant les histoires des temps passés, quelles situations nous auraient plu, quels rôles nous aurions voulu jouer, quelles grandes émotions nous aurions voulu éprouver, et vous aviez toujours pour mes choix étranges le plus superbe dédain : mon rêve par excellence, c'était toujours de mourir de peur. Je n'enviais pas, comme vous toutes, les héroïnes célèbres, les bergères sublimes qui ont sauvé leur patrie; j'enviais la timide Esther, tombant évanouie dans les bras de ses femmes à la voix formidable d'Assuérus, et revenant avec délices à la vie en entendant cette même voix s'adoucir pour elle et prononcer les plus charmantes paroles qu'ait jamais inspirées un amour royal. J'enviais aussi Sémélé, mourant d'admiration et de crainte à l'aspect de Jupiter en courroux; mais je l'enviais plus rarement, parce que j'ai peur du tonnerre. Eh bien! je suis toujours la même; aimer en tremblant, c'est mon plus beau rêve. Je ne dis pas, comme la jolie madame de T...., que je serai toujours insensible, parce qu'il faudrait, pour me séduire, avoir les passions d'un tigre et les manières d'un diplomate, et que cela est impossible à rencontrer. Je dis que je ne comprends pas l'amour sans effroi.

Et pourtant celui que j'aime ne m'inspire pas le moindre effroi ; malgré moi, je me défie de cet amour qui ressemble si peu à celui que j'avais imaginé. Les doutes les plus ridicules viennent tout à coup me troubler. Quand Roger me parle avec tendresse, quand il me regarde, quand il me nomme sa chère Irène... je m'inquiète, je m'alarme... Il me semble que je trompe quelqu'un ; que je ne suis pas libre ; que je me suis engagée autre part. Oh ! comme ces scrupules sont misérables. Comme je mérite peu qu'on s'intéresse à moi ! N'ai-je pas raison de vous dire qu'il faut m'aimer profondément et depuis longtemps pour me plaindre, dans cette coupable tristesse sans cause et sans excuse ?

Vous le voyez, je ne m'aveugle point sur ma folie ; je me juge déjà aussi sévèrement que vous me jugerez. J'ai résolu de traiter ce chagrin puéril comme une maladie de l'esprit.

Mon plan est arrêté ; je vais me retirer pendant quelque temps à la campagne. La bonne madame Taverneau m'écrit de venir la voir à Pont-de-l'Arche, elle m'offre encore l'hospitalité chez elle cette année. Elle ne sait rien de ce qui s'est passé depuis six mois ; elle me croit toujours une pauvre jeune veuve forcée de peindre des écrans et des éventails pour ne pas mourir de faim. Ce qu'il y a de plaisant, c'est que dans sa lettre elle me raconte ma propre histoire sans se douter qu'elle parle à l'héroïne même de ce singulier roman. Par qui a-t-elle pu savoir cette histoire ? Je ne le devine pas ; ma triste position était un secret pour tout le monde. Du reste, les détails qu'elle me donne sont assez exacts : « Une jeune fille d'une grande
» naissance, orpheline à vingt ans, — réduite par la mi-
» sère à changer de nom, — et à travailler pour vivre, —
» et tout à coup rendue à la plus brillante existence par
» un affreux accident qui lui enlève en un jour tout ce

» qui restait de sa famille, un oncle immensément riche,
» sa femme et son fils. » Elle dit encore que mon oncle me
détestait, ce qui prouve qu'elle est bien informée, seulement elle ajoute que la jeune héritière est horriblement
laide, ce qui, je l'espère, n'est pas vrai, mais en province on croit que toutes les héritières sont bossues; on
en est encore là. J'irai chez madame Taverneau, où je
redeviendrai l'intéressante veuve de M. Albert Guérin, officier de marine. Veuvage périlleux, qui m'a attiré, de la
part de cette chère madame Taverneau, des confidences
prématurément instructives, que mademoiselle Irène de
Châteaudun a bien de la peine à oublier... Ah! la misère
est une cruelle émancipation; l'ignorance angélique, l'innocence immaculée de l'esprit est un luxe que les jeunes
filles pauvres, même les plus honnêtes, ne peuvent pas
se permettre. Quelle présence d'esprit il m'a fallu, pendant trois ans, pour jouer si parfaitement ce double rôle!
Que de fois je me suis sentie rougir quand madame Taverneau me disait : « Ce pauvre Albert! il devait vous
adorer. » Que de fois j'ai failli éclater de rire lorsqu'en
racontant les perfections de son mari, elle ajoutait, avec
des regards de pitié : « Cela doit vous faire mal de nous
voir ensemble, Charles et moi, nos amours doivent vous
rappeler les vôtres! » J'écoutais toutes ces choses avec un
sang-froid merveilleux. Vraiment je ferais une bonne comédienne, si cela ne m'ennuyait pas tant de jouer la comédie. Mais bientôt, heureusement, je pourrai dire la vérité à tous.

Je partirai demain ostensiblement avec ma cousine; je
l'accompagnerai jusqu'à Fontainebleau, où elle va rejoindre sa fille; puis je reviendrai ici me cacher un ou deux
jours dans mon modeste réduit, avant d'aller à Pont-de-
l'Arche. A propos de ma cousine, je dois déclarer que le
monde est fort injuste à son égard; elle n'est pas trop

ennuyeuse, ma grosse cousine. On ne me parlait que de ses ridicules; on me disait que j'avais le plus grand tort d'aller demeurer chez elle, de la prendre pour chaperon, qu'elle me persécuterait, que nous passerions notre vie en querelle; rien de tout cela n'était fondé : nous sommes toutes deux en très-bonne intelligence, et si je ne suis pas mariée l'hiver prochain, l'hôtel de Langeac sera encore mon asile. Roger n'est point prévenu de mon départ; il va être furieux : c'est ce qu'il faut; je compte sur sa colère pour m'éclairer. Je veux tenter cette épreuve. Comme toutes les personnes sans expérience, j'ai un système; le voici :

En amour, il n'y a de sincère que le découragement; on ne peut connaître le caractère d'un homme qui aime avec espérance. Suivez bien ce raisonnement; il est laborieux.

Tout amour violent est une hypocrisie involontaire.

Plus l'amour est sincère et plus le caractère est trompeur.

Plus on aime et plus on ment.

La raison en est bien simple. Le premier symptôme d'une passion profonde, c'est un ardent besoin de sacrifices. Le plus charmant rêve d'un cœur réellement épris, c'est de faire pour l'être adoré le sacrifice le plus extraordinaire et le plus pénible... Or ce qu'il y a de plus pénible pour un caractère, c'est de se dompter; pour une nature, c'est de se changer. Aussi, dès qu'on aime on se métamorphose; si l'on est avare, pour plaire on deviendra splendidement généreux; si l'on est poltron, on se fera témérairement brave; si l'on est un don Juan corrompu, on se fera un Grandisson vertueux; et l'on sera de bonne foi dans cet effort, et l'on se croira naïvement corrigé, converti, purifié, régénéré. Cette heureuse transformation durera tout le temps de l'espérance...

Mais sitôt que le prétendant métamorphosé aura pressenti l'inutilité de sa pénible métamorphose; sitôt que la voix implacable du découragement lui aura crié ces deux mots magiques avec lesquels on arrête tous les essors, on paralyse tous les esprits, on éteint tous les tendres cœurs : « Impossible! Jamais! Jamais!... » la nature moqueuse et brutale reprendra ses droits; l'avare calculera ses sacrifices, et il ne les comprendra plus; l'ex-brave se rappellera avec effroi sa valeur d'emprunt, et, en voyant ses cicatrices, il pâlira;... le roué se répétera, en riant, ses chastes promesses d'amour, et, pour se pardonner de les avoir faites de bonne foi, il se dira qu'il mentait, qu'il est un grand monstre, et il recouvrera son estime... Et tous ces défauts déchaînés viendront de nouveau se précipiter dans leur existence, comme les torrents dans la campagne, quand les écluses sont rompues... Et ces hypocrites éprouveront, par leurs chers vices retrouvés, cette soif, cet amour recrudescent qu'on éprouve pour les jouissances dont on a été privé depuis longtemps; et ils retourneront et ils s'élanceront vers leurs habitudes anciennes avec un empressement vorace, comme le convalescent vers la table, comme le voyageur vers la source, comme l'exilé vers la patrie, comme le prisonnier vers le jour. Alors, alors seulement ils seront sincères par désespoir, et vous les jugerez.

Ah! je respire!... Que pensez-vous de cette étude profonde du découragement en amour? J'ai la plus grande confiance dans cette épreuve, qui peut être favorable quelquefois. Je crois que pour Roger, par exemple, elle doit être heureuse, que le caractère qu'il a pris involontairement pour me séduire vaut mille fois moins que celui qu'il a réellement, et qu'il me plaira bien davantage quand il sera moins aimable. Et puis je ne suis pas fâchée de le voir un peu triste. Son seul défaut, si c'est un défaut, c'est de n'être pas assez sérieux.

Il a trop voyagé, il a trop étudié de choses et de mœurs

différentes pour avoir ce jugement absolu de l'esprit, cette provision d'idées acquises, de principes immuables, sans lesquels on ne peut se faire ce qu'on appelle une philosophie, c'est-à-dire une vérité à son usage. Dans tous ces mondes sauvages et civilisés qu'il a parcourus, il a observé des religions si burlesques, des morales si folâtres, des points d'honneur si plaisants, qu'il a rapporté de ces excursions une indifférence universelle, une légèreté brillante, qui donne sans doute beaucoup de grâce à son esprit, mais qui ôte de la dignité à son amour. Roger n'attache guère d'importance à rien. Il faut qu'un amer chagrin lui apprenne que tout n'est pas plaisanterie dans la vie ; la douleur peut seul lui rendre encore des croyances.

J'espère donc qu'il sera très-malheureux en apprenant ma fuite inexplicable, et je compte bien venir observer son désespoir. Rien ne me sera plus facile que de passer incognito deux ou trois jours à Paris dans ma chère mansarde, qui n'est pas louée, et je me fais un malin plaisir de voir par moi-même comment on traite mon souvenir. Bref, j'assisterai à mon absence, cela sera tout à fait nouveau.

Mais je m'aperçois que ma lettre est d'une longueur effrayante, je m'aperçois aussi qu'en vous racontant mes peines je les ai presque oubliées ; je reconnais là votre noble influence, ma chère Valentine ; penser longtemps à vous, c'est déjà se consoler et s'améliorer. Écrivez-moi donc. Vos conseils ne seront point perdus ; je suis une folle, j'en conviens, mais une folle qui est de bonne foi quand elle demande qu'on la guérisse, et une raisonneuse qui fait bon marché de ses raisonnements quand elle aime.

J'embrasse ma filleule et lui envoie pour sa fête une jolie robe brodée toute garnie de dentelles. *O mon amie !...* que je les ai retrouvées avec délices ces dentelles adorées ! seules réalités des grandeurs, seul don de la fortune qui ait une valeur sans mélange... Les beaux châteaux sont un exil, les beaux diamants sont un poids et un souci, les beaux chevaux sont un danger ; mais les dentelles ! elles font notre parure et notre consolation le jour et la nuit. Maintenant, je le sens, je pourrais encore supporter toutes les privations... je ne pourrais plus vivre sans dentelles !

Je vous envoie à vous, pour flatter vos goûts champêtres, une voiture entière de plantes nouvelles, dont un *pauwlonia*, n'allez pas lire un Polonais. C'est un arbre nouvellement acclimaté en France, dont les feuilles ont un mètre de tour et qui croît de quatre-vingt centimètres par mois. Les méchants prétendent qu'il gèle l'hiver : c'est une calomnie.

Adieu, adieu, écrivez-moi. J'attends un mot de vous comme un secours.

IRÈNE DE CHATEAUDUN.

Voici mon adresse : Madame Albert Guérin, chez madame Taverneau, à Pont-de-l'Arche, département de l'Eure.

II
A MONSIEUR
MONSIEUR DE MEILHAN
A PONT-DE-L'ARCHE (EURE).

Paris, 19 mai 18..

Cher Edgard, voici une vérité : quand un nuage passe sur notre existence, on se réfugie auprès d'un ami, comme sous un toit aux heures d'orage. Abritez-moi.

Dans mes jours de prospérité, je ne vous ai pas écrit. Le bonheur est égoïste. On craint aussi d'affliger un ami, peut-être malheureux, en lui envoyant des tableaux de béatitude domestique. C'est l'excuse de mon silence. L'infortune et l'absence m'accablent d'un double tort.

A ce début, vous croyez sans doute que je promène à travers Paris une figure tumulaire et un vêtement dévasté. Revenez de cette erreur. J'ai pour principe de ne pas afficher mes soucis aux yeux des indifférents qui vous raillent sans vous guérir, et je regarderais les consolations comme des insultes à ma fierté. Le consolateur humilie l'affligé inconsolable. D'ailleurs, il est des maux que personne ne comprend et que tout le monde feint de comprendre. Inutile donc de raconter ces maladies à un semblant de médecin. Ensuite, le pays est plein de gens dont le bonheur consiste à voir des malheureux. Ceux-là suivent les séances des cours d'assises, et lisent des ouvrages désolants où l'homme fait du mal à l'homme. Je ne veux pas servir de délassement ou d'hygiène à cette espèce classée dans le genre humain. Depuis l'abolition des cirques et des amphithéâtres, les curieux du genre prennent leurs plaisirs comme ils peuvent. Ils se posent au premier endroit pour assister aux luttes du chrétien et de l'adversité. Chaque siècle civilisé a ses mœurs sauvages. Sachant cela, je me suis fait ressembler, en public, au plus fortuné des mortels. J'ai inventé l'hypocrisie du contentement; ma figure rayonne de mensonges. Les curieux et les oisifs assis au boulevard Italien, sur les bancs du Cirque, auraient peine à reconnaître en moi un gladiateur dévoré par un monstre intime, aux griffes de feu. Je les trompe tous.

J'éprouve une certaine répugnance, cher Edgard, à vous entretenir maintenant de mes douleurs mystérieuses; j'aimerais mieux vous les laisser ignorer ou deviner. Si je m'explique, c'est que je ne veux pas que votre amitié alarmée s'égare et s'attendrisse faussement sur des maux qui ne sont pas les miens. D'abord, pour vous rassurer, je vous dirai que ma fortune n'a point souffert de mon absence. A mon retour à Paris, mon notaire m'a ébloui du tableau de mes richesses. Heureux jeune homme! m'at-il dit; un grand nom, une fortune considérable, une santé de voyageur équinoxial et polaire, et trente ans! Au fond, ce notaire raisonnait bien. Si je mettais ma richesse en fusion métallique, le lingot aurait assurément, dans une balance, le poids qu'un notaire donne au bonheur.

Ainsi, ne craignez rien du côté de ma fortune.

N'allez pas croire aussi que je suis à me désoler d'avoir perdu mon avenir politique et militaire dans la tempête royale de 1830. Lorsque le canon bourgeois troua les Tuileries et brisa une vieille couronne, j'avais seize ans, et je compris fort peu les lamentations de mon père qui me disait chaque matin ; — Mon enfant, ton avenir est perdu! L'avenir d'un homme est dans toutes les carrières honorables. Si j'ai laissé dans leur reliquaire domestique les épaulettes de mes aïeux, je puis, à mon tour, léguer à mes enfants d'autres joyaux et d'autres illustrations. Je viens de faire une campagne de dix ans, à travers tous les peuples du monde ; et c'est incroyable la quantité de choses que je ramène prisonnières de cette expédition, sans avoir attaché à la robe d'une mère le moindre crêpe de deuil. Je me préfère, comme conquérant, à César, Alexandre et Annibal, et à coup sûr mon avenir militaire ne m'aurait jamais donné les épaulettes de ces trois illustres généraux.

Ma nuit dernière a été affreuse, cher Edgard; vous ne vous en doutiez guère, n'est-ce pas, au ton faussement léger de ces préambules?

Vous allez voir comme la vie se fait lorsqu'on ne prend pas garde à elle, lorsqu'on laisse un instant tomber son bras dans ce duel incessant que la nature nous force à soutenir avec elle depuis notre berceau, et qui se termine toujours par notre mort. Quel long et superbe voyage je venais d'accomplir! Que d'écueils j'avais côtoyés! Que de folles vagues trompées avec une inflexion de gouvernail! Que de sirènes entendues, oreilles closes! Que de Circés abandonnées sous une lune maligne avant la métamorphose qui abrutit! Je revoyais Paris en homme qui a le *cœur mal né,* car la *patrie* ne lui semble pas *chère,* et je m'effrayais de cela, comme d'un crime non classé. Pourtant, à force de réflexion, je me reconnus moins coupable. Les longs voyages nous donnent une vertu ou un vice sans nom, qui se compose de tolérance, de stoïcisme et de dédain. Quand on vient de traverser les cimetières de tous les peuples, il semble qu'on a assisté aux funérailles du globe, et que tout ce qui s'agite encore de vivant à la surface est une bande d'adroits fuyards qui ont trouvé le secret de prolonger leur agonie jusqu'au lendemain. Je me promenais donc sur le boulevard Italien, sans admiration, sans haine, sans amour, sans joie, sans douleur. En donnant audience à ma pensée intérieure, je ne trouvai au ond de mon âme qu'une sérénité bourgeoise, proche parente de l'ennui. Le bruit de foule, de roues et de chevaux qui se faisait autour de moi, effleurait à peine le pli de mon oreille. Habitué comme je suis à entendre le formidable fracas que font les grands peuples morts auprès des grandes ruines dans le désert, je ne retirais pas une distraction de ce petit tumulte de citadins ennuyés. Ma figure devait traduire la dédaigneuse quiétude de mon âme. A force de contempler les faces muettes et immobiles des colosses de l'Égypte et de la Perse, je sens que mon visage a pris, malgré moi, cette fixe et imperturbable tranquillité des visages de granit.

Ce soir-là, on jouait à l'Opéra *la Favorite,* œuvre charmante, pleine de grâce, de passion et d'amour.

Arrivé au bord du trottoir de la rue Lepelletier, je fus barré dans ma promenade par une file de voitures qui descendaient de la rue de Provence. Je n'ai pas la patience d'attendre l'épuisement d'un défilé de voitures, surtout lorsque je marche au hasard, et qu'il m'importe fort peu que mon pied couvre sa part d'asphalte ou de pavé. Ainsi, au lieu d'attendre, je doublai l'angle de la rue, et, longeant le trottoir, je descendis, avec les voitures, la rue Lepelletier. Comme elles allaient plus vite que moi, elles ne me masquèrent pas la façade de l'Opéra, quand j'arrivai à la hauteur du péristyle. C'est alors que je me dis : Entrons.

Je pris une loge de rez-de-chaussée, car depuis dix ans ma loge de famille avait changé cinq fois de maîtres, de tentures et de clefs. Je m'assis au fond, dans la brume du clair-obscur, pour ne pas être reconnu, et pour laisser en repos chez eux quelques amis, qui se seraient imposé l'obligation de venir professer un cours de modes à un voyageur arriéré de dix ans.

Je ne connaissais pas *la Favorite*, et mon oreille ne s'ouvre que paresseusement à une musique nouvelle ; les grandes partitions exigent de l'auditeur indolent un long noviciat. J'écoutais l'orchestre et les voix avec nonchalance, et je regardais les loges avec un intérêt singulier, pour compter les petites révolutions que dix ans peuvent amener dans le personnel aristocratique de l'Opéra.

A côté de moi, dans les loges voisines, il y avait un bruit confus de paroles, et quelques phrases distinctes, par intervalles, arrivaient à mes oreilles, quand l'orchestre et le chant se taisaient. Involontairement j'écoutais ces phrases, qui d'ailleurs n'étaient pas des confidences, et rentraient dans le domaine de ces causeries oiseuses que les habitués des loges mêlent au *libretto* d'un opéra.

On disait :

— Oh ! je la reconnaîtrais sur mille ! Je me méfie un peu de ma vue, mais ma lorgnette corrige mes yeux. C'est bien elle, mademoiselle de Bressuire. Une personne superbe, mais qui gâte sa beauté par l'affectation.

— Votre lorgnette est aveugle, vous dis-je, mon cher monsieur, nous connaissons mademoiselle de Bressuire.

— Ce n'est pas elle, madame a raison. Cette demoiselle, que tout le monde regarde, et qui, ce soir, est la véritable favorite de l'Opéra, excusez ce jeu de mot puéril, cette demoiselle est espagnole. Je l'ai vue au bois de Boulogne dans la calèche de M. Martinez de la Rosa. On m'a dit son nom, mais je l'ai oublié. Je suis brouillé avec les noms.

— Mesdames, — dit un jeune homme qui rentrait dans la loge avec fracas, — je viens de questionner l'ouvreuse. Nous sommes fixés. C'est une demoiselle d'honneur de la reine des Belges.

— Et son nom? — demandèrent cinq voix.

— Elle a un nom belge que l'ouvreuse m'a défiguré, un nom comme Wallen ou Meulen.

— Nous voilà bien avancés!

Au mouvement général des loges et du balcon, il était aisé de comprendre que les mêmes entretiens s'engageaient partout dans la salle, et sans doute à peu près dans les mêmes termes, car le monde ne varie pas trop ses formules en ces sortes d'occasions. Un accord d'instruments ramena subitement vers la scène l'attention générale, détournée sur une seule femme depuis le lever du rideau. J'avais été forcé moi-même aussi de prendre intérêt à cet épisode, et ne voulant donner, dans ma réserve habituelle, que quelques regards rapides et dirigés au hasard, je venais à peine de découvrir cette jeune femme, ainsi livrée aux conjectures du monde élégant.

Elle était dans une loge de premières, et la distinction naturelle de sa pose fut la première qualité qui me frappa. Placée au centre de l'admiration, elle supportait son triomphe avec l'aisance d'une femme habituée à sa beauté.

Pour mettre tout le monde à son aise, elle avait pris, avec beaucoup d'art, l'attitude de la contemplation artistique ; on eût dit qu'elle était réellement absorbée dans l'extase de la musique et des voix, ou bien qu'elle suivait le conseil du poëte toscan :

> Bel ange, descendu d'un monde aérien,
> Laisse-toi regarder et ne regarde rien.

A la distance où j'étais assis, je ne pouvais distinguer que l'ensemble de sa figure, car je regarde l'usage de la lorgnette fixe comme une impolitesse du genre poli. Cependant, elle me parut justifier ce concert d'éloges que les yeux et les voix de tous lui chantaient en chœur d'opéra. Il y eut un moment où la belle inconnue se pencha gracieusement vers les stalles inférieures et mit son visage en dehors de l'ombre de la loge et tout à fait à découvert dans l'auréole voisine des girandoles de gaz, et ce fut comme une apparition qui, par un jeu d'optique de théâtre, se rapprocha de moi et m'éblouit. Un silence religieux régnait dans la salle. Le baryton chantait un air plein de volupté langoureuse et d'amour sensuel. Il y avait surtout deux vers que l'artiste faisait trembler sur ses lèvres, que l'orchestre accompagnait en vibrations mystérieuses, et qui me semblèrent en ce moment résumer cet ineffable délire de joie que l'amour d'une femme aimée entretient avec de perpétuelles extases au fond du cœur. Que de faiblesse il y a dans l'homme le plus fort ! Allez voyager dix ans à travers glaçons, océans, sables torrides, visages noirs, forêts peuplées de monstres, villes peuplées de païens ; ensanglantez vos mains de naufragé aux angles des écueils ; riez dans les ouragans ; insultez les bêtes fauves dans leurs cavernes ; bronzez votre visage et votre cœur avec des couches de soleil et le bitume de la mer ; étudiez la sagesse devant les ruines de tous les portiques, où les rhéteurs ont paraphrasé trois mille ans, en dix langues, le verset de Salomon sur la vanité des vanités; rentrez dans votre pays avec le dédain superbe de l'homme qui a vu partout le vide, excepté dans l'infini où flottent les étoiles; écrasez de votre silence railleur, ou de votre parole gonflée d'expérience, les jeunes gens étourdis qui osent hasarder un système devant vous; affichez insolemment l'orgueil du triomphateur qui arrive chargé des dépouilles de l'univers et qui se courbe en passant sous l'arc de triomphe, et tout à coup le hasard vous pousse dans un coin plein de musique et de lumière, vous déshérite de votre passé, vous détrône dans votre orgueil, vous donne la taille des autres hommes, vous met au niveau des nains! Un incident bien simple pourtant, un écueil oublié sur l'atlas des navigateurs, quelques mots de mélodie suave traversant un soupir d'orchestre au moment où la curiosité d'un regard tombe sur un visage inconnu!

Il faut laisser dans leurs ténèbres intérieures les choses inexplicables, et supprimer les réponses à tant d'insolubles *pourquoi* qui jalonnent notre existence. Je regardais toujours cette jeune femme avec un sentiment de terreur qui m'aurait paru naturel en face d'un grand péril, mais qui, dans la phase de quiétude où je me berçais cinq minutes avant, me paraissait si étrange, que je me sentais humilié, absurde et méconnaissable à mes propres yeux. A côté de la belle inconnue, je voyais un large éventail s'ouvrir et s'incliner en se fermant avec une certaine affectation; mais ce ne fut qu'au dixième mouvement de cet éventail que je remontai du regard jusqu'à la figure de la femme qui l'agitait. Cette femme est ma plus proche parente; c'est vous nommer la duchesse de Langeac. Ici, le hasard se compliquait d'une façon si heureuse qu'elle était effrayante. La belle inconnue était donc une amie de la duchesse. Encore un instant, et l'entr'acte allait amener pour moi une situation enviée par tout le peuple de l'Opéra.

A la fin de l'acte je quittai ma loge et je fis précipitamment un tour de foyer avant de me présenter. Lorsque je fus reçu, la duchesse me mit tout de suite à mon aise, en m'adressant brusquement la parole, comme si elle eût deviné mon embarras. Les femmes, d'ailleurs, ont une perception exquise et surnaturelle de toutes les choses de l'amour. Toutes elles devinent tout; c'est effrayant.

La duchesse prononça lestement le nom de mademoiselle de Châteaudun et le mien, comme pour se débarrasser le plus tôt possible des cérémonies d'une présentation; et touchant un fauteuil du bout de son éventail :

— Mon cher Roger, me dit-elle, on voit bien que vous arrivez de partout, excepté du monde civilisé. Je vous ai envoyé vingt saluts, et vous ne m'avez pas fait l'honneur d'une réponse! La musique vous absorbait, n'est-ce pas? On ne joue pas *la Favorite* chez les sauvages; aussi restent-ils sauvages. Comment trouvez-vous notre baryton? Il a chanté son air avec un sentiment adorable.

Pendant que la duchesse parlait, je donnai deux fois à mes yeux une direction rapide et naturelle sur mademoiselle de Châteaudun, et je compris l'admiration qu'elle excitait dans la salle. Si je vous disais que cette jeune personne est une jolie femme ou une belle femme, vous ne me comprendriez pas, car ces dénominations sont si vulgaires dans le langage du monde, qu'elles n'expriment rien. Il faut un volume de détails pour dépeindre la grâce, le charme et l'éclat d'une femme exceptionnelle. Au reste, ce n'est pas dans le moment désolé où je vous écris que ma complaisance de peintre peut vous exposer, dans un relief lumineux, la beauté d'Irène. Je ne veux pas me souvenir, lorsque je dois oublier.

Après cet échange de mots insignifiants qui sont l'escarmouche d'une conversation, nous causions, comme on fait dans un entr'acte, lorsque tous les yeux d'une salle tombent sur une seule loge et forcent ceux qui l'habitent à s'occuper d'eux, pour avoir l'air d'ignorer ce qui se passe au dehors.

Pour déguiser mon trouble, j'avais donné à notre entretien une tournure légère, dont il me suffira de vous citer un court échantillon.

— Oui, mademoiselle, — disais-je en répondant à une question de circonstance, — la musique est aujourd'hui le besoin de l'univers. C'est la France qui est chargée d'amuser le genre humain. Supprimez notre théâtre, Paris et l'Opéra, et l'univers tombe en léthargie incurable. Vous ne pouvez vous faire une idée de l'ennui qui désole la mappemonde. Heureusement, Paris envoie à la province des Deux-Indes tout le bruit charmant qu'il fait, lorsqu'il a détrôné quelque roi. Un jour, Calcutta était à l'agonie : il allait mourir d'ennui. La Compagnie des Indes est riche, mais elle n'est pas amusante; avec tous ses trésors elle ne pourrait pas acheter un sourire pour Calcutta. Paris lui envoya *Robert le Diable*, *la Muette de Portici* et quelques drames d'Hugo et de Dumas. Calcutta entra en convalescence et se porte fort bien aujourd'hui. Chandernagor, sa voisine, a vécu par-dessus le marché. En 1842, quand je quittais l'île Bourbon, l'affiche annonçait *la Favorite*, et la population ressuscitait de joie. *Guillaume Tell* a sauvé Madras du *spleen*. Quand une ville équinoxiale est atteinte de consomption, elle se tourne vers Paris, la main tendue pour recevoir l'aumône et la guérison, comme l'indigent à la porte d'un riche médecin, et Paris expédie à sa cliente d'outre-mer un ballot de partitions, de livres et de journaux. Paris n'a pas l'air de se douter de cela. Il est d'une abnégation stoïque. Paris se dit mille injures à lui-même chaque jour; il se proclame en décadence, il se reconnaît inférieur à tous les Paris d'autrefois, surtout à celui du grand siècle; il s'affirme qu'il a perdu toute influence chez les nations; il s'écrie qu'il est à l'état de Bas-Empire; il se bâtit vingt-quatre lieues de fortifications pour soutenir siége contre Mahomet II; il pleure sur sa décadence; il accuse le ciel qui a refusé à tous ses enfants de 1844 le génie, l'esprit et les talents, pleuvant autrefois en prose et en vers. L'univers seul n'est point de l'avis de Paris. On peut consulter l'univers : je le sais, moi, puisque j'en viens.

Et je continuai à parler, en riant, de mes voyages, et à débiter mille extravagances. Mademoiselle de Châteaudun paraissait s'amuser de cette folle gaieté. Vraiment, dit-elle, vous avez une philosophie heureuse, et la vie doit vous être bien légère, en la portant de cette façon.

— Il faut vous dire, mon cher Roger, — reprit la duchesse en feignant la commisération, — il faut vous dire que ma jeune cousine, mademoiselle Irène de Châteaudun, est malheureuse à faire pitié. Nous allons pleurer, vous et moi, sur son sort, et nous prierons l'orchestre de nous accompagner à la sourdine... Il faut donc que je vous apprenne, mon cher Roger, que cette infortunée est une héritière, et la plus riche héritière de Paris!

— Ah! voilà bien comme vous êtes! — dit Irène avec un délicieux mouvement de dépit qui rayonna dans les plus beaux yeux du monde, — ne dirait-on pas que la richesse rend heureux? Ce sont les pauvres gens qui font courir ce bruit; les gens riches seuls savent qu'il est faux.

Le rideau se levait; je saluai la duchesse et sa jeune et belle amie, et je retournai dans ma loge. En me conduisant ainsi, je donnais à ma visite un simple caractère de politesse dégagé de toute intention.

Quelle intention, d'ailleurs, pouvais-je avoir? En ce moment, il m'eût été bien difficile de m'adresser une réponse à cette demande. J'avais été frappé, comme tout le monde, de la beauté de mademoiselle de Châteaudun ; le hasard m'avait fourni l'occasion naturelle d'aller voir ce phénomène de plus près. L'inconnue n'avait rien perdu à se faire connaître. Elle était revêtue de cette suprême grâce de sourire et de regard qui appelle, retient et ne permet plus d'oublier. Elle avait parlé fort peu ; mais il était aisé de comprendre, à la tranquillité superbe de son attitude et à l'expression intelligente de ses yeux, qu'elle possédait en elle un trésor d'esprit et d'idées tout prêt à être prodigué sur une scène plus vaste qu'une loge d'opéra.

Dans l'irradiation éblouissante qui environnait cette jeune femme et qui m'avait laissé le choix de deux rôles, le silence stupide et admirateur ou le vagabondage étourdi de la parole, je n'avais vu passer qu'un seul nuage, et ce nuage avait un instant éclipsé tant de charmes, et fait descendre la divinité du haut de son piédestal sur l'humide pavé de Paris !

Irène était une héritière ! C'était la duchesse qui avait coupé les ailes de l'ange avec ce mot de tabellion. Une héritière ! Eh ! que m'importait cela ? Une héritière ! une adorable forme toute de poésie et d'amour, déposée sur une table de notaire, dans un assortiment de chiffons de banque et de sordides pièces d'or ! Une héritière !... Un jour de fête au paradis, un jour d'amnistie aux hommes, Dieu a pris cette jeune fille, il lui a donné cette couronne de cheveux, ce front découpé sur un modèle de séraphin, ces yeux dont les rayons semblent purifier la terre, ces grâces de visage, cette exquise ciselure d'épaules et de bras, cet ensemble idéal que l'artiste rêve et que la réalité lui montre un jour... Ce chef-d'œuvre vivant de l'atelier divin est mis aux enchères !... Sonnez, clairons des huissiers ! Voici une héritière, messieurs ! donnez du papier timbré ! Avancez-vous, acquéreurs !

Vous comprenez bien, cher Edgard, qu'après cette soirée qui avait subitement décomposé mon caractère, je vis et je revis mademoiselle de Châteaudun, grâce aux facilités que la duchesse me ménagea, dans l'intention, sans doute, d'entraîner dans la famille une héritière de plus. Je vous ajouterais maintenant un volume fort inutile pour vous amener, par détails romanesques, à un dénoûment que votre sagacité devine. Il y a donc déjà dix pages que vous avez deviné mon amour pour mademoiselle de Châteaudun. Mais vous n'avez pas tout deviné.

J'ai voulu dans cette lettre vous donner le commencement et la fin de mon histoire. Que vous importe le milieu? Le milieu est la chose vulgaire; c'est le calendrier amoureux de tous ceux qui ont aimé. C'est le procès-verbal de tant de petites choses domestiques, toujours sublimes pour deux personnes, toujours ridicules pour les indifférents. Chaque jour a amené sa phase obligée. Enfin, nous nous aimions; excusez la platitude bourgeoise de cet aveu.

Irène me paraissait une créature parfaite; son seul défaut d'*héritière* avait disparu dans l'ivresse de mon amour. Que vous dirai-je? Tout était conclu; j'allais épouser cette femme, malgré son argent.

J'étais en proie à un véritable délire de bonheur. Mes pieds ne touchaient plus la terre; j'avais des extases de bienheureux ravi au ciel; je demandais pardon aux hommes de mes délices. Il me semblait que cette vallée de larmes allait s'insurger contre moi, étonnée de voir qu'un seul osât insulter à ses douleurs du haut de son terrestre paradis. Edgard, je vous jette l'énigme homicide que l'enfer m'a donnée; ramassez-la, vous la devinerez peut-être. Quant à moi, je cherche mon front à deux mains; je ne le trouve plus; je suis décapité.

Irène a quitté Paris! maison vide, rue vide, cité vide.

Il n'y a plus rien autour de moi, que le néant humide et noir.

Pas un mot d'adieu, pas un signe, pas une parole, pas une consolation. Les femmes font de ces choses-là !

J'ai fait tout ce qui est possible pour découvrir Irène ; j'ai ajouté l'impossible. Rien n'a réussi.

Oh! si elle pouvait avoir tort contre moi, que je serais heureux !... Car il y a une idée qui me tue comme un poignard, une idée affreuse !... Irène est une femme d'une beauté impardonnable : on a ouvert sous ses pieds quelque horrible guet-apens, et il y a eu des femmes qui ont dit à des hommes : Vengez-nous.

Cachez ma douleur aux autres, cher Edgard. Oh! si vous m'aviez vu ce matin sur le boulevard, vous n'auriez pas reconnu l'homme de cette lettre. J'ai pris un dandysme superbe ; j'ai des poses de sybarite et des sourires de jeune sultan ; je marche comme sur des nuages ; je promène sur la foule des regards si bienveillants, que trois malheureux sont venus me demander un service, comme s'ils avaient cru reconnaître la Providence en frac noir. La dernière exclamation qui a retenti à mes oreilles, et qui sortait d'une bouche de philosophe observateur, est celle-ci : Mon Dieu, que ce jeune homme doit être heureux !

Cher Edgard, ma main attend votre main.

ROGER DE MONBERT.

III
A MONSIEUR
MONSIEUR LE PRINCE DE MONBERT
RUE SAINT-DOMINIQUE.
PARIS.

Richeport, 29 mai 18...

Non, non, je n'irai pas vous consoler à Paris. J'escorterai votre chagrin à Smyrne, au Grand-Caire, à Chandernagor, à la Nouvelle-Hollande, si vous voulez; mais j'aimerais mieux être scalpé tout vif que de retourner maintenant dans cette aimable ville trop entourée de fortifications.

Votre élégie m'a trouvé médiocrement sensible. La fortune, on le voit, vous a toujours traité en enfant gâté. Je me ferais des félicités de vos malheurs et des paradis de vos enfers. Une disparition cause votre désespoir; moi, je suis forcé de disparaître! — N'allez pas croire que des créanciers soient pour quelque chose là-dedans. On n'a plus de dettes à présent; c'est mal porté. — On vous fuit, on me suit, et, quoi que vous en puissiez dire, il est plus agréable d'être le chien que le lièvre.

Ah! si la beauté que j'adore (style d'opéra comique et de romance) avait eu cette triomphante idée! Ce n'est pas moi qui... Mais personne ne connaît son bonheur. Cette mademoiselle Irène de Châteaudun me plaît; par cette éclipse opportune et spirituelle, elle vous empêche de faire une grande sottise. — Quelle diable de fantaisie vous avait traversé la cervelle de vous marier, vous qui avez vécu en ménage avec les tigres du Bengale, qui avez eu pour caniches des lions de l'Atlas, et vu, comme don César de Bazan, des femmes jaunes, noires, vertes, bleues, sans compter les nuances intermédiaires! Qu'auriez-vous fait toute votre vie de cette mince poupée parisienne, et comment votre cosmopolitisme se serait-il arrangé du domicile conjugal? Bénissez-la au lieu de la maudire, et, sans perdre votre temps à la rechercher partout où elle n'est pas, insérez délicatement un cahier ou deux de billets de banque dans votre portefeuille, et partons ensemble pour la Chine; nous ferons un trou dans la fameuse muraille, et nous verrons la réalité des paravents de laque et des tasses de porcelaine. Je me sens une furieuse envie de manger du potage aux nids d'hirondelle, des vers de moelle de sureau en coulis, des nageoires de requin à la sauce au jujube, le tout arrosé de petits verres d'huile de ricin! Nous aurons une maison peinte en vert-pomme et en vermillon, tenue par quelque mandarine sans pieds, avec des yeux circonflexes et des ongles à servir de curedent. — Quand attèle-t-on les chevaux à la chaise de poste?

Un sage de l'empire du Milieu dit qu'il ne faut pas contrarier le cours des événements. La vie se fait d'elle-même. Puisque votre fiancée se sauve, cela prouve que le mariage n'entre pas naturellement dans les conditions de votre existence. Vous auriez tort de vouloir forcer la main au hasard; laissez-le agir, il sait bien mieux que vous ce qu'il vous faut. — Le hasard, c'est peut-être le pseudonyme de Dieu, quand il ne veut pas signer.

Grâce à cette bienheureuse disparition, vous pourrez conserver votre amour jeune, frais, sans détail mesquin ou désagréable; outre les plaisirs du souvenir, vous aurez les plaisirs de l'espérance (c'est, dit-on, le plus bel ouvrage du poëte Campbel), car rien ne prouve que l'idole de votre âme soit remontée dans ce monde meilleur où pourtant personne ne veut aller.

Que ma retraite ne vous inspire d'ailleurs aucune prévention défavorable contre mon courage; Achille lui-même se serait enfui à toutes jambes à l'aspect du bonheur dont j'étais menacé. — A quelles coiffures orientales, à quels burnous prétentieusement drapés, à quels cercles d'or d'impératrice du Bas-Empire ai-je échappé par cette mesure prudente de m'être arraché subitement aux élasticités de l'asphalte parisien? — Mais ceci doit vous paraître une énigme. — Vous ignorez probablement mon histoire, à moins qu'un Anglais trop bien informé ne vous en ait touché deux mots dans le temple d'Éléphanta. Je vais vous la raconter, par manière de représailles du récit de vos amours avec mademoiselle Irène de Châteaudun.

Vous avez peut-être rencontré quelque part ce bas-bleu célèbre qu'on appelle la marquise romantique. Elle est belle; les peintres le disent. — En effet, ils n'ont pas tort, car elle est belle à la façon d'un vieux tableau. Quoiqu'elle soit jeune, elle a l'air d'être couverte d'un vernis jaune, et semble marcher entourée d'un cadre, ayant derrière elle un fond de bitume. Je me trouvai un soir avec cette pittoresque personne, chez madame de Bléry; j'étais fort nonchalamment retranché dans une encoignure, loin du cercle des causeurs, juste assez éveillé pour sentir que je dormais; situation délicieuse que je vous recommande et qui ressemble au commencement de l'ivresse du hatchich, lorsque, je ne sais par quel détour de conversation, madame de Bléry vint à me nommer et à me désigner: je fus immédiatement tiré de ma torpeur et amené devant la cheminée.

J'ai eu quelquefois, comme dit Gubetta, la faiblesse de faire se becqueter deux rimes au bout d'une idée, ou tout au moins au bout d'un certain nombre de syllabes, pour parler plus modestement. — La marquise, qui connaissait ce crime sans circonstances atténuantes, s'étala en éloges, en hyperboles flatteuses, me mit à côté de lord Byron, de Goëthe, de Lamartine, me trouva l'air satanique, et en fit tant que je la soupçonnai d'album; ce qui me donna tout de suite le maintien morne et farouche, ne haïssant rien tant au monde qu'un album, si ce n'est deux albums.

Pour éviter toute tentative de ce genre, je poussai quelques provinciaux naïfs au milieu de la conversation, et j'effectuai ma retraite d'une manière savante, m'avançant en plusieurs poses jusqu'à la porte; arrivé là, je me précipitai dehors avec un mouvement si preste et si brusque que j'étais déjà au bas de l'escalier avant qu'on se fût aperçu de mon absence.

Hélas! nul ne peut éviter l'album auquel il est prédestiné ! Le lendemain, un livre magnifiquement relié en cuir de Russie m'arrivait dans un superbe étui de moire, sous le bras d'un jeune groom, avec un billet de l'infante qui me priait de vouloir bien honorer...

Tous les grands hommes ont leurs antipathies : Jacques II ne pouvait supporter l'éclat d'une épée ; Roger Bacon tombait en défaillance à la vue d'une pomme ; moi, le papier blanc m'inspire une mélancolie profonde. Pourtant, je me résignai, et je griffonnai je ne sais quoi dans le coin d'une page, et j'inscrivis au bas une signature paraphée, aussi illisible, aussi violente que celle de Napoléon dans ses moments de mauvaise humeur.

Je croyais que les choses n'iraient pas plus loin ; mais je reçus à quelques jours de là une invitation à une petite soirée intime dans des termes si pressants et si aimables, que je résolus de n'y pas aller. Talleyrand dit : « Ne suivez jamais votre premier mouvement, car il est bon. » Cependant, j'eus tort cette fois de me conformer à cette maxime machiavélique. — Je ne savais comment tuer le temps. On donnait *Eucharis* à l'Opéra ; le ciel était rempli de nuages bossus, contrefaits, rachitiques ; le coucher du soleil était manqué ce soir-là. J'avais vainement cherché un camarade pour se griser avec moi et traiter entre trois vins des questions de haute morale ; — faute d'une occupation plus gaie, j'allai chez la marquise ***.

Son appartement est une vraie série de catafalques, et semble avoir eu pour décorateur le tapissier des pompes funèbres. Le salon est tendu de damas violet, la chambre à coucher de velours noir ; les meubles sont d'ébène, de vieux chêne ou de palissandre ; des crucifix, des bénitiers, des bibles in-folio, des têtes de mort, des poignards, émaillent cet aimable intérieur. Quelques Zurbaran, vrais ou faux, représentant des moines et des martyrs, sont suspendus aux murailles et épouvantent les visiteurs par leurs contorsions et leurs grimaces. Cette teinte de catacombe est destinée à faire valoir les joues de cire et les yeux bistrés de la dame qui a plutôt l'air d'être le fantôme que la maîtresse de ce logis ; elle n'y habite pas, elle y revient.

N'allez pas croire, cher Roger, d'après ce commencement un peu funèbre, que votre ami ait été la proie d'une goule, d'une lamie, d'une stryge ; la marquise est, après tout, une assez belle femme ; elle a des traits nobles, réguliers, quoique un peu juifs, ce qui l'induit en turban plus souvent et de meilleure heure qu'il ne le faudrait ; elle ne serait que pâle, si au lieu de blanc elle mettait du rouge ; elle a de belles mains aristocratiques, un peu frêles, un peu fluettes, trop chargées de bagues bizarres, et son pied n'est guère plus grand que son soulier, chose rare ! car les femmes, en matière de chaussure, ont rendu faux l'axiome géométrique : Le contenu doit être moindre que le contenant.

C'est même, jusqu'à un certain point, une femme de bonne compagnie et assez bien située dans le monde.

Je fus reçu avec toutes sortes de tendresses, bourré de petits gâteaux, inondé de thé, breuvage sur lequel je professe les mêmes opinions que madame Gibou, et assassiné de dissertations romantiques et transcendantes. J'ai la faculté de m'abstraire complétement de pareilles conversations, en pensant à toute autre chose, en considérant avec une attention profonde les facettes d'un flacon de cristal ou de quelque objet analogue ; cette attitude rêveuse toucha la marquise, qui me crut absorbé dans un gouffre de pensées. — Bref, j'eus le malheur de la charmer, et la faiblesse, comme la plupart des hommes, de me laisser aller à ce commencement de bonne ou plutôt de mauvaise fortune ; car cette toile décrochée ne me plaisait pas du tout, quoique d'un assez bon style et d'une conservation suffisante. Je flairais quelque littérature là-dessous, et je regardais, au bord de sa robe, si quelque reflet d'azur n'altérait pas la blancheur de ses bas — de soie ou de fil d'Écosse; j'abhorre les femmes qui prennent des bains d'encre bleue. — Hélas! c'était bien pis qu'une femme de lettres avouée. — Celles-là ont la prétention de ne parler que de chiffons, de rubans et de bonnets, et vous donnent confidentiellement les recettes pour la confiture de cédrats et la crème aux fraises ; elles mettent leur amour-propre à ne rien ignorer des choses du ménage et à suivre exactement les modes. — Vous ne trouverez chez elles ni papier, ni plume, ni encre, ni buvard. Si elles écrivent une ode ou une élégie, c'est au dos d'une facture ou sur une page arrachée de leur livre de comptes. La marquise médite des romans réformateurs, des poésies sociales, des traités humanitaires et palingénésiques, et l'on voit, sur ses tables et ses fauteuils, des bouquins solennels ayant des cornes aux endroits les plus ennuyeux; ce qui est tout à fait menaçant. Rien n'est plus commode qu'une muse dont les œuvres complètes sont imprimées : on sait du moins à quoi s'en tenir, et vous n'avez pas toujours la lecture de Damoclès suspendue sur la tête.

Entraîné par cette fatalité qui me livre si souvent aux femmes que je ne puis souffrir, je devins le Conrad, le Lara de cette héroïne byronienne. Elle m'écrivait tous les matins des lettres datées de trois heures après minuit, auxquelles il ne manquait que d'avoir quinze colonnes pour être des feuilletons. Je retrouvais là dedans Frédéric Soulié, Eugène Sue, Alexandre Dumas, plus ou moins mis en pièces, et si j'aime ces glorieux auteurs, ce n'est pas dans ma correspondance amoureuse ou galante. Dans ces occasions-là une faute d'orthographe naïve me fait plus de plaisir qu'une phrase imitée de George Sand, qu'une tirade pathétique empruntée à quelque dramaturge en vogue : je ne crois pas aux passions que j'inspire quand il s'y mêle de la littérature, et le mot : je t'aime, ne me persuade guère s'il n'est écrit : « Je thême. »

Cela m'aurait encore été assez égal que cette beauté m'écrivît tous les jours ; j'avais pris un moyen simple de n'en pas être ennuyé, je jetais dans un tiroir toutes ses lettres sans les ouvrir ; de cette façon, je supportais sa prose avec une grande égalité d'âme ; mais elle voulait que je lui répondisse. Moi qui ne sentais pas comme elle le besoin de me délier la main pour mon prochain roman, je trouvais la prétention exorbitante et sauvage, et, prétextant une indisposition assez grave de ma mère, je me sauvai sans regarder derrière moi, moins curieux que la femme de Loth.

Si je n'avais pas pris cette résolution, je crois que je serais mort d'ennui dans cette maison à peine éclairée par un quart de jour, au milieu de toutes ces bimbeloteries sépulcrales, en face de ce pâle fantôme enveloppé d'une robe de chambre taillée en froc de moine et parlant d'une voix tremblée et traînante. Autant eût valu la Trappe ou la Chartreuse ; j'y eusse du moins fait mon salut.

Quoique ce soit un procédé cosaque et d'une irrégularité tout à fait choquante, je ne lui ai donné aucun signe d'existence, sauf un billet de deux lignes, où je lui marquais que la convalescence de ma mère serait fort longue et aurait besoin des attentions dévouées d'un bon fils.

Vous jugez, cher Roger, après ce récit dont j'ai, pour ménager votre sensibilité, atténué l'horreur et dissimulé les situations dramatiques, si je puis retourner à Paris me constituer le garde-malade de votre désespoir. D'ailleurs, j'aurais le courage de braver une rencontre et un raccommodement avec la marquise, que je ne pourrais encore quitter la Normandie. J'ai donné rendez-vous ici à notre ami Raymond, qui passera un mois ou deux avec nous. Ce sera certainement une raison déterminante pour vous de venir partager notre solitude. Notre ami est si poétique, si spirituel et si charmant! il n'a que le défaut d'être un don Quichotte de la Manche civilisé. Au lieu de l'armet de Mambrin, il porte un chapeau Gibus, un frac de Buisson au lieu de cuirasse, une canne de Verdier en guise de lance. Heureuse nature! en qui l'esprit ne nuit en rien à l'âme, et qui, fin à tromper un diplomate, a la naïve crédulité d'un enfant.

Puisque votre idéal s'est envolé, que vous importe d'être dans un endroit ou dans un autre ? Il est donc bien plus simple que vous veniez chez moi, à Richeport, à deux pas de Pont-de-l'Arche.

Je perche sur le bord de la rivière, dans une espèce d'établissement baroque qui vous plaira, j'en suis sûr. C'est une vieille abbaye à moitié en ruines, où l'on a enchâssé, de gré ou de force, un logis percé régulièrement de beaucoup de fenêtres, surmonté d'un toit d'ardoise et d'un acrotère de cheminées de toutes grandeurs ; la chose est en pierres de taille que le temps a déjà couvertes de sa lèpre grise, et ne fait pas trop mauvais effet au bout d'une avenue de grands arbres. — C'est là qu'habite ma mère, qui, profitant des murailles et des tours à demi rasées de l'ancienne enceinte, car l'abbaye était fortifiée autrefois pour résister à une invasion subite de Normands, s'est fait, sur le penchant de la colline, un jardin-terrasse qu'elle a encombré de rosiers, d'orangers, de myrtes, dont les caisses vertes remplacent les vieux créneaux; je n'ai, dans ce coin de nos domaines, contrarié en rien ses fantaisies féminines.

Elle a réuni dans sa maison toutes les coquetteries champêtres et toutes les recherches confortables qu'elle a pu imaginer. De ce côté, je ne me suis opposé à aucun système de calorifère. J'ai laissé tendre les appartements en étoffes de *bon goût ;* je n'ai fait aucune objection contre l'acajou et le palissandre, la poterie de Wegwood, la vaisselle à dessins bleus et l'argenterie anglaise. C'est par là qu'on loge les personnes d'âge mûr et toute la catégorie des gens dits raisonnables.

Moi, je me suis réservé le réfectoire et la bibliothèque des braves moines, c'est-à-dire toute la portion qui regarde le fleuve. Je n'ai pas permis de faire la moindre réparation au mur d'enceinte, qui présente la flore complète des plantes sauvages du pays. — Une porte cintrée, fermée par de vieux ais que colore un reste de peinture rouge, et qui donne sur la berge, me sert d'entrée particulière ; un bac manœuvré au moyen d'une poulie glissant sur une corde établit les communications avec une île, verdoyant fouillis d'osiers, d'aulnes et de saules, qui fait face à l'abbaye. — C'est là aussi qu'est amarrée ma flottille de canots.

Du dehors vous n'apercevez rien qui désigne une habitation humaine : les ruines s'épanouissent dans toute la splendeur de leur dégradation.

Je n'ai pas replacé une pierre, pas fait boucher une lézarde ; aussi la joubarbe, le millepertuis, la campanule, le saxifrage, la morelle grimpante, la grenadine bleue, ont engagé sur les murailles une lutte d'arabesques et de découpures à décourager le sculpteur ornemaniste le plus patient.

Je signale surtout à votre admiration une merveille de la nature, un lierre gigantesque, colossal, qui remonte à coup sûr à Richard Cœur-de-lion ; il défie, pour la complication de ses enlacements, ces arbres généalogiques de Jésus-Christ qu'on voit dans les églises espagnoles, dont la cime touche les voûtes et dont le pied chevelu plonge dans la poitrine du patriarche Abraham ; ce sont des touffes, des guirlandes, des nappes, des cascades d'un vert si lustré, si métallique, si sombre et si brillant à la fois qu'il semble que toute la substance du vieil édifice, toute la vie de l'abbaye morte soient passées dans les veines parasites de cet ami végétal qui l'embrasse mais qui l'étouffe, qui retient une pierre, mais en descelle deux pour y planter ses crampons.

Vous ne sauriez vous imaginer quelle élégance touffue, quelle richesse évidée à jour jette cet envahissement de lierre sur le pignon un peu pauvre, un peu sobre de l'édifice, qui, sur cette face, n'a pour ornement que quatre étroites croisées ogivales surmontées de trois trèfles quadrilobés.

Le corps de bâtisse voisin est flanqué à son angle d'une tourelle qui a cela de particulier que, dans sa partie inférieure elle contient un puits, et dans sa partie supérieure un escalier en spirale. Le grand poëte qui a inventé les cathédrales gothiques, en face de cette bizarrerie architecturale, se poserait la question suivante : Est-ce la tour qui continue le puits ou le puits qui continue la tour? — Vous en jugerez, vous qui savez tout et autre chose encore, — excepté pourtant l'endroit où se cache mademoiselle de Châteaudun. — Une autre curiosité du bâtiment, c'est un moucharaby, espèce de balcon ouvert par le fond, pittoresquement juché au-dessus d'une porte, et d'où les bons pères pouvaient jeter des pierres, des poutres et de l'huile bouillante sur la tête de ceux qui auraient cherché à s'introduire dans le monastère pour tâter de leur cuisine et de leur vin.

C'est là que je vis seul, ou en compagnie de quatre ou cinq livres d'élite, dans une immense salle voûtée en ogive, avec des nervures dont les points d'intersection sont marqués de rosaces d'un travail, d'une délicatesse charmante. Cette salle compose tout mon appartement, car je n'ai jamais compris pourquoi l'on divisait par un tas de compartiments, comme l'intérieur d'un nécessaire de voyage, le peu d'espace qui nous est donné à chacun en ce monde pour rêver et dormir, pour vivre et pour mourir. Je déteste les haies, les cloisons et les murs, comme un phalanstérien.

— Pour éviter l'humidité, j'ai fait revêtir les parois de cette halle, comme ma mère la nomme, de boiseries de chêne, jusqu'à la hauteur de douze à quinze pieds. Une espèce de tribune, avec deux escaliers, me permet d'arriver aux fenêtres et de jouir de la beauté du paysage, qui est admirable. Mon lit est un simple hamac en fibre d'aloës, suspendu dans un coin. Des divans très-bas, d'énormes fauteuils de tapisserie forment le reste de l'ameublement. A la boiserie sont accrochés des pistolets, des fusils, des masques, des fleurets, des gants, des plastrons, des dumbelles et autres ustensiles de gymnastique. Mon cheval favori est installé à l'angle opposé dans une box de bois des îles, précaution qui l'empêche de s'abrutir dans la société des palefreniers, et le conserve cheval du monde. Le tout est chauffé par une cheminée cyclopéenne, qui mange une voie de bois à chaque bouchée, et devant laquelle on pourrait mettre un mastodonte à la broche.

Arrivez donc, cher Roger, j'ai une *ruine d'ami* à vous offrir, la chapelle à trèfles quadrilobés. Nous nous promènerons ensemble, la hache à la main, dans mon parc, qui est aussi touffu, aussi inextricable que les forêts vierges d'Amérique ou les jungles de l'Inde : personne n'y a touché depuis plus de soixante ans, et j'ai déclaré que je fendrais la tête au premier jardinier qui s'y hasarderait orné d'un croissant ou d'une serpe. Aussi c'est plaisir de voir à quelle folie de végétation, à quelle luxuriante débauche de fleurs et de feuillages s'est laissée aller la nature livrée à elle-même et sûre de n'être regardée que par un œil indulgent; les arbres étirent leurs bras, se courbent et se cambrent de la façon la plus fantasque; les branches font cent coudes d'une curiosité difforme et s'entrelacent avec une confusion admirable, qui met quelquefois les baies rouges du sorbier dans le feuillage argentin d'un tremble. La pente du terrain, qui est très-rapide, produit mille accidents pittoresques ; l'herbe, avivée par une source à qui plus loin l'on fait exécuter mille jongleries dans des rocailles, a pris des proportions désordonnées ; la bardane aux larges feuilles veloutées, l'ortie au duvet brûlant, la ciguë aux ombelles verdâtres, la folle-avoine, toutes les mauvaises herbes de la solitude et de l'abandon y prospèrent à merveille ; nul bourgeois ne pénètre dans cette enceinte, qui n'a pour habitants que deux ou trois petits chevreuils dont le pelage fauve luit comme un éclair entre le tronc des arbres.

Ce site éminemment romantique doit convenir à votre mélancolie. Mademoiselle de Châteaudun n'est pas à Paris, vous avez donc plus de chance de la trouver ailleurs. Qui sait si elle ne s'est pas réfugiée dans quelqu'une de ces jolies maisons, nids d'oiseaux enfouis dans la mousse et dans les feuillages, qui mirent leurs jalousies entr'ouvertes au cours limpide de la Seine ? Arrivez promptement, mon très-cher, je n'abuserai pas à votre endroit, comme je l'ai fait à l'endroit d'Alfred, de mon moucharaby pour vous inonder d'une pluie de grenouilles vertes, prodige qu'il ne s'est pas encore expliqué. — Je vous montrerai un endroit excellent pour pêcher des ablettes, car rien ne calme les passions comme la pêche à la ligne, divertissement philosophique que les sots ont tourné en ridicule comme tout ce qu'ils ne comprennent pas. Si le poisson tarde à mordre, vous regarderez le pont avec ses piles fleuries de violiers et de lavande, ses moulins qui jasent, ses arches obstruées de filets, l'église au faîte tronqué, le village qui monte et descend le coteau, s'épaulant aux vieilles tours, se retenant aux remparts, et là-bas, à l'horizon, les lignes sévères des collines boisées. EDGARD DE MEILHAN.

IV

A MONSIEUR
MONSIEUR EDGARD DE MEILHAN

A RICHEPORT,
PAR PONT-DE-L'ARCHE (EURE).

Grenoble, hôtel de la Préfecture, 20 mai 18...

Ne m'attendez pas, cher Edgard; je ne serai point à Richeport le 24. Quand y serai-je? Je n'en sais rien. Je vous écris d'un lit de douleur, brisé, meurtri, brûlé, demi-mort. C'est bien fait, direz-vous en apprenant que j'en suis là pour avoir commis le plus grand des crimes qui se puissent juger à votre tribunal. Il n'est que trop vrai, j'ai sauvé la vie à une femme laide, mais je l'ai sauvée la nuit, et j'ai pu la supposer belle. Que ce soit mon excuse à vos yeux! Quoi que vous décidiez, sans plus tarder, voici la chose.

Voyagez, courez d'un pôle à l'autre, battez le monde entier en tous sens : il n'est pas impossible que vous échappiez, Dieu aidant, aux mille et un fléaux qui émaillent la surface de notre petit globe terraqué. Mais où que vous alliez, vous n'échapperez point à l'Angleterre, que je vous donne pour la nation la plus gaie qui se puisse voir, surtout lorsqu'elle est en voyage.

Lord K... me racontait sérieusement, cet hiver, à Rome, qu'il était parti, voilà quelques années, de Londres, à l'unique fin de découvrir un coin de terre où nul avant lui n'aurait mis le pied, et d'y apposer le premier l'empreinte glorieuse d'une semelle britannique. Les Anglais, pour se distraire, ont parfois de ces idées-là. Après avoir avisé, sur un tableau synoptique des montagnes de l'univers, les deux points les plus culminants, lord K... gagna d'abord les Andes péruviennes et se mit à grimper aux flancs du *Chimborazo* avec ce flegme et ce sang-froid qui sont les indices certains d'une belle âme, naturellement portée vers les sommets. Parvenu jusqu'au faîte, les pieds meurtris et les mains en sang, comme il assurait sur le roc un talon vainqueur, il aperçut, dans une des anfractuosités, un monceau de cartes de visite, déposées là successivement, depuis un quart de siècle, par deux ou trois cents de ses compatriotes. Surpris, mais non découragé, lord K... tira de son portefeuille une carte luisante et satinée, puis, l'ayant ajoutée gravement à tant d'autres, se prit à descendre le *Chimborazo* du même air qu'il l'avait monté.

A mi-côte, il se trouva nez à nez avec sir Francis P..., en train d'escalader ce que lord K.. dégringolait. Quoique un peu divisés déjà par la divergence de leurs opinions, c'étaient de vieux amis; leur amitié datait, je crois, de l'Université d'Oxford. Sans paraître étonnés de se rencontrer en si haut lieu, tous deux se saluèrent avec politesse, et, le long du *Chimborazo*, comme en politique, continuèrent de marcher en se tournant le dos.

Trahi par le Nouveau-Monde, lord K... se dirigea vers l'ancien. Il pénétra au cœur de l'Asie, s'enfonça dans le pays du *Deb-Radja*, et ne s'arrêta qu'au pied du *Tchamalouri*, sur les limites du Boutan. Il est juste que je vous accable à mon tour de la rude érudition que milord a fait peser sur moi. Sachez donc, cher Edgard, que le *Tchamalouri* est le pic le plus élevé du groupe de l'*Himalaya*. Le *Junfrau*, le *Mont-Blanc*, le *Mont-Cervin* et le *Mont-Rosa*, exhaussés les uns sur les autres, seraient tout au plus dignes de lui servir de marchepied. Jugez des transports de milord, en présence de ce géant, dont la tête chenue se perdait dans le bleu du ciel! On a pu lui dérober la virginité du *Chimborazo;* mais à lui, à lui seul la virginité du *Tchamalouri!* Après quelque repos, ayant pris toutes ses mesures, un beau matin, au soleil levant, voici milord qui commence à gravir avec l'orgueilleuse satisfaction d'un amant qui, laissant ses rivaux se morfondre dans l'antichambre, se glisse furtivement par un escalier dérobé, la clef du boudoir dans sa poche. Il monte, et, dès le premier jour, il a dépassé la région des tempêtes. Il dort la nuit roulé dans son manteau et reprend sa tâche au retour de l'aube. Rien ne l'effraie, rien ne lui fait obstacle. Il bondit comme un chamois de crête en crête, il rampe comme un serpent le long du rocher, il se suspend comme une liane aux vives arêtes. Son corps n'est bientôt qu'une plaie. Après avoir grillé, il gèle. Les aigles tournoient sur son front et lui fouettent le visage du vent de leurs ailes. Il va toujours. Dilatés outre mesure par la raréfaction de l'air, ses poumons menacent à chaque instant de faire éclater sa poitrine comme la chaudière d'un bateau à vapeur ; il monte encore. Enfin, après des efforts surhumains, haletant, sanglant, pantelant, milord roule épuisé sur une des dernières marches. Quel labeur! mais quel triomphe! Quelle lutte! mais quelle conquête! Et quelle joie de pouvoir, au prochain hiver, se vanter d'avoir gravé son nom où Dieu seul jusqu'alors avait écrit le sien! Et pour sir Francis, qui n'aura pas manqué de s'enorgueillir des faveurs banales du *Chimborazo*, quelle humiliation d'apprendre que lui, lord K..., plus difficile en ses amours, plus relevé dans ses ambitions, n'a pas craint d'aller cueillir, à quatre milles toises au-dessus du niveau de la mer, la fleur virginale du *Tchamalouri!*

Je me souviens que la première nuit que je passai dans Rome, du soir au matin, j'entendis durant mon sommeil une voix mystérieuse qui murmurait à mon chevet : Rome! Rome! tu es dans Rome! Ainsi, rompu, brisé, n'en pouvant plus, milord entendait une voix charmante chanter doucement à son oreille : Tu es couché tout de ton long sur la cime du *Tchamalouri.* Cette mélodie lui fit insensiblement l'effet du baume de Fier-à-Bras. Il se ranime, se lève, et, la face radieuse, l'œil étincelant, le sein gonflé d'orgueil, s'apprête à graver son nom à l'aide d'un poignard qu'il a tiré de son étui, quand tout d'un coup il pâlit, ses jambes fléchissent, et le burin, échappé de sa main, tombe et s'émousse sur le roc. Qu'a-t-il vu? qu'est-il advenu qui puisse à ce point le troubler dans ces régions inaccessibles? Là, tout près, sur cette même tablette de granit où il se disposait à écrire le nom de ses ancêtres, il avait lu, le malheureux! distinctement lu, ce qui s'appelle lu, ces deux noms incrustés profondément dans le silex : *Williams-Lavinia,* avec cette inscription en anglais au-dessous : *le 25 juillet 1831, deux tendres cœurs se sont assis à cette place.* Le tout surmonté d'un double cœur enflammé, percé d'une flèche qui perçait ainsi trois cœurs à la fois. La roche était chargée d'ailleurs de plus de cinquante noms tous anglais, et d'autant d'inscriptions toutes anglaises, dans le goût de celle que je viens de vous rapporter.

Milord eut la fantaisie de se jeter la tête la première du haut en bas du *Tchamalouri.* Heureusement, dans son désespoir, ayant levé les yeux, il découvrit un dernier plateau tellement escarpé que ni chat ni lézard ne pourrait y grimper. Lord K... se fait oiseau, il y vole, et qu'aperçoit-il? O vanité des ambitions de l'homme! sur le dernier échelon de la plus gigantesque échelle qui monte de la terre au ciel, milord aperçut sir Francis qui, venant d'effectuer la même ascension par un autre flanc du colosse, lisait tranquillement un numéro du *Times* et déjeunait philosophiquement d'une bouteille de porter et d'une tranche de rost-beef. Les deux amis se saluèrent froidement ainsi qu'ils l'avaient fait à mi-côte du *Chimborazo*; puis, la mort dans l'âme, mais impassible et grave, lord K... tira silencieusement de sa poche une boîte de conserves, un flacon d'ale et un numéro du *Standard*. Quand le repas et le journal furent terminés de part et d'autre, les deux touristes se séparèrent et descendirent chacun de son côté, sans s'être dit une parole. Ajoutez que lord K... ne pardonna point à sir Francis; qu'ils s'accusèrent réciproquement de plagiat, qu'une haine mortelle s'ensuivit entre eux, et qu'ainsi le *Tchamalouri* acheva ce que la politique avait commencé.

Je tiens cette histoire de lord K... lui-même, qui ne fait plus que traîner ici une existence morne et désenchantée, et qui en mourra, c'est sûr, s'il n'imagine prochainement un moyen de monter dans la lune; encore a-t-il la conviction qu'il y trouverait sir Francis. Racontée par vous, l'histoire y gagnera; égayez-en madame votre mère, et concluez avec moi que, s'il pousse des Anglais à quatre mille toises au-dessus du niveau de la mer, cette plante doit foisonner nécessairement dans la plaine et dans les bas-fonds. Elle s'acclimate partout, comme la fraise, dont elle n'a d'ailleurs ni le parfum ni la saveur; mais je crois que l'Italie est celui de tous les pays où elle prospère et se plaît le plus volontiers. Je n'y ai traversé, pour ma part, que des champs d'Anglais, parsemés, çà et là, de quelques Italiens. Et pourtant, plût à Dieu que je n'eusse rencontré que des Anglais le long de ma route! Un poëte a dit de l'Angleterre que c'est un nid de cygnes au milieu des flots. Hélas! pour quelques cygnes qui nous en viennent de loin en loin, a-t-on calculé ce qui s'en échappe, bon an, mal an, de vieilles autruches au plumage hérissé, et de jeunes cigognes au long cou, à la maigre échine?

J'étais à Rome, depuis quelques heures seulement: j'errais déjà dans le *Campo-Vaccino*, où j'avais fait quelques pas à peine, lorsqu'à travers toutes ces ruines, j'en trouvai une que je ne cherchais pas. C'était lady Penock; je l'ai depuis rencontrée tant de fois, que j'ai dû finir par savoir son nom. Edgard, vous connaissez lady Penock; il est impossible que vous ne la connaissiez pas. Autrement, rien ne vous est plus aisé que de vous la représenter. Prenez un keepsake, détachez-en une de ces figures plus belles que les fées de nos rêves, si belles, qu'on se demande si le peintre a choisi ses modèles parmi les filles de la terre. Amant passionné de la forme, caressez d'un œil éperdu les lignes aristocratiques de ce col et de ces épaules; contemplez ce front pur où la jeunesse et la grâce résident; baignez votre âme dans les molles clartés de ce bleu et limpide regard; penchez-vous pour recueillir le souffle parfumé de cette bouche souriante; frissonnez au contact de ces cheveux blonds opulemment tordus derrière la tête et se déroulant le long des tempes en spirales d'or; enlacez d'un chaste désir cette taille riche et flexible; lévite fervent du culte de la beauté, tombez en extase, puis dites-vous que lady Penock est le contraire de ce portrait charmant. Cette apparition au milieu du forum antique détourna complétement le cours de mes impressions. J.-J. Rousseau nous apprend, dans ses *Confessions*, qu'il oublia madame de Larnage en voyant le pont du Gard; j'oubliai le Colysée en voyant lady Penock. Expliquez-moi maintenant, cher Edgard, par quelle fatalité je n'ai pu faire dès lors un seul pas sans rencontrer cette funeste beauté sur mon chemin? Sous les arceaux du Colysée et sous le dôme de Saint-Pierre, dans la Rome païenne et dans la Rome catholique, en face du groupe de Laocoon et devant la *Communion de saint Jérôme* du Dominiquin, sur le bord du lac Albano et sous les ombrages de la villa Borghèse, à Tivoli dans le temple de la Sibylle, à Subiaco dans le couvent de Saint-Benoît, par toutes les lunes et par tous les soleils, je l'ai vue partout surgir à mes côtés. Pour la fuir, je me suis enfui; j'ai pris la poste et la route de la Toscane. Je l'ai retrouvée au pied de la cascade de Terni, au tombeau de saint François d'Assise, sous la porte d'Annibal à Spolette, à Pérouse à table d'hôte, à Arezzo sur le seuil de la maison qu'habita Pétrarque; enfin, la première personne que je rencontrai sur la place du Grand-Duc, à Florence, devant le *Persée* de Benvenuto Cellini, Edgard, ce fut lady Penock. A Pise, elle m'apparut au Campo-Santo; dans le golfe de Gênes, sa barque faillit faire chavirer la mienne; à Turin, je la retrouvai au musée des antiquités égyptiennes. Toujours elle, partout et toujours! Ce qu'il y a de plaisant dans tout cela, c'est que milady, en m'apercevant, se troublait, rougissait, baissait les yeux, et, se croyant en butte aux obsessions d'une passion désordonnée, marmottait entre ses longues dents : *Shocking! Shocking!*

De guerre lasse, je dis adieu à l'Italie et je repassai les monts. D'ailleurs, chère patrie, j'avais hâte de te revoir! Je traversai la Savoie, et quand je vis bleuir au lointain horizon les montagnes du Dauphiné, mon cœur battit, mes paupières s'humectèrent, comme au retour d'un long exil, et je ne sais quelle sotte honte m'empêcha de me jeter à bas de ma voiture et de baiser le sol de la France. Salut, terre généreuse et féconde, foyer toujours ardent de l'intelligence et de la liberté! En te touchant, l'âme s'élève, l'esprit s'agrandit, et pas un de tes enfants ne rentre dans ton sein sans palpiter d'une sainte ivresse et tressaillir d'un légitime orgueil. J'allais rempli d'une douce joie. Les arbres me souriaient, la brise me disait de douces paroles, les petites fleurs qui tapissaient la marge du chemin me souhaitaient la bienvenue, et je me retenais pour ne point embrasser comme des frères les braves gens qui se croisaient avec moi sur la route. Et puis, cher Edgard, j'allais vous retrouver! J'allais revoir aussi le coin de verdure où je suis né, les champs paternels qui sont dans la patrie commune comme une seconde patrie!

Il faisait nuit noire, sans lune et sans étoiles. Je venais de quitter Grenoble, et j'allais traverser Voreppe, petit village non sans quelque importance, à cause du voisinage de la Grande-Chartreuse, qui attire tous les ans, à cette époque, moins de croyants que de curieux. Tout d'un coup les chevaux s'arrêtèrent, j'entendis au dehors une sourde rumeur, et les vitres de ma voiture furent frappées d'une lueur sanglante, que j'aurais prise pour celle du couchant, si le soleil n'eût été depuis longtemps couché. Je mis pied à terre; l'unique auberge du village brûlait. C'était dans ce petit hameau un remue-ménage infernal. On criait, on courait, on se heurtait. Le maître de l'hôtel, aidé de sa femme, de ses enfants et de ses valets, vidait les étables et les écuries. Les chevaux hennissaient, les bœufs mugissaient, tandis que les pourceaux, comme s'ils avaient l'instinct qu'il est dans leur destinée d'être grillés tôt ou tard, opposaient à leurs sauveurs une résistance opiniâtre, pleine de philosophie. Pendant ce temps, les notables de l'endroit, groupés sur la place, discouraient magistralement sur les causes de l'incendie, que personne ne s'occupait d'éteindre, et qui, enflammant la nuit sombre et embrasant les coteaux d'alentour, lançait au ciel avec furie ses gerbes et ses fusées d'étincelles. Vous, poëte, vous auriez trouvé cela beau. Sublimes égoïstes, tout vous est spectacle, couleur, images et décorations. Je cherchais depuis quelques instants à m'utiliser dans ce désastre, quand je crus comprendre, à ce qui se disait autour de moi, qu'il restait dans l'auberge quelques voyageurs en danger de rôtir, si la chose n'était déjà faite. Entre autres, on s'entretenait vaguement d'une jeune étrangère, descendue le jour même de la Grande-Chartreuse, qu'elle était allée visiter. Je marchai droit à l'hôtelier, qui tirait un de ses porcs rétifs par la queue, rappelant assez bien, dans cette position, un des plus plaisants dessins de Charlet. — Bon, bon, me répondit cet homme, tous les voyageurs sont partis, et pour ce qu'il en reste... — Il en reste donc? demandai-je. — J'insistai et j'appris enfin qu'il y avait une Anglaise dans une des chambres du second étage. Je hais l'Angleterre; je la hais bêtement, à la façon des vieux de la vieille. L'Angleterre est encore pour moi la perfide Albion. Raillez, vous en avez le droit. Je la hais de tout le vivace amour que je sens là pour mon pays; je la hais, parce que mon cœur a toujours saigné des blessures qu'elle a ouvertes au sein de la France. Oui; mais lâche est celui qui, pouvant secourir une créature de Dieu, se tient les bras croisés, sourd à la pitié! Mon ennemi en péril de mort est mon frère. Au besoin, je me serais jeté à l'eau pour sauver Hudson Lowe, quitte à le provoquer ensuite et à tâcher de le tuer comme un chien. Le rez-de-chaussée de l'auberge était envahi par le feu. Je prends une échelle, je l'applique contre la façade et je monte à l'assaut de la fenêtre que je me suis fait désigner. Sur le sol hospitalier de la France, un étranger ne doit point périr, faute d'un Français qui se dévoue pour lui. Comme Antony, d'un coup de poing je brise une vitre, je soulève l'espagnolette. Me voici dans un corridor que n'a point encore gagné l'incendie. Je me précipite sur une porte; une voix révoltée me crie : L'on n'entre pas! J'entre, je cherche la jeune étrangère, et, dieux immortels! qu'aperçois-je, dans le négligé charmant d'une beauté réveillée en sursaut? Vous l'avez nommée, c'était elle! Oui mon cher, c'était lady Penock! lady Penock qui m'a reconnu de son côté et qui pousse des cris furieux! —Madame, lui dis-je en me détournant avec un sentiment de respect bien sincère et bien légitime, ce n'est point de cela qu'il s'agit. Cette maison brûle, et si vous n'en sortez... — C'est vous, s'écria-t-elle, qui avez mis le feu à cette petite établissement, comme Lovelace, pour enlever moâ. — Madame, ajoutai-je, nous n'avons pas un instant à perdre. Le temps pressait; le plancher fumait sous nos pieds; les poutres craquaient sur nos têtes; le feu flambait et grondait à la porte. Malgré son éternel refrain, qui ressemblait à un cri d'oiseau : *shocking! shocking!* j'arrachai lady Penock du fond de la ruelle où elle s'était blottie pour échapper à mes folles étreintes. Je l'enlevai comme une gaule de bois sec, et, chargé de ce précieux fardeau, je reparus au haut de l'échelle. Cependant, l'incendie faisait rage; la flamme et la fumée nous envahissaient de toutes parts. — De grâce, madame, disais-je d'une voix étouffée, ne criez pas ainsi, ne vous débattez pas de la sorte! Milady criait plus fort et se débattait davantage. A mi-chemin, elle me dit : — Jeune homme, remontez subitement; j'avais oublié un petit chose à moâ précieux. A ces mots, la toiture s'effondra, les murs s'écroulèrent, l'échelle vacilla, la terre s'ouvrit sous mes pas, et je me sentis rouler dans les abimes du Ténare. Je me réveillai sous l'humble toit d'un pauvre ménage qui m'avait recueilli. J'avais une épaule fracturée et trois médecins à mon chevet; je sais bien des gens qui sont morts à moins. Quant à lady Penock, j'appris avec satisfaction qu'elle en était quitte pour une légère entorse. Elle est partie, indignée de l'impertinence de mes procédés, et aux quelques personnes qui lui conseillaient charitablement de s'installer en sœur grise auprès du lit de son sauveur, elle a répondu en rougissant : Oh! je moure si je revois cette jeune homme.

Rassurez-vous; cette fois encore, la France a payé pour Albion. Mon aventure ayant fait bruit, à quelque temps de là, je vis, un matin, la Providence entrer dans ma chambre et venir s'asseoir à mon chevet, sous les traits d'une noble créature qui s'appelle Mme de Braimes. Il se trouve que depuis un an M. de Braimes est préfet de Grenoble, qu'il a connu intimement mon père, et qu'il a suffi de mon nom pour m'attirer ces deux aimables cœurs. Aussitôt que j'ai pu endurer le mouvement de la voiture, on m'a transporté de Voreppe à Grenoble, et c'est de l'hôtel de la Préfecture que je vous écris, cher Edgard.

J'ai reçu à Florence la dernière lettre que vous m'avez adressée à Rome. Que de questions ! et comment répondrai-je à toutes ? Tenez, ne me parlez ni de Jérusalem, ni du Cédron, ni du Liban, ni de Palmyre, ni de Balbeck, ni de rien du tout. Relisez l'itinéraire de René, le voyage de Jocelyn, les *Orientales* d'Olympio, et vous en saurez autant que moi sur l'Orient, où je viens pourtant, à votre avis, de passer deux années entières. J'ai fait d'ailleurs toutes les commissions dont vous m'avez chargé, voici tantôt trois ans, la veille de mon départ. Je rapporte pour vous des pipes de Constantinople, et pour madame votre mère des chapelets de Bethléem ; seulement, j'ai acheté les pipes à Livourne et les chapelets à Rome. Vous souvient-il qu'un soir de décembre, à Paris, voilà dix-huit mois, par un temps de pluie fine et glacée, je devais être alors sur les bords de l'Aftan ou sur les rives de l'Euphrate, vous suiviez les quais, entre onze heures et minuit, marchant au pas de course, et roulé comme un Castillan dans les plis de votre manteau ? Vous souvient-il qu'entre le pont Neuf et le pont Saint-Michel, il vous arriva de vous heurter contre un jeune homme, comme vous attardé, enveloppé comme vous d'un manteau, et remontant au pas de course le cours de la Seine que vous descendiez ? Le choc fut violent et vous cloua tous deux sur place. Vous souvient-il que, vous étant envisagés l'un l'autre à la clarté d'un bec de gaz, mon nom fit explosion sur votre bouche, et que vos bras s'ouvrirent follement pour m'attirer et pour m'étreindre ? Puis, voyant l'attitude froide et réservée de celui qui se tenait silencieux devant vous, vous souvient-il enfin que, vous ravisant aussitôt, vous passâtes votre chemin, riant de la méprise, mais frappé de la ressemblance ? On se ressemble de plus loin ; ce jeune homme que vous veniez ainsi de prendre pour moi... c'était moi.

Encore une histoire, ce sera la dernière ; je vais vous la dire sans orgueil et sans modestie, comme quelque chose de si simple et si naturel, que ce n'est, en vérité, la peine ni de s'en vanter ni de s'en cacher.

Vous connaissez Frédéric B...; souvenez-vous que de tout temps je vous ai parlé de lui comme d'un frère. Nous avons joué ensemble dans le même berceau ; nous avons grandi, pour ainsi dire, sous le même toit. A l'école, c'est moi qui faisais ses devoirs ; en revanche, c'est lui qui mangeait mes confitures. Au collége, je faisais ses pensums et me battais pour lui. A vingt ans, je reçus à son adresse un coup d'épée dans la poitrine. Plus tard, il se jeta tête baissée dans le mariage et dans les affaires, et nous nous perdîmes de vue, sans toutefois cesser de nous aimer. Je savais qu'il prospérait, et n'en demandais pas davantage. De mon côté, las de la vie stérile qui s'appelle la vie du monde, je réalisai ma fortune et me préparai à partir pour un long voyage. Le jour de mon départ, je vous avais dit adieu la veille, Frédéric entra dans ma chambre. Il y avait près d'un an que nous ne nous étions rencontrés ; j'ignorais qu'il fût à Paris. Je le trouvai changé ; son air préoccupé m'alarma. Toutefois, je n'en laissai rien voir ; nous ne saurions toucher avec trop de réserve et de discrétion à la tristesse de nos amis mariés. Tout en causant, j'aperçus deux grosses larmes qui roulaient silencieusement le long de ses joues. Je n'y tins plus. — Qu'as-tu ? lui dis-je brusquement. Je le pressai de questions, je le harcelai, j'appris

tout; la banqueroute était à sa porte. Il me parla de sa
femme et de ses enfants en termes qui me navrèrent, si
bien que je me mis à pleurer avec lui, car, puisqu'il se
désolait ainsi, je devais nécessairement supposer que je
n'étais pas assez riche pour lui donner l'argent qui lui
manquait. — Mon pauvre Frédéric, lui demandai-je enfin,
c'est donc une bien grosse somme!... Il me répondit par
un geste de désespoir. — Voyons, combien? demandai-je
encore. — Cinq cent mille francs! s'écria-t-il avec une
morne stupeur. Je me levai, je le pris par le bras, et,
sous prétexte de le distraire, je l'entraînai sur les boulevards. Je le quittai à la porte de mon notaire et le rejoi-
gnis en sortant. — Frédéric, lui dis-je en lui remettant un
mot que je venais d'écrire, prends cela et cours embrasser
ta femme et tes enfants. Là-dessus, je me jetai dans un
cabriolet qui me ramena chez moi. Mon voyage était fait;
je revenais de Jérusalem.

Je vous entends : Dupe! me criez-vous. Oh! que non
pas, Edgard! Je suis jeune et je connais les hommes; mais
il en est du bien comme du beau, et vouloir en retirer
d'autres satisfactions que celles qu'on trouve à les cultiver
l'un et l'autre m'a toujours paru une prétention exorbitante. Quoi! vous avez, poëte, l'ivresse de l'inspiration,
les fêtes de la solitude, le silence des nuits étoilées et se-
reines, et cela ne vous suffit pas; vous voulez que la fortune accoure au bruit des baisers de la Muse? Quoi!
l'homme généreux, vous avez les joies de la main qui
donne, et vous n'ensemencez un terrain de bienfaits qu'a-
vec l'espoir d'y moissonner un jour les épis d'or de la reconnaissance? De quoi vous plaignez-vous, malheureux?
c'est vous qui êtes des ingrats. D'ailleurs, même à ce point
de vue, tenez-vous pour convaincu, cher Edgard, que le
bien et le beau sont encore les deux meilleures spéculations qui se puissent faire ici-bas, et que rien au monde

ne réussit mieux que les beaux vers et les bonnes actions. Il n'est que les méchantes âmes et les méchants poëtes qui osent affirmer le contraire. Pour mon compte, l'expérience m'a enseigné que l'abnégation est tout profit pour celui qui l'exerce, et que le désintéressement est une fleur de luxe qui, bien entretenue, peut rapporter des fruits savoureux. J'ai rencontré la fortune en lui tournant le dos; j'aurai dû à lady Penock les soins touchants et l'amitié précieuse de madame de Braimes, et pour peu que ce système de rémunération continue, je finirai par croire qu'en me précipitant dans le gouffre de Curtius, je tomberais sur un lit de roses.

Le fait est que j'étais ruiné : mais qui m'aurait pu voir en cet instant n'eût pas craint d'affirmer que je ployais sous le coup inespéré d'une félicité sans bornes. Il faut tout dire, Edgard. Je me représentais les transports de Frédéric et de sa femme en voyant comblé jusqu'au bord l'abîme où allait s'engouffrer leur honneur; mais ce n'étaient pas seulement ces douces images qui me plongeaient dans une folle ivresse. Le croirez-vous? ce qui m'enivrait autant et plus peut-être, c'était le sentiment de ma ruine et de ma pauvreté. Depuis longtemps je souffrais de ma jeunesse inoccupée; je m'indignais du prosaïsme de mon existence. A vingt ans, je m'étais assis paisiblement dans une position toute faite; pour conquérir ma place au soleil, j'avais pris la peine de naître; pour cueillir les fruits de la vie, je n'avais eu qu'à y porter la main. Irrité du calme où se traînaient mes jours, ennuyé d'un bonheur trop facile et qui ne m'avait rien coûté, j'appelais, je cherchais des luttes héroïques, des rencontres chevaleresques, et ne les trouvant pas dans une société compassée où les grands intérêts ont remplacé les grandes passions, je rongeais mon frein en secret et je pleurais sur mon impuissance. Eh bien! mon heure était venue! j'allais mettre à l'épreuve ma volonté, mes forces et mon courage ; j'allais arracher à l'étude les secrets du talent ; la fortune que je venais d'abdiquer et que je n'avais due qu'au hasard, j'allais la redemander au travail. Je n'avais été jusqu'à présent que le fils de mon père et l'héritier de mes aïeux ; j'allais devenir l'enfant de mes œuvres. Non, le prisonnier qui voit tomber ses chaînes et qui jette au ciel un cri de liberté sauvage, ne se sent pas inondé d'une joie plus profonde que ne le fut la mienne, quand, me voyant aux prises avec la destinée, je pus m'écrier : Je suis pauvre ! Tenez, j'ai vu par le monde des jeunes gens blasés, fatigués, usés avant l'âge. A les entendre, ils avaient tout connu, tout épuisé, touché le néant au fond de toutes choses. En effet, ces jeunes malheureux ont essayé de tout, excepté du travail et du dévouement à quelque sainte cause.

Il ne me restait de mon patrimoine qu'une somme de quinze mille francs qui représentait les frais de mon voyage. Joignez-y le revenu plus que modique de deux petites fermes attenant au castel de mes pères, c'était là désormais tout mon avoir. En mettant les choses au mieux, en supposant que je dusse rentrer dans mes déboursés, cette rentrée ne pouvait s'effectuer que dans un avenir éloigné. Il était plus sage de n'y point compter : je fus sage et me traçai aussitôt la ligne de mes devoirs d'une main ferme et d'un cœur joyeux. Il fut décidé d'abord que je laisserais croire à mon départ et que j'emploierais dans le silence et dans la retraite le temps que je serais censé employer à courir le monde. Ce n'est pas qu'il n'entrât dans mes idées de dire hautement, hardiment ce que j'avais fait. Dans un pays où tous les ans on tranche la tête en public à une douzaine de misérables, et cela, dit-on, pour l'exemple, peut-être conviendrait-il que, pour l'exemple aussi, le bien se fît publiquement, à la face du ciel, au grand jour. Mais c'eût été compromettre le crédit de Frédéric, qui d'ailleurs n'aurait point accepté mon sacrifice, s'il en avait pu mesurer l'étendue. Il ne tenait qu'à moi de me retirer dans mon manoir héréditaire; mais, outre qu'il me souriait peu d'aller exposer ma pauvreté aux commentaires de la province toujours si charitable, je ne me sentais aucun goût pour une existence de hobereau ruiné. Enfin, la solitude était nécessaire à mes projets. Or, la solitude est impossible ailleurs qu'à Paris; on n'est vraiment perdu que dans la foule. J'eus bientôt trouvé, au Marais, une petite chambre un peu près des nuages, mais égayée par le soleil levant, et d'où la vue plongeait sur une mer de verdure, que perçaient çà et là quelques arbres du Nord, à la flèche élancée, à la ramure immobile et sombre. Ce nid me plut. Je le parai simplement, de mon mieux; je l'encombrai de livres; je suspendis à mon chevet le portrait de ma sainte mère qui paraissait me sourire et m'encourager, et, tandis que vous, Frédéric et les autres, vous me croyiez emporté par la vapeur vers les rivages de l'Orient, c'est là que je m'installai sans bruit, plus triomphant et plus fier qu'un officier de fortune prenant possession d'un royaume.

Edgard, j'ai vécu là deux ans. J'ai passé là, dans cette petite chambre, deux années qui resteront, j'en ai bien peur, le temps le plus pur, le plus rayonnant et le meilleur de ma vie tout entière. Je suis bien peu de chose; mais auparavant je n'étais rien, et c'est là que je me suis fait le peu que je vaux à cette heure. Là, pendant deux ans, j'ai pâli dans les veilles, j'ai pensé, réfléchi, souffert; je me suis nourri du pain des forts; je me suis initié aux âpres voluptés du travail, aux joies austères de la pauvreté. Jours de labeur et de privation, beaux jours, qu'êtes-vous devenus ? Chastes enchantements, me sera-t-il donné de vous goûter encore ? Nuits silencieuses et recueillies, où je voyais, aux premières clartés de l'aurore, l'ange de la rêverie s'abattre à mon côté, incliner son beau front vers mon front fatigué et m'envelopper de ses blanches ailes, nuits charmantes, reviendrez-vous jamais ? Si vous saviez, Edgard, quelle existence j'ai menée là durant ces deux années ! Si vous saviez, ami, quels rêves sont éclos dans ce pauvre nid, à la lueur voilée de la lampe, vous en seriez jaloux, poëte ! Les journées étaient remplies par les études sérieuses. Le soir, je prenais mon repas frugal près de l'âtre en hiver, à la verte saison auprès de ma fenêtre ouverte. En décembre, j'avais des convives que bien des rois m'auraient enviés : Hugo, George Sand, de Lamartine, de Musset, vous aussi, cher Edgard. En avril, j'avais les tièdes brises, le parfum des lilas, le chant des oiseaux qui gazouillaient sous la ramée, et les cris joyeux des enfants qui jouaient dans les allées obscures, tandis que les jeunes mères passaient à travers les pousses nouvelles, la démarche lente et la bouche épanouie en un doux sourire, pareilles aux ombres heureuses qui errent aux Champs élyséens. Parfois, quand la nuit était sombre, je m'aventurais dans les rues de Paris, le chapeau rabattu, fuyant l'éclat du gaz et rasant la muraille. C'est ainsi qu'une fois je vous rencontrai. Comprenez-vous bien tout ce qu'il me fallut de courage, quand vous m'ouvrîtes vos bras, pour ne pas m'y précipiter ? Je revenais le plus souvent en longeant les quais, écoutant les rumeurs confuses, pareilles au bruit lointain de l'Océan, que fait la grande ville avant de s'endormir, prêtant l'oreille au murmure de l'eau, et regardant la lune monter lentement derrière les tours de Notre-Dame, comme un disque embrasé qui sort de la fournaise. Bien souvent aussi, j'allais rôder sous les croisées de mes amis ; bien souvent je me suis arrêté sous les vôtres, vous envoyant un adieu silencieux. De retour au gîte, je ravivais mon feu sordidement enfoui sous la cendre, et je reprenais le cours de mes travaux, interrompus de temps en temps par la cloche des couvents d'alentour et par le bruit des heures qui sonnaient tristement dans l'ombre.

O nuits plus belles que le jour ! C'est pendant ces nuits solitaires que j'ai senti germer et fleurir dans mon cœur je ne saurais dire quel étrange amour. En face de moi, par de là les jardins qui nous séparaient, se trouvait, au même étage que la mienne, une fenêtre qu'un grand pin me cachait le jour, mais dont la lumière m'arrivait la nuit, claire et nette, à travers le branchage. Cette lumière s'allumait inévitablement tous les soirs, à la même heure, et ne s'éteignait guère qu'aux premières blancheurs de l'aube. Au bout de quelques mois, je me dis qu'il y avait là une pauvre créature de Dieu qui travaillait, qui souffrait peut-être. Je me levais parfois de mon bureau pour observer cette petite étoile qui scintillait entre ciel et terre, et je restais, le front collé contre la vitre, à la contempler avec mélancolie. Ce fut d'abord pour moi une excitation à la veille. Je me faisais un point d'honneur de ne pas éteindre ma lampe tant que je voyais briller cette lampe rivale. Ce devint à la longue une amie de ma solitude, une compagne de ma destinée. Je finis par lui prêter une âme pour m'entendre et pour me répondre. Je lui parlais, je l'interrogeais, je m'écriais parfois : Qui donc es-tu ? Tantôt c'était un pâle jeune homme, épris de l'amour de la gloire, et je l'appelais mon frère. C'était tantôt une jeune et belle Antigone travaillant pour nourrir son vieux père, et que j'appelais ma sœur, que j'appelais aussi d'un nom plus doux. Enfin, que vous dirai-je ? il y avait des instants où je me figurais que la lueur de nos lampes fraternelles n'était que le rayonnement de deux sympathies mystérieuses qui s'attiraient pour se confondre.

Il faut avoir passé deux années dans l'isolement pour

pouvoir comprendre ces puérilités. Que de prisonniers se sont ainsi pris d'affection pour quelque violier épanoui entre les barreaux de leur cage ; seulement, pareille aux belles de nuit des jardins, qui se ferment aux rayons du jour et ne s'ouvrent qu'aux baisers du soir, la fleur que j'aimais était une étoile. J'épiais son réveil d'un regard inquiet ; je ne me décidais à prendre du repos que lorsqu'elle s'était éteinte. La voyais-je pâlir et vaciller, je lui criais : « Courage et bon espoir ! Dieu bénit le travail ; il te garde un coin de ciel plus radieux et plus pur ! » Me sentais-je triste à mon tour, elle jetait une lueur plus vive, et j'écoutais une voix qui disait : « Espère, ami ! je veille et je souffre avec toi ! » Non, encore à cette heure, je ne saurais m'empêcher de croire qu'il y avait entre cette lampe et la mienne un fil électrique par où deux cœurs, faits l'un pour l'autre, communiquaient et s'entendaient entre eux. Vous pensez bien que je cherchai à découvrir, dans les rues adjacentes, la maison et la chambre d'où partait cette chère lumière ; mais chaque jour on me donnait un renseignement nouveau qui contredisait celui de la veille. Je finis par supposer que la personne qui demeurait là avait intérêt à se cacher comme moi, et je respectai son secret.

Ainsi coulait ma vie. Tant de bonheur dura trop peu ! Les dieux et les déesses de l'Olympe avaient une messagère, nommée Iris, qui portait leurs billets doux d'un bout à l'autre du monde. Nous autres mortels, nous avons à notre usage une fée qui laisse Iris bien loin derrière elle. Cette fée s'appelle la poste. Habitez la cime du *Tchamalouri*, vous y verrez un beau matin arriver un facteur avec sa boîte en sautoir, et une lettre à votre adresse. Un soir, en rentrant d'une de ces excursions dont je vous parlais tout à l'heure, je trouvai, chez mon portier, une lettre qui m'était adressée. Je n'ai jamais reçu de lettres sans un sentiment de terreur. Celle-ci, c'était la première que je recevais depuis deux ans, avait un aspect formidable. L'enveloppe était chargée de signes bizarres et du cachet de tous nos consulats en Orient. Sous ces empreintes multipliées, on lisait, écrits en grandes lettres, ces trois mots : *Pressé. Très-important.* Ce carré de papier que je tenais entre mes mains était allé me chercher de Paris à Jérusalem, et, de consulat en consulat, était revenu de Jérusalem à Paris, dans les bureaux du ministère des affaires étrangères. De là, l'on avait fait lâcher quelques limiers de la police, qui, avec leur flair habituel, avaient suivi ma trace et découvert mon gîte en moins d'un jour. J'allai droit à la signature et lus le nom de Frédéric. J'avoue naïvement que, depuis deux ans, il ne m'était pas arrivé une seule fois de me préoccuper de la tournure de ses affaires, cette lettre m'en apporta la première nouvelle. Après un préambule consacré tout entier à l'expression d'une gratitude exagérée, Frédéric m'annonçait à son de trompe que la fortune avait magnifiquement réparé ses torts envers lui. Avec les cinq cent mille francs que je lui avais laissés en partant, il avait mis son honneur à couvert et relevé son crédit chancelant. Dès lors, il avait prospéré au delà de toute espérance. En quelques mois, il avait gagné à la hausse des actions de chemins de fer des sommes fabuleuses. Il terminait en m'apprenant qu'il m'avait intéressé dans ses heureuses spéculations, et que, mes capitaux ayant doublé, je me trouvais à cette heure à la tête d'un bel et bon million qui ne devait rien à personne. Au bas de cette lettre, hérissée de chiffres et de termes qui puaient l'argent, je lus quelques lignes simples et touchantes de la femme de Frédéric, qui m'allèrent au cœur et m'attendrirent jusqu'aux larmes.

Quand j'eus tout lu, je promenai un long regard autour de ma petite chambre où j'avais vécu d'une si douce vie, puis, m'étant assis sur l'appui de ma fenêtre ouverte, d'où je voyais mon étoile fidèle luire paisiblement dans les ténèbres, je demeurai là jusqu'au matin, plein de tristesse et de mélancolie.

La fortune a ses devoirs aussi bien que la pauvreté. Comme noblesse, fortune exige. S'il était vrai que je fusse riche à ce point, je ne pouvais, je ne devais plus vivre ainsi que je venais de le faire. Au bout de quelques jours, je me rendis chez Frédéric, qui ne manqua pas de me croire ramené brusquement de Jérusalem par la lettre qu'il m'avait écrite; je me gardai de le détromper, ne voulant rien ajouter à sa reconnaissance, qui me paraissait plus que suffisante déjà. Tenez-moi quitte des détails; il est très-vrai que j'avais un million. J'en atteste ici le ciel, mon premier mouvement fut de courir encore une fois à la recherche de ma chère lumière, pour soulager, s'il y avait lieu, l'infortune qu'elle éclairait. Mais je me dis qu'un être si laborieux était fier à coup sûr, et je m'arrêtai par crainte d'offenser un noble orgueil.

Un mois plus tard, par une nuit de mai, j'avais vu s'éclipser successivement les mille flambeaux des maisons voisines. Deux lampes seules brûlaient dans l'ombre : c'étaient les deux lampes amies. Je restai longtemps à contempler le rayon lumineux qui glissait à travers le feuillage, et quand je sentis passer sur mon front le premier frisson des brises matinales : « Adieu! m'écriai-je dans mon cœur attristé ; adieu, petite étoile, doux soleil de mes nuits, astre cher à ma solitude! Demain, à cette heure, mes yeux te chercheront et ne te verront plus. Et toi, qui que tu sois, qui travailles et qui souffres à cette pâle lueur, adieu, ma sœur! adieu, mon frère! poursuis ta destinée, veille et prie! Je prierai Dieu, de mon côté, pour qu'il abrège le temps de tes épreuves. »

Je dis aussi adieu à ma chambrette, non pas un adieu

éternel, car je l'ai gardée, et je la garderai pendant toute ma vie. Je ne veux pas que tant que je vivrai, on aille effaroucher toute une couvée de beaux rêves que j'ai laissée dans ce pauvre nid. La revoir est une des plus vives joies que me promette mon retour à Paris. J'y retrouverai tout dans le même ordre que par le passé ; mais la petite étoile brille-t-elle dans le même coin de ciel ? Grâce aux soins de Frédéric, mes affaires étaient en règle ; je partis le même jour pour Rome, car, lorsqu'on est attendu du bout du monde, c'est bien le moins qu'on revienne de quelque part.

Telle est, cher Edgard, l'histoire de mes voyages et de mes amours. Gardez-m'en le secret. Nous valons tous si peu les uns et les autres, que, lorsqu'il arrive à l'un de nous de faire quelque bien par hasard, celui-là doit s'en taire, sous peine d'humilier son prochain. Une fois rétabli, j'irai dans mes montagnes de la Creuse, et de là vers vous. Ne m'attendez qu'au mois de juillet : à cette époque, don Quichotte fera son apparition sous les pommiers de Richeport, pourvu toutefois qu'il ne soit point accroché sur sa route par lady Penock ou par quelque moulin à vent.

RAYMOND DE VILLIERS.

V

A MONSIEUR
MONSIEUR DE MEILHAN
A RICHEPORT,
PAR PONT-DE-L'ARCHE (EURE).

Paris, 24 mai 18...

Votre lettre m'a fait du bien, mon cher Edgard, parce qu'elle est imprévue, parce qu'elle sort du domaine de la consolation épistolaire. A votre place, le premier ami venu se serait mis à l'unisson de ma douleur en paraphrasant mon désespoir. J'attendais de vous un soulagement qui ne m'aurait pas guéri, et j'ai été soulagé par un remède que je n'attendais pas. Vraiment, votre philosophie charmante a inventé une hygiène morale inconnue aux quatre Facultés. Grâce à vous, je respire un instant ce matin. On a besoin de prendre haleine dans les crises ardentes du désespoir; et lorsqu'on a respiré, la force de la résignation revient au cœur. Cependant, je ne suis point dupe de votre amitié trop habile. En dissimulant, avec une adresse artistement travaillée, l'intérêt que vous donnez à ma position, vous me laissez apercevoir clairement cet intérêt. Voilà ce qui m'engage à vous écrire le second chapitre de mon histoire, bien sûr que vous l'accueillerez encore avec une plume riante et un front sérieux. Les jeunes gens de votre naturel, soit calcul profond ou instinct heureux, remplacent les passions par des caprices; ils s'amusent à côtoyer l'amour, et ne l'abordent jamais de front. Il y a pour eux des femmes, et jamais une femme. Cela leur réussit longtemps, quelquefois toujours. J'ai connu des vieillards qui faisaient de ce système la gloire de leur existence, et qui le continuaient par habitude sous les cheveux blancs. Vous, mon cher Edgard, vous n'aurez pas les bénéfices de l'impénitence finale, soyez-en bien averti. A cette heure, l'ardeur de votre âme est tempérée par la suave indolence de votre organisation. L'amour est le plus dur de tous les travaux, et vous êtes trop paresseux pour travailler. Lorsque vous jetez dans l'abîme de votre *moi* un regard rapide et distrait, vous découvrez avec effroi le germe d'une passion sérieuse, et vous vous sauvez, sur les ailes de la fantaisie, vers les horizons où règne le plaisir facile et nonchalant. Il me suffit d'avoir pénétré à votre insu dans ce recoin secret de votre âme pour me donner la hardiesse de vous conter mes douleurs. Continuez le rire : votre raillerie sera comprise, et mon amitié lui rendra son véritable nom, en lui ôtant son masque d'emprunt.

Paris est toujours désert. La plus grande et la plus peuplée des villes s'efface à vos pieds, lorsqu'on la regarde des hauteurs d'une passion. Je me sens toujours isolé, comme si j'étais sur les vagues de l'Océan du Sud, ou sur les sables de Saharah. Heureusement le corps prend des habitudes mécaniques qui suppléent à la volonté de l'âme; sans cette précieuse faculté de la matière, mon isolement m'aurait amené à une rêveuse et stupide immobilité. Ainsi, aux yeux des indifférents, ma vie est toujours la même; je suis ce que j'étais autrefois; j'ai mes relations, mes plaisirs, mes amis, mes endroits accoutumés; seulement, je parle peu, et je laisse beaucoup parler les autres. Mon visage stéréotype assez bien les lignes calmes de l'audition attentive; et celui qui a la bonté de me raconter quelque chose est tellement satisfait de ma physionomie d'auditeur, qu'il prolonge à l'infini le monologue de sa narration. Alors ma pensée prend son vol, et fait le tour du monde, à travers les continents, les archipels, les mers, les peuples que j'ai visités. Ce sont les seuls moments de répit qui me rafraîchissent le sang. J'ai la pudeur de ne pas vouloir penser à mon amour en face d'un autre homme; il me reste assez d'enfantillage au cœur pour croire que les cinq lettres de ce nom fatal jailliraient sur mon front en lettres de flamme, en trahissant un secret que l'indifférence paie avec un sourire de pitié ou de raillerie.

Les mille souvenirs semés çà et là dans mes pérégrinations éclatent à la fois dans mon cerveau avec tant de bruit et tant de couleurs, que je puis assister en plein soleil, et les yeux ouverts, au défilé de tous mes rêves, créés dans mes nuits des pays lointains. Il y a dans ces instants un phénomène de physiologie inexplicable. La pensée, cette chose toujours rebelle, et que la volonté la plus impérieuse ne peut ni retenir, ni rappeler, se met à vagabonder par le monde, en accordant une trêve au supplice de ma passion : elle fonctionne alors au gré de mes désirs ; complaisance qu'elle n'a pas lorsque je suis seul. Je dois ce soulagement à l'intervention officieuse et loquace du premier oisif rencontré, dont je sais à peu près le nom, et qui m'appelle son ami. Toujours avec un sentiment de bienveillance compatissante je vois s'éloigner ce malheureux conteur, qui me quitte avec l'idée de m'avoir tant réjoui par son monologue, que mes yeux seuls ont écouté. En général, les gens qui vous abordent ont dans le cerveau une pensée ou affaire dominante, et ils s'imaginent que l'univers est disposé à attacher à cette affaire le même intérêt qu'ils y portent eux-mêmes. Cela, d'ailleurs, leur réussit souvent ; car la rue est pleine d'auditeurs affamés qui, les oreilles tendues, cherchent partout une confidence.

Une passion sérieuse nous fait découvrir un monde nouveau dans le monde. Tout ce que j'ai vu et observé jusqu'à présent me paraît rempli d'erreurs. Les hommes et les choses ont des aspects, et même des teintes, sous lesquels je ne les connaissais pas. Il me semble que je suis né hier une seconde fois, et que ma première vie ne m'a laissé que des souvenirs confus ; et dans ce chaos du passé je chercherais en vain une seule règle de conduite pour mon présent.

J'ai ouvert les livres qui sont écrits sur les passions ; j'ai lu tout ce que les sages nous ont laissé de sentences, d'aphorismes, de drames, de tragédies, de romans. J'ai cherché dans les héros de l'histoire et du théâtre l'expression humaine d'un sentiment dont je pourrais me faire l'écho, et qui m'aurait servi de guide ou de consolation. Je n'ai rien trouvé. Je suis comme dans une île déserte où rien, sur la colline, ou dans le bois, ne m'annonce le passage de l'homme; il faut pourtant que je l'habite, sans y trouver la trace du sentier frayé qui conduisait les autres avant moi. Hier, j'assistai à la représentation du *Misanthrope*. Voilà donc un homme amoureux, me disais-je, et peint de main de maître, affirme-t-on. Cet homme écoute des sonnets, — fredonne une chansonnette, — se dispute avec un mauvais écrivain, — cause longuement avec ses rivaux, — soutient une thèse philosophique avec un ami, — traite d'une façon assez brutale la femme qu'il aime, et au dénoûment il se console en annonçant qu'il va s'ensevelir dans un *asile écarté*.

J'élèverais à mes frais un second monument à Molière, si Alceste m'accordait la grâce de me faire aimer de son amour.

Il y a, dans l'amour, des supplices dont je ne vois l'inventaire nulle part, et qui portent les noms les plus vulgaires et les plus innocents du monde. Un poëte anglais fait dire à son héros amoureux :

> Un jour, Dieu, par pitié, délivra les enfers
> Des tourments que pour vous, madame, j'ai soufferts!

Je croyais que le poëte allait développer son idée; malheureusement la tirade se termine là. C'est une vague poésie qui annonce des tourments inconnus. Ce procédé d'ailleurs est assez général en pareille matière. Tout se borne à des plaintes gonflées de brume et de syllabes noires. Aucun moraliste ne précise sa douleur. Le peuple des amoureux s'écrie en chœur qu'il souffre horriblement. Chaque souffrance attend encore une analyse et un nom.

Comme exemple, je vais, mon cher Edgard, vous citer un de ces supplices dont vous ignorez encore le nom et l'espèce, heureux mortel !

L'antre de ce supplice est au bureau de la *poste restante*, rue Jean-Jacques Rousseau : les amoureux de la *Nouvelle Héloïse* n'en ont pourtant point parlé, eux qui ont écrit tant de lettres sur l'amour.

Je me suis mis en correspondance avec trois de mes domestiques, — ce supplice n'est pas celui dont je veux parler. — Ces trois hommes habitent en ce moment les trois villes voisines dans lesquelles mademoiselle de Châteaudun a des relations, des parents ou des amis, entre autres Fontainebleau, où elle est allée d'abord en quittant Paris ; ils sont chargés par moi de prendre, avec la plus grande circonspection, des renseignements sur elle ; car j'ai supposé que sa retraite mystérieuse était dans une de ces trois localités. Les lettres doivent m'être adressées poste restante. Mon portier, avec la finesse pénétrante de ceux de sa profession, découvrirait, à la place de la vérité, quelque fiction scandaleuse, en reconnaissant chaque jour, à l'arrivée du facteur, la main d'un valet de la maison. Comme vous voyez, le supplice se complique ; mon portier me fait peur. Donc, tous les matins, je vais à ce bureau de poste, confluent des secrets de Paris.

Ordinairement, la salle d'attente est pleine de malheureux, espèces de Tantales épistolaires qui, les yeux fixés sur la grille de bois, sollicitent une déception timbrée. Cela est triste à observer. Il doit y avoir au purgatoire un bureau de poste restante où les âmes vont s'enquérir si leur délivrance a été signée au ciel.

Les préposés de l'hôtel des postes, rue Jean-Jacques Rousseau, n'ont pas l'air de se douter que tant d'impatientes angoisses rugissent autour d'eux. Quel calme administratif rayonne sur les fraîches figures de ces distributeurs de consolation et de désespoir ! Dans les tortures de l'attente, les minutes perdent leur valeur mathématique, et les aiguilles des pendules s'immobilisent sur le cadran comme un serpent tordu et empaillé : les opérations du bureau marchent avec une lenteur qui me semble la miniature de l'éternité. Les solliciteurs s'alignent un à un et forment une vivante chaîne de points d'interrogation aux abois. La fatalité me réserve toujours à moi le dernier chaînon, et j'assiste au défilé de toutes ces âmes en peine. Ce bureau rapproche les hommes et comble les distances sociales. A défaut de lettres, on y reçoit toujours des leçons d'égalité, sans payer le port. Il y a de beaux jeunes gens échevelés qui portent sur leurs figures pâles les traces de l'insomnie ;

Il y a des hommes d'affaires, Damoclès de Bourse, qui sentent l'épée de l'échéance tomber sur leurs fronts ;

Il y a de pauvres soldats qui attendent l'obole maternelle ;

De jeunes amantes délaissées dont les espérances roulent, au son du tambour, sur le rivage africain ;

De timides femmes, voilées de noir, qui pleurent un mort pour mieux sourire à quelque heureux vivant. Si chacun d'eux criait le secret de la correspondance attendue, les employés eux-mêmes se voileraient la face avec un large pli administratif et oublieraient les lettres de l'alphabet !

Mais tout est silence et gravité dans ce foyer des douleurs de l'expectative. A de longs intervalles, un nom et un prénom sortent d'une poitrine rauque, et malheur au postulant si son père et son parrain ne lui ont pas laissé un nom court et clairement noté ! L'autre jour, j'ai assisté à une scène étrange causée par l'association de sept syllabes. Un demandeur venait de laisser tomber à travers la grille son nom, *Sidoine Tarboriech*. Alors le dialogue suivant s'établit :

— Est-ce tout un nom ? demanda l'employé sans daigner regarder l'infortuné porteur de ces syllabes.

— Deux noms, répondit timidement l'âme en peine, avec la conscience de son malheur nominatif.

— Vous avez dit *Antoine ?* demanda l'employé.

— *Sidoine*, monsieur.
— C'est votre petit nom?
— C'est le nom de mon parrain; saint Sidoine, 23 août.
— Ah! il y a un saint Sidoine?... Ensuite... Sidoine?...
— Tarboriech.
— Vous êtes Allemand?
— De Toulon, en face de l'Arsenal.

Pendant ce dialogue, les autres âmes en peine brisaient leur chaînon dans un élan convulsif d'impatience, et le sol tremblait sous un long trépignement de pieds nerveux.

L'employé, toujours calme, effeuillait d'un doigt méthodiquement recourbé un faisceau de cent lettres, et quelquefois il s'arrêtait lorsque les hiéroglyphes de la poste effaçaient une adresse sous une éclipse totale de timbres, de jambages et de numéros croisés; car le préposé qui timbre et cote les lettres choisit toujours avec soin le nom de l'adresse pour le voiler d'un nuage opaque et noir. Les mœurs du timbre le veulent apparemment ainsi.

Le dialogue continua :

— Pardon, monsieur, dit l'employé, votre nom... est-ce *Dar* ou *Tar*?
— *Tar*, monsieur, Tar...
— Par un *D*?
— Un *T*; Tarboriech.
— Nous n'avons rien.
— Oh! monsieur, c'est impossible. Il y a une lettre, positivement.
— Il n'y a rien, monsieur, à la lettre T, rien.
— Avez-vous cherché à mon prénom, à Sidoine?
— Mais, monsieur, nous ne mettons pas les lettres à la case des prénoms.
— C'est que, voyez-vous, monsieur, comme je suis le cadet, on m'appelle aujourd'hui Sidoine, dans la famille...

Une explosion de murmures éclata dans le purgatoire

de M. Conte. Des jeunes gens, au comble de l'exaspération et crispant leurs doigts à l'angle de leurs gilets, marchaient vivement dans la salle en fredonnant par syllabes saccadées un psaume de lamentations épigrammatiques, dont voici quelques versets :

— Que diable ! il y a des noms propres qui ne doivent pas exister !

— Eh ! monsieur, ceci est intolérable, quand on a le malheur de se nommer *Extarborich,* on ne se fait pas adresser des lettres poste restante !

— Moi, si j'avais le tort d'avoir un pareil nom, je me ferais dénommer par M. le garde des sceaux.

L'employé encadra sa figure calme dans le soupirail grillé, en disant aux âmes avec une voix douce : Messieurs, nous devons faire notre service scrupuleusement ; ce que je fais pour ce monsieur, chacun de vous, en pareil cas, voudrait qu'on le fît pour lui.

— Oui, oui, s'écria un jeune homme en ouvrant son gilet à deux battants ; mais nous n'avons pas des noms abominables comme ce monsieur !

— Messieurs, dit l'employé, point de personnalités offensantes. — Et s'adressant à l'infortuné : Monsieur, ajouta-t-il, de quel pays attendez-vous une lettre ?

— De Lavalette, département du Var.

— C'est bien cela ; il n'y a que votre prénom sur l'adresse... Sidoine.

— Mon cousin m'appelle toujours ainsi.

— Il a bien raison le cousin ! dit une voix dans un angle.

Voilà, mon cher Edgard, un échantillon des tortures non classées qu'il me faut subir tous les matins, dans ce bureau d'expiation, avant d'arriver le dernier au sanctuaire de l'employé. Là, je prends une allure insouciante et un accent leste, et je décline avec négligence mon prénom. Ce moment est une chose bien simple, n'est-ce pas ?

Eh bien! j'ai vu le vaisseau *le Star* s'entr'ouvrir sous mes pieds, devant les îles Malouines. Le soixante-huitième degré de latitude m'a fait l'honneur d'être mon geôlier dans sa prison de banquises au pôle sud. J'ai passé deux jours et deux nuits séculaires à bord du paquebot *l'Esmerald*, entre l'incendie et l'inondation; et si je composais un élixir de ce trésor d'angoisses ressenties dans ces trois situations mortelles, je ne m'infuserais jamais au cœur, à égal degré, la douleur infinie de ce moment. Trois cachets brisés, trois lettres ouvertes, trois déceptions accablantes! Rien! rien! toujours rien! Mot de désespoir! synonyme glacé du néant!

Alors le vide qui s'élargit autour de moi est affreux; ma respiration s'arrête dans ma poitrine et mon sang dans mon cœur. En mesurant par la pensée le temps qui doit s'écouler jusqu'à la même heure du lendemain, je ne me sens pas le courage et la force de le subir, dans la succession intolérable de ses instants éternels. Comment combler ce gouffre de vingt-quatre heures pour y trouver mon passage de la veille au lendemain? Combien elles me semblent fausses, toutes les allégories anciennes ou modernes, inventées pour affliger l'homme sur la rapidité dévorante de ses jours! Combien me paraît folle la sagesse qui parle avec douleur de nos heures fugitives, et de nos années d'un moment! Je donnerais toute ma fortune pour écrire l'*hora fugit* du poëte, et offrir pour la première fois aux hommes ces deux mots comme un axiome d'immuable vérité. Il n'y a point de vérité absolue dans tout ce que les plus sages ont écrit. Les chiffres même, dans leur ordre symétrique et inexorable, ont leurs erreurs, comme les mots et les paroles. Une heure de plaisir et une heure de douleur ne se ressemblent que sur un cadran, dans leur disposition numérique; hors du cadran, elles mentent soixante fois.

Vous comprenez donc, mon cher Edgard, que je suis

obligé de vous écrire de longues lettres, non pas pour vous, mais pour moi. En vous écrivant, je donne le change aux inclinations uniformes de mon esprit ; je dépayse mes idées ; la plume est la seule arme qui puisse tuer le temps quand le temps veut nous tuer. La plume est l'auxiliaire infidèle de la pensée ; elle entre quelquefois, à notre insu, dans un sillon où il nous est permis de perdre de vue un instant le triste horizon de nos douleurs. Si vous trouvez dans mes lettres quelques traces de sourire et de funèbre gaieté, ce sont des fantaisies de ma plume ; elles ne m'appartiennent que par les trois doigts qui la font mouvoir.

J'ai quelquefois l'idée d'abandonner Paris et de m'ensevelir dans quelque recoin de campagne, où la méditation isolée doit donner au cœur le baume de l'oubli. Mais je veux, par pitié pour moi-même, m'épargner la raillerie de cette déception. Rien n'est cruel comme l'essai d'un remède qui ne guérit pas ; car cela vous ôte toute confiance aux autres remèdes, et le désespoir arrive après. Paris est, au contraire, la ville par excellence pour les maladies sans nom ; c'est la Thébaïde moderne, déserte à force d'être peuplée, silencieuse à force d'être bruyante ; chacun peut y planter sa tente, et y soigner ses plus chères douleurs, sans être inquiété par le passant. La solitude est la plus mauvaise des compagnes, lorsqu'on cherche le soulagement et l'oubli. Il m'est inutile, d'ailleurs, de me donner à moi-même ces raisons, absurdes peut-être, pour m'engager à rester au milieu de cette grande ville. Je ne puis pas, je ne dois pas quitter Paris. C'est le point central de mes opérations. C'est ici que je puis agir avec le plus d'efficacité dans les combinaisons de mes recherches. Je n'en sortirai pas. Quitter Paris, c'est briser tous les fils de mon labyrinthe. Mes devoirs d'homme du monde m'imposeront encore quelque temps des supplices bien cruels ; mais si la fatalité veut prolonger contre moi son œuvre, je m'éloignerai du monde, et j'aurai gagné au moins la suppression de ces tortures sociales. Ainsi, au fond de mon infortune, je découvrirai un bonheur. Quand on ne peut atteindre le bien, il faut diminuer le mal.

Jeudi dernier, la comtesse de L*** avait ouvert ses salons par extraordinaire : c'était une soirée de fiançailles, un bal d'intimes, une espèce de répétition de bal de noces ; elle marie sa belle cousine à notre jeune ami Didier, que nous avons surnommé Scipion l'Africain. Le maréchal Bugeaud lui a donné un congé de six mois, et lui a cicatrisé une blessure à l'épaule avec l'épaulette de chef d'escadron. Dites-moi si je pouvais me dispenser de me rendre à cette soirée? Vous me répondrez ce que je me suis répondu. Encore un supplice découvert. On dansait déjà quand je suis entré. Jamais comédien allant aux planches n'a plissé son étoffe et pétri son visage avec plus de soin que je ne l'ai fait moi-même en montant l'escalier où résonnait le bruit des instruments. Je me suis glissé, à la faveur des figures du quadrille, jusqu'au fond du salon, tapissé de mères oisives et causeuses. Là, j'ai joué mon rôle d'homme heureux.

On sait que j'ai la faiblesse d'aimer le bal avec la passion d'une jeune fille. Je me suis donc imposé une contredanse du meilleur cœur du monde. J'ai choisi une danseuse d'une laideur consommée, pour dépayser ma passion aux antipodes de la beauté. Ma danseuse avait cet esprit charmant qui, presque toujours, chez les femmes, est inséparable de la laideur idéale. Nous avons causé, ri et figuré avec une gaieté folle. Chaque note de l'orchestre était payée d'un bon mot; nous croisions nos pas et nos saillies; nous inventions un genre de conversation tout nouveau, bien préférable à l'immobilité tumulaire du fauteuil; la conversation au pied levé, avec accompagnement d'orchestre furieux. Tous les yeux étaient fixés sur nous, toutes les oreilles venaient, en tourbillonnant, effleurer nos lèvres, tous les visages souriaient de nos sourires et de notre gaieté. Ma danseuse rayonnait de joie ; le délire des pieds, le délire du cerveau, l'exaltation du triomphe, l'auréole de l'esprit avaient transfiguré cette femme : elle était belle ! J'ai oublié un instant mon désespoir ; je venais de faire la meilleure action de ma vie : j'avais donné à une malheureuse femme, délaissée au bal pour crime de laideur, les enivrantes ovations de la beauté.

Mais ensuite, la réaction fatale m'attendait. En jetant au hasard mes yeux sur tout ce monde, j'ai surpris deux regards croisés, deux éclairs de tendresse qui m'ont serré le cœur et replongé dans mon néant. Il est doux de voir, au feu des bougies, deux jeunes époux qui ne le seront que demain, qui se regardent d'un angle à l'autre, par dessus la foule indifférente, et qui mettent dans un simple coup d'œil tant d'amour et d'avenir ! Voilà ce que j'ai rapporté de ce bal ! L'image d'un bonheur qui m'était promis... et que j'ai perdu... Oh ! si je pouvais accuser Irène, je me sauverais dans un violent accès de légitime colère ! Mais cette ressource me manque aussi. Je ne puis accuser que moi-même. Irène ne sait pas tout ce qu'elle est pour moi. Je ne lui parlais de mon amour qu'avec la réserve de l'espérance. Si elle eût mieux connu cet amour, elle ne m'aurait pas abandonné. ROGER DE MONBERT.

VI

A MONSIEUR
MONSIEUR LE PRINCE DE MONBERT
RUE SAINT-DOMINIQUE. PARIS.

Richeport, 26 mai 18...

Cher Roger, vous m'avez compris. — Je n'ai pas voulu vous amollir par des condoléances banales et chanter avec

vous un duo élégiaque ; mais je n'en compatis pas moins
à votre chagrin : — moi je me suis fait un système là-
dessus. — Si je suis quitté, je déplore l'aveuglement de la
malheureuse qui renonce au bonheur de me posséder, je
me félicite d'être débarrassé d'un cœur indigne de moi.
D'ailleurs, j'ai toujours eu de la reconnaissance pour les
beautés compatissantes qui se chargeaient de la besogne
désagréable des ruptures. Il y a bien un petit mouvement
d'amour-propre froissé ; mais, comme depuis longtemps
je suis convenu vis-à-vis de moi-même qu'il existait dans
l'univers une infinité de mortels doués de charmes supé-
rieurs aux miens, cela ne dure qu'une minute, et si la
piqûre saigne un peu, j'en suis quitte pour une tirade
sur le mauvais goût des femmes ; — mais puisque vous
n'avez pas cette philosophie, il faut retrouver, à tout prix,
mademoiselle de Châteaudun ; vous savez mes principes :
j'ai pour toute passion, pour tout désir véritable un profond respect. Je ne discuterai pas avec vous les mérites ou
les défauts d'Irène ; vous la voulez, cela me suffit ; vous
l'aurez ou j'y perdrai le peu de malais que j'ai appris
lorsque je voulais aller voir à Java ces danseuses dont
l'amour tue en six semaines le plus robuste Européen.
Votre police secrète va s'augmenter d'un nouvel espion ;
j'épouse votre colère et me mets complétement au service
de votre rage ; je connais quelques-unes des relations de
mademoiselle de Châteaudun, qui a des parentés dans les
départements voisins de celui que j'habite, et je fais à
votre intention une battue dans tous les châteaux, à beaucoup de kilomètres à la ronde.

Je n'ai pas encore trouvé ce que je cherchais ; mais j'ai
découvert dans les manoirs les plus maussades un tas de
charmants visages qui ne demanderaient pas mieux, cher
Roger, que de vous consoler, à moins que vous ne soyez
comme Rachel, et que vous ne vouliez pas de consolations ;

car s'il ne manque pas de femmes toujours prêtes à distraire un amant aimé, il s'en trouve aussi quelques-unes disposées à entreprendre la cure d'un désespoir célèbre ; ce sont là de ces services que se rendent volontiers les meilleures amies. Je me permettrai seulement de vous adresser une question : Êtes-vous bien sûr, avant de vous livrer ainsi à ces excès de douleurs invisibles, que mademoiselle de Châteaudun ait jamais existé ? Si elle existe, elle ne s'est pas évaporée, que diable ! Il n'y a que le diamant qui remonte au soleil tout entier et disparaisse sans laisser de traces. — On ne s'abstrait pas ainsi, comme une quintessence, d'un milieu civilisé : en 18.., une suppression de personne me paraît tout à fait impossible. Mademoiselle Irène est trop bien élevée pour s'être jetée à l'eau comme une grisette ; si elle l'avait fait, les zéphirs eussent poussé sur la rive sa capote ou son ombrelle ; le chapeau d'une femme, quand il est de Beaudrand, surnage toujours. — Elle aura probablement voulu vous soumettre à quelque épreuve romanesque, et voir si vous étiez capable de mourir de chagrin à cause d'elle ; ne lui donnez pas cette satisfaction, redoublez de sérénité et de fraîcheur, et, s'il en est besoin, mettez du fard comme une douairière ; il faut soutenir devant ces mijaurées fantasques la dignité du sexe le plus laid, dont nous avons l'honneur de faire partie. — J'approuve fort l'attitude que vous avez prise ; — les blancs doivent avoir pour les tortures morales la même impassibilité que les Peaux-Rouges pour les tortures physiques.

Tout en courant le monde à votre profit, j'ai eu une espèce de petit commencement d'aventure qu'il faut que je vous conte. — Il ne s'agit pas d'une duchesse, je vous en préviens ; je laisse ces sortes de caprices aux républicains. En fait d'amour, je n'estime que la beauté, c'est la seule aristocratie que je cherche pour moi, les jolies sont baronnes; les charmantes, comtesses; les belles, marquises, et je reconnais la reine aux mains et non au sceptre, au front et non à la couronne. Telles sont mes mœurs. Je n'ai du reste aucun préjugé ; je ne dédaigne pas les princesses, quand elles sont aussi jolies que de simples vilaines.

Je pressentais qu'Alfred avait l'intention d'aller me voir, et, avec cette prodigieuse finesse qui me caractérise, je me suis dit : S'il vient chez moi, l'hospitalité me forcera de le subir aussi longtemps qu'il lui plaira de m'imposer le supplice de sa présence, tourment oublié dans l'*Enfer du Dante*; en allant chez lui, je change les positions, je peux m'en aller, sous le premier prétexte indispensable qui ne manquera pas de se présenter, trois jours après mon arrivée, et je lui ôte tout motif d'envahir mon wigwam de Richeport. J'allai donc à Mantes, lieu où ses parents habitent, et où il va passer l'été.

Au bout de quatre heures, je me souvins qu'une affaire des plus urgentes me rappelait chez ma mère; mais quelle ne fut pas mon angoisse, lorsque je vis que mon exécrable ami m'accompagnait à la station du chemin de fer en habit de voyage, une casquette sur la tête, une valise sous le bras! Heureusement, il allait à Rouen pour gagner le Havre, et je fus rassuré contre toute tentative d'invasion.

Ici, mon cher ami, tâchez de vous arracher un instant à la contemplation de votre douleur et de prendre quelque intérêt à mon histoire. Pour un esprit aussi distingué que le vôtre, elle a du moins l'avantage de commencer d'une façon toute bourgeoise et toute prosaïque, cela vous reposera de vos odyssées et de vos bonnes fortunes fabuleuses; — je n'aurais pas fait la faute de vous écrire quelque chose d'extraordinaire ; vous êtes rassasié d'incroyable ; le surnaturel est devenu votre commun; il existe entre vous et l'étrange des affinités secrètes ; les prodiges vont à votre rencontre; vous vous trouvez en conjonction avec les phénomènes; tout ce qui n'arrive pas vous est arrivé, et, sur ce monde que vous avez parcouru dans tous les sens, il n'y a de nouveau pour vous que le banal. La première fois que vous avez voulu faire quelque chose comme tout le monde,—vous marier,—la chose a manqué. Vous n'avez de facilité que pour l'impossible; aussi, j'espère que mon récit, un peu dans le genre des romans de M. Paul de Kock, auteur estimé des grandes dames et des cuisinières, vous surprendra infiniment et aura pour vous tout l'attrait et toute la fraîcheur de l'inconnu.

Il y avait déjà deux personnes dans le wagon où le conducteur nous poussa; deux femmes, une vieille et une jeune.

Pour ôter à Alfred la facilité de faire le charmant, je me plaçai dans un angle en face de la plus jeune, laissant ainsi à mon ennuyeux ami la perspective réfrigérante de la vieillarde.

Vous savez que je n'ai aucun penchant à soutenir ce que l'on appelle l'honneur de la galanterie française,—galanterie qui consiste à excéder d'empressements hors de propos, de conversations sur la pluie et le beau temps, le tout entremêlé de mille et un madrigaux plus ou moins stupides, les femmes qu'un hasard ou une raison quelconque forcent à se trouver seules parmi des hommes.

Je m'établis donc dans mon coin sans avoir donné d'autre signe, qu'un léger salut, que je me fusse aperçu de la présence dans la voiture de femmes dont l'une avait évidemment droit aux attentions de tout jeune Français commis-voyageur et troubadour; et je me mis à examiner sans affectation mon vis-à-vis, me partageant entre les études pittoresques et les études physiognomoniques.

Le résultat de mes observations pittoresques est que je n'ai jamais vu tant de coquelicots! Ce sont probablement les rouges étincelles des locomotives qui prennent racine et fleurissent sur le bord du chemin.

Mes observations physiognomoniques sont plus étendues, et, sans me vanter, je crois que Lavater lui-même les aurait approuvées.

L'habit ne fait pas le moine, mais la robe fait la femme. Je vais donc commencer par vous donner une description extrêmement détaillée de la toilette de mon inconnue. — Cette méthode est usée, ce qui prouve qu'elle est bonne, puisque tout le monde s'en sert. Mon inconnue ne portait ni pagne d'écorce d'arbre autour des reins, ni boucles d'oreilles dans le nez, ni bracelet aux jambes, ni bagues aux doigts du pied, ce qui vous paraîtra extraordinaire.

Elle avait le seul costume qui manque peut-être à votre collection, un costume de grisette parisienne. Vous qui connaissez par cœur le nom de tous les ajustements des Hottentotes, qui êtes de première force sur les modes esquimaudes, et qui savez au juste combien de rangs d'épingles s'enfonce dans la lèvre inférieure une Patagone du bel air, vous n'avez pas pensé à dessiner celui-là.

Une description bien entendue de grisette doit commencer par le pied. La grisette est l'Andalouse de Paris; elle a le talent de traverser les fanges de Lutèce sur le bout de l'orteil, comme une danseuse qui étudie ses pointes, sans moucheter ses bas blancs d'une seule étoile de boue. Les manolas de Madrid, les cigareras de Séville avec leur soulier de satin ne sont pas mieux chaussées; la mienne, — pardonnez l'anticipation de ce pronom possessif, — avançait dessous la banquette la moitié d'un brodequin irréprochable moulant des chevilles parfaites, un cou-de-pied d'une cambrure aristocratique; — si elle veut me donner ce gracieux cothurne pour le mettre dans mon musée, à côté du chausson de Carlotta Grisi, du brodequin de la princesse Houn-Gin, et du soulier de la Gracia de Grenade, je le lui remplirai de louis ou de pastilles, à son choix.

Quant à sa robe, j'avoue sans honte qu'elle était de mousseline-laine, mais c'était une de ces robes dont les couturières se réservent le secret. Je ne sais quoi de juste et d'aisé en même temps, une coupe parfaite rencontrée de loin en loin par Palmyre dans ses jours d'inspiration; un mantelet de taffetas noir, un petit chapeau de paille avec un ruban tout plat et un voile de gaze verte à demi-rejeté complétaient cette parure ou plutôt cette absence de parure.

Ah! diable, j'allais oublier les gants! Les gants sont la partie faible du costume des grisettes. Pour être frais, ils doivent être renouvelés souvent, mais ils coûtent le prix de deux journées de travail. Celle-ci avait donc, ô douleur! de faux gants de Suède que la vérité me force à estimer à la valeur de dix-neuf sols, ou quatre-vingt-quinze centimes, pour me conformer à la nouvelle phraséologie monétaire.

Un cabas de tapisserie médiocrement gonflé était posé à côté d'elle. Que pouvait-il contenir? — quelque roman de cabinet de lecture? — Rassurez-vous, il n'y avait dans ce cabas qu'un petit pain et un sac de bonbons de chez Boissier, comestibles délicats qui jouent un rôle important dans mon histoire.

Maintenant, il faut que je vous tire un crayon exact de la figure de cette jolie Parisienne; — car elle l'est. — Une Parisienne peut seule porter de la sorte un chapeau de quinze francs.

J'ai pour les chapeaux une haine profonde; pourtant, je ne puis m'empêcher de convenir qu'en certaines occasions ils ne font pas un effet trop désagréable; ils représentent une espèce de fleur bizarre, dont le cœur est formé par une tête de femme: une rose épanouie qui au lieu d'étamine et de pistils, porte à son centre des œillades et des sourires.

La voilette, rabattue à demi, ne laissait apercevoir du visage de l'inconnue qu'un menton d'une régularité parfaite, une petite bouche de framboise et la moitié du nez, peut-être les trois quarts. — Quelles jolies narines finement coupées, roses comme des coquillages de la mer du Sud ! le haut était baigné d'une ombre argentée, transparente, sous laquelle on devinait les palpitations des cils et le feu humide des regards. Pour les joues, — il faut que vous attendiez la suite des événements si vous désirez des renseignements plus amples; car les ailes de son chapeau, bridées par le ruban, m'en dérobaient les contours; ce que j'en voyais était d'une pâleur rosée et délicate, également éloignée de la grosse santé et de la maladie. — Les yeux et les cheveux formeront un paragraphe spécial.

Maintenant que vous voilà suffisamment édifié au sujet de la perspective dont votre ami jouissait du fond de sa stalle dans la diligence du chemin de fer entre Mantes et Pont-de-l'Arche, je vais passer à un autre exercice très-recommandé dans les traités de rhétorique, et décrire, par manière de repoussoir et de contraste, le monstre féminin qui servait d'ombre à cette idéale grisette.

Cette *affreuse compagnonne* me parut fort suspecte. Était-ce une duègne, une mère, une vieille parente ? En tout cas, elle était fort laide, non qu'elle eût une tête de mascaron avec des sourcils en spirales et des babines déchiquetées comme les fosses d'un dauphin héraldique, mais la trivialité lui avait écrasé le masque d'un coup de poing; ses traits étaient communs, diffus, émoussés. L'habitude d'une servile complaisance semblait leur avoir ôté toute expression propre; elle avait un regard bénin et louche, un sourire vaguement hébété, et cet air de fausse bonhomie des gens élevés à la campagne; une robe de mérinos foncé, un tartan de couleur sombre, un chapeau sous lequel s'ébouriffait un bonnet à plusieurs rangs; voilà succinctement la tenue de la créature.

La grisette est un oiseau de gai babil et de libre allure qui s'échappe à quinze ans du nid pour n'y jamais revenir; ce n'est pas dans ses mœurs de traîner des mères après soi : — cette manie est spéciale aux filles de théâtre, qui en ont besoin pour toutes sortes de petits trafics qu'ignore la grisette indépendante et fière. — La grisette semble deviner par instinct que la présence d'une vieille femme autour d'une jeune a toujours quelque chose de malsain. Cela sent la sorcière et la toilette du sabbat; les limaces ne cherchent les roses que pour baver dessus, et la vieillesse ne s'approche de la jeunesse que dans un but honteux.

Cette femme n'est pas la mère de mon inconnue; une fleur d'un si doux parfum ne peut provenir de cette bûche mal taillée. J'ai entendu la vieille dire cette phrase du ton le plus humble : — Mademoiselle, si vous le voulez, je vais baisser les stores; les grains de charbon pourraient vous incommoder.

C'est sans doute quelque parente; car une grisette n'a pas de femme de compagnie, et les duègnes sont exclusivement réservées aux infantes espagnoles.

Ma grisette serait-elle tout simplement une aventurière ornée d'une mère de louage, pour se donner des airs respectables? Non, il y a dans toute sa personne un cachet d'honnête médiocrité, un soin dans les détails de sa toilette plus que simple, qui la sépare de cette classe hasardeuse. — Une princesse errante n'aurait pas cette exactitude dans son ajustement; elle se trahirait par un châle délabré sur une robe neuve, par des bas de soie dans un brodequin éculé, par quelque chose de décousu et d'incohérent. Et, d'ailleurs, la vieille ne prend pas de tabac et ne sent pas l'eau-de-vie.

J'ai fait toutes ces observations, en moins de temps que je n'en prends pour vous les écrire, à travers l'intarissable babil d'Alfred, qui s'imagine, comme beaucoup de gens, qu'on est fâché contre lui si on laisse tomber un instant la conversation. Et puis, entre nous, je crois qu'il tenait à se faire passer aux yeux de ces femmes pour un homme situé sur un bon pied dans un certain monde, car il m'a parlé de l'univers entier. Je ne sais comment cela s'est fait, mais ce tourbillon de paroles a fini par entraîner l'inconnue, qui jusque-là s'était tenue précieusement rencognée. — Le peu de mots qu'elle a dits étaient fort indifférents : une observation sur un encombrement de gros nuages noirs qui, pelotonnés dans un coin de l'horizon, avaient l'air de comploter une averse ; mais j'ai été charmé du timbre de sa voix. — Une voix argentine et fraîche. La musique brodée par elle sur cette phrase : — Il va pleuvoir, — me traversa l'âme, comme un motif de Bellini, et je me sentis remuer dans le cœur quelque chose qui, bien cultivé, pourra devenir de l'amour.

Une locomotive a bientôt avalé les tringles qui séparent Mantes de Pont-de-l'Arche. Un abominable bruissement de ferrailles et de tampons se fit entendre, le convoi s'arrêta. — J'avais une peur affreuse que la grisette et sa compagne ne continuassent leur route, mais elles descendirent précisément à cette station. O Roger, ne suis-je pas un heureux drôle ? — Pendant qu'elles étaient occupées à réclamer je ne sais quel paquet, la voiture qui va de la station à Pont-de-l'Arche partit encombrée de malles et de voyageurs ; en sorte que, les deux femmes et moi, nous fûmes obligés, malgré les menaces du temps, de prendre à pied le chemin de Pont-de-l'Arche. De larges gouttes commençaient à tigrer la poussière. Un de ces gros nuages noirs dont j'ai parlé tout à l'heure se déchira et laissa tomber de ses plis sombres de longs filets de pluie comme des flèches d'un carquois qui se renverse.

Un hangar couvert d'un chaume moussu et servant à remiser de grossiers instruments aratoires, des roues de charrue démantelées, nous rendit le même service que la grotte classique qui abrita Enée et Didon dans une circonstance semblable. Des branches folles d'aubépine et d'églantier relevaient à propos la rusticité de l'asile.

L'inconnue, quoique visiblement contrariée de ce retard, se résigna bientôt et se mit à regarder les hachures dont la pluie ombrait le ciel. La vieille ne faisait que geindre et se lamenter, à demi-voix pourtant ; moi j'oscillais sous le hangar avec le dandinement de l'ours en cage. La pluie tombait toujours et le vent la chassait en folles bouffées qui nous poursuivaient jusque dans notre asile. Les ornières devenaient de petits torrents. — O Robinson Crusoé, que j'ai envié en ce moment ton fameux parasol en poil de chèvre ! avec quelle gracieuse aisance aurais-je offert à cette beauté son abri secourable jusqu'à Pont-de-l'Arche, car elle allait à Pont-de-l'Arche, — juste dans la gueule du loup. — Le temps passait. — La voiture ne devait revenir qu'au retour de l'autre convoi, c'est-à-dire dans cinq ou six heures. Je n'avais pas dit qu'on vînt me prendre ; notre situation était donc des plus mélancoliques.

Mon infante ouvrit délicatement son petit cabas, en tira un petit pain et des bonbons, qu'elle se mit à croquer le plus gentiment du monde. Je n'avais pas déjeuné à Mantes, j'étais à jeun et crevant de faim ; il paraît que je laissai tomber sur ses provisions un regard de si naïve convoitise, qu'elle se prit à rire et m'offrit la moitié de sa pitance, que j'acceptai. — Dans le partage, je ne sais comment cela se fit, ma main effleura la sienne ; — elle la retira brusquement, et me jeta un regard si royalement dédaigneux, que je me dis en moi-même : — Cette jeune personne se destine à l'état dramatique, — elle joue les Marguerite et les Clytemnestre en province en attendant qu'elle ait assez d'embonpoint pour se produire à la Porte-Saint-Martin ou à l'Odéon. — Cette stryge est son habilleuse, tout s'explique.

Je vous avais promis un paragraphe sur les yeux et les cheveux ; les yeux sont d'un gris changeant, quelquefois bleus, quelquefois verts, selon l'expression et la lumière ; — les cheveux châtains séparés en deux bandes bien lisses, moitié satin, moitié velours. — Plus d'une grande dame paierait bien cher pour avoir ces cheveux-là.

L'averse ayant diminué, une résolution violente fut prise à l'unanimité, pour aller à pied jusqu'à Pont-de-l'Arche, malgré la boue et les flaques d'eau.

Étant rentré en grâce auprès de l'infante par des discours pleins de sagesse et des gestes soigneusement équilibrés, nous fîmes la route ensemble, la vieille suivant à quelques pas en arrière, et le merveilleux petit brodequin arriva à sa destination sans être souillé le moins du monde, — les grisettes sont de vrais perdreaux, — à la maison de madame Taverneau, la directrice de la poste, qui était l'endroit où se rendait mon inconnue.

Vous seriez un prince bien peu pénétrant, cher Roger, si vous n'aviez déjà deviné que vous allez recevoir une lettre de moi tous les jours, et même deux, dussé-je vous envoyer des enveloppes vides ou recopier le *Parfait Secrétaire*. — A qui ne vais-je pas écrire ? Jamais ministre d'état n'aura eu de correspondance si étendue.

EDGARD DE MEILHAN.

VII

A MADAME
MADAME LA VICOMTESSE DE BRAIMES
HÔTEL DE LA PRÉFECTURE,
A GRENOBLE (ISÈRE).

Pont-de-l'Arche, 29 mai 18...

Valentine, cette fois, je me révolte, et je déclare votre science en défaut. Vous avez beau me dire : Vous ne l'aimez pas ; je vous réponds : Je l'aime, et je l'épouserai. Toutefois, je suis forcée d'admirer cette superbe sentence que vous prononcez contre moi :

« Un amour profond n'est pas si ingénieux. Quand on
» aime sérieusement, on respecte la personne qu'on
» aime, et l'on se garde bien de l'offenser en osant l'é-
» prouver ; quand on aime sérieusement, on n'est pas non
» plus si brave ; on a tant besoin de croire, que l'on mé-
» nage sa foi ; on ne la risque pas ainsi dans un jeu puéril ;
» le véritable amour est craintif, il préfère une erreur à
» un soupçon ; loin de rechercher le doute, il le fuit, et il
» a une bonne raison pour ça, c'est qu'il ne pourrait pas
» le supporter. »

La phrase est magnifique, et vous devriez l'envoyer à M. de Balzac ; il aime assez à mettre dans ses romans de vraies phrases de femme. J'en conviens, cette pensée est juste, lorsqu'il s'agit d'amour seulement ; mais si l'amour doit avoir pour avenir le mariage, l'épreuve n'est plus un vain jeu, et l'on peut bien se permettre, dans une occasion si importante, d'éprouver la constance du caractère sans offenser la dignité de l'amour. C'est une chose si grave qu'un mariage, et surtout un mariage d'inclination, qu'on ne saurait trop s'y préparer avec raison et avec prudence. Vous dites : L'amour est craintif. Eh ! l'hymen aussi est craintif. On ne prononce pas avec légèreté cette irrévocable promesse : Toujours et jamais d'autre !... Ces deux mots-là font rêver... Quand on veut être honnête, et qu'on est très-décidé à tenir ses serments, on les étudie un peu avant de les prononcer. Oh ! je vous entends d'ici vous écrier : Vous n'aimez pas, vous n'aimez pas ; si vous aimiez, ces mots qui vous semblent terribles vous paraîtraient charmants ; vous seriez la première à dire : Toujours, et vous n'imagineriez pas qu'il y ait sur la terre un autre homme que vous puissiez aimer... Je reconnais encore que ceci vous donne des armes contre moi ; mais que voulez-vous ?... Je sens... c'est ma folie ?... je sens qu'il y a quelqu'un quelque part que je pourrais mieux aimer. C'est cette sotte idée qui me fait hésiter quelquefois. Cependant, je la perds tous les jours, et je suis prête à faire justice de cet enfantillage. Malgré votre opinion, je persiste à croire que j'aime Roger ; et quand vous le connaîtrez, vous comprendrez que cet amour-là est très-probable. Je l'aurais déjà revu, je serais déjà retournée à Paris depuis hier, sans vous ; oui, sans vous ! Ce sont vos conseils qui m'ont retenue. Eh ! moi qui vous demandais des secours, vous ne m'avez envoyé que des inquiétudes. J'étais partie de l'hôtel de Langeac le cœur joyeux : l'épreuve sera favorable, pensais-je ; quand j'aurai vu Roger bien triste pendant quelques jours, quand il m'aura bien cherchée, bien attendue, un peu maudite, et beaucoup regrettée, j'apparaîtrai tout à coup à ses yeux, heureuse et souriante ; je lui dirai : Vous m'aimez, je vous ai quitté pour vous voir de loin, pour m'interroger moi-même dans la solitude ; maintenant je reviens sans crainte, j'ai confiance en vous et en moi, ne nous quittons plus. Je comptais lui avouer la vérité naïvement... — Mais cet aveu me serait fatal, me dites-vous... Si vous devez épouser M. de Monbert, au nom du ciel, qu'il ignore toujours le motif de votre subit départ ; inventez une histoire... un devoir à remplir, une maladie à soigner...

choisissez le mensonge qu'il vous plaira, mais cachez-lui toujours l'intention que vous avez eue de l'éprouver. — Vous ajoutez : Il vous aime, *lui*, et jamais il ne vous pardonnera de l'avoir fait souffrir inutilement : un amour digne et fier ne pardonne jamais la mauvaise plaisanterie d'une épreuve.

Que dois-je faire alors? Trouver un mensonge, mais tous les mensonges sont stupides, et, d'ailleurs, il faudra le lui écrire; moi, je ne m'engage pas à mentir en face... Avec des indifférents et des inconnus, on peut encore s'en tirer; mais avec un jeune homme qui vous aime, qui contemple vos traits tout le temps que vous lui parlez, qui cherche vos regards et qui les comprend, qui observe votre rougeur et qui l'admire, qui connaît toutes les inflexions de votre voix comme un pianiste connaît toutes les notes de son clavier, mentez donc un peu; c'est commode; un regard embarrassé... un sourire contraint... un son faux... et le voilà sur ses gardes; il devine tout, et, vous-même, vous l'aidez à tout deviner. A la première question qu'il vous adresse, le bel édifice de vos mensonges s'écroule, et vous retombez en pleine vérité. Valentine, je mentirai pour vous obéir, mais je mentirai à distance; je sens le besoin de mettre plusieurs stations et plusieurs départements entre ma brutale franchise et les gens qu'il me faut tromper.

Pourquoi me grondez-vous si fort? Vous devez bien penser que je n'ai pas agi légèrement; ma conduite n'est étrange, fantasque et mystérieuse que pour Roger; pour tout le monde elle est très-convenable. On croit que je suis aux environs de Fontainebleau, avec la duchesse de Langeac, chez sa fille, et comme la pauvre jeune femme, qui est très-souffrante, ne voit personne, ne reçoit personne, je peux disparaître un moment de chez elle sans qu'on le remarque, sans que cela soit un événement dans le pays. J'ai dit à ma cousine une partie de la vérité. Elle comprend mes hésitations, mes scrupules; elle trouve assez naturel que je veuille réfléchir quelque temps avant de m'engager à jamais; elle sait que je suis chez une de mes anciennes amies; je lui ai promis d'aller la chercher dans quinze jours, elle n'a pas la moindre inquiétude. « Ma chère enfant, si vous vous décidez à vous marier, je reviendrai avec vous à Paris, sinon je vous emmène avec ma fille aux eaux d'Aix. » Voilà ce qu'elle m'a dit quand nous nous sommes quittées. J'ajoute, moi, que lorsqu'on va aux eaux d'Aix, on est très-capable d'aller savoir des nouvelles des amies que l'on a dans le département de l'Isère.

Vous me reprochez aussi de n'avoir pas raconté à Roger tous mes chagrins, de lui avoir *dérobé* ce que vous appelez flatteusement *les plus belles pages de ma vie...* O Valentine! comme en cela je suis plus savante que vous! malgré votre expérience de mère de famille, malgré votre haute sagesse. Sans doute vous connaissez mieux que moi la vie sérieuse, mais moi, je connais mieux que vous le monde des frivolités; et je vous le dis : aux yeux des élégants de ce monde-là, le courage n'est pas une séduction chez les femmes. Ces esprits, faussement délicats, préféreront cent fois une petite maîtresse gémissante et suppliante, racontant à tous ses malheurs, parée de jolis chiffons bien coquets qui survivent à sa fortune, entourée obstinément d'un luxe coupable qu'elle ne peut maintenir qu'au prix de sa dignité, à une noble créature qui affronte bravement la misère et se fait humble par fierté; qui refuse les dons de ceux qu'elle méprise, et calme, forte, indépendante, arrose silencieusement de ses larmes un pain laborieux. Croyez-moi, les hommes de ce monde-là aiment mieux les femmes qu'il faut plaindre que celles qu'il faut admirer. Un grand courage dans une grande adversité, cela n'est pour eux qu'une image désagréable dans un vilain cadre, c'est-à-dire une femme mal mise dans une chambre mal meublée... Vous comprenez alors pourquoi, voulant plaire à mon futur époux, je me suis bien gardée de lui offrir cette image. Ah! vous me parlez de mon cher idéal, et vous dites que vous l'aimez? Hélas! à lui seul j'aurais pu lire sans danger ces belles pages de ma vie... Mais ne pensons plus à lui, je veux l'oublier.

Une seule fois pourtant j'ai manqué me trahir : nous étions allées, ma cousine et moi, chez une comtesse russe qui demeurait dans un hôtel garni, rue de Rivoli. M. de Monbert y était. Il faisait froid, j'allai m'asseoir près de la cheminée. La comtesse R... m'offrit un écran. Je jette les yeux sur les peintures de cet écran, et je reconnais une de mes œuvres. Cela représentait Paul et Virginie jardinant avec Domingue. Qu'ils étaient affreux tous les trois! Le temps et la poussière avaient singulièrement modifié les physionomies de mes personnages. Par un phénomène assez explicable, Virginie et Domingue avaient fait un échange, l'un avait donné sa couleur à l'autre : Virginie était une belle négresse, Domingue était affranchi, il avait déteint, il avait quitté la couleur de l'esclavage; c'était un blanc pur sang. En le regardant, je me mis à rire, et M. de Monbert me demanda pourquoi je riais de si bon cœur; je lui montrai ce dessin : Il est horrible, dit-il. J'allais répondre : C'est mon ouvrage; on vint nous interrompre. Je n'ai rien dit, et c'est fort heureux.

Vous ne me gronderez plus; je vais suivre vos conseils. Je quitterai Pont-de-l'Arche dans quelques heures. Oh! que je voudrais donc être à Paris! je me déplais ici maintenant, c'est très-ennuyeux de jouer à la pauvreté. Quand j'étais réellement misérable, cette vie modeste qu'il me fallait mener, ces cruelles privations que je subissais me paraissaient nobles et dignes, la misère a sa grandeur et toutes les souffrances ont leur poésie ; mais quand l'humilité de l'existence est volontaire, quand les privations sont des caprices, la misère perd tout son prestige, et ces souffrances de fantaisie que l'on s'impose inutilement deviennent intolérables, parce qu'il n'y a plus ni courage, ni mérite à les endurer. Ce sentiment que j'éprouve doit être bien naturel, car ma vieille compagne d'infortune, ma bonne et fidèle Blanchard, l'éprouve comme moi. Vous savez quel dévouement a été le sien pendant mes longs jours de douleur ! Elle m'a servie pendant trois ans pour l'honneur et pour la gloire. Elle qui était si fière chez ma mère, qui menait toute la maison comme une classique femme de charge des temps passés... elle s'était faite femme de ménage pour l'amour de moi ! Et elle supportait les rigueurs et les ennuis de cet état mélancolique avec une patience admirable. Pas une plainte, pas un reproche. A la voir si simplement résignée, on aurait dit que c'était là son métier ; vraiment on aurait juré qu'elle n'avait jamais fait autre chose que la cuisine toute sa vie... si on n'avait pas goûté de ses plats. Je me souviendrai toujours de son premier dîner. Quel brouet spartiate ! Elle avait sans doute cherché ses recettes dans *le Bon Cuisinier lacédémonien*. J'ai mangé de confiance ce qu'elle me servait. Ragoût étrange et indescriptible ; je n'ai pas osé lui demander ce que c'était, et il m'a été impossible de reconnaître aucun animal : qu'est-ce que ça pouvait être ?... c'est son secret... Je mourrai sans le savoir... Eh bien ! cette femme si dévouée, si résignée dans l'adversité véritable, ce Caleb féminin, dont les soins généreux allégeaient ma lourde misère ; qui, me voyant souffrir, se faisait un devoir de souffrir ; qui, me voyant travailler nuit et jour, se faisait un honneur de travailler avec moi nuit et jour... maintenant qu'elle sait que nous sommes redevenues riches, ne peut plus supporter la moindre privation. Toute la journée elle gémit ; à chaque ordre que je lui donne, je l'entends marmotter tout bas de sournoises imprécations contre moi : « Quelle idée !... quelle folie !... avoir de l'argent comme *un Crésus*, et s'amuser à manquer de tout !... Venir habiter une bicoque chez des gens de rien, et refuser d'aller voir des duchesses dans leurs châteaux !... Si je ne fais pas ce qu'on me commande, ce n'est pas étonnant, je ne comprends point. » Et elle me taquine, et elle est méchante ; elle me fera perdre la tête. Il semble qu'elle se soit engagée à faire manquer tous mes plans. Je lui dis de m'appeler madame, elle m'appelle toujours mademoiselle. Je lui avais dit de n'apporter ici que des robes toutes simples, des chaussures de campagne ; elle m'a apporté des robes de mousseline brodée, des mouchoirs en toile d'araignée et des brodequins de taffetas gris ! Je l'avais priée, pour voyager avec moi, de s'habiller elle-même très-simplement. Ceci la mettait au désespoir ; et par vengeance, dans son zèle malicieusement exagéré, elle s'est fagottée comme une sorcière. J'ai essayé de lui faire comprendre qu'elle était laide au delà de mes désirs. Alors elle m'a fait cette réponse sublime qui m'a désarmée : « Je n'avais que des châles et des chapeaux neufs ; j'ai été obligée *d'emprunter* ceux-ci pour obéir à mademoiselle. » Voyez-vous cette orgueilleuse qui avait déjà supprimé toutes les vieilleries, tous les témoins de ses misères passées. Je suis plus humble, moi, j'ai tout gardé. Quand je suis retournée dans ma pauvre mansarde, j'ai retrouvé avec bonheur mon modeste mobilier des jours d'épreuve, mes légers rideaux en perse rose, mes *clairs* tapis, ma petite bibliothèque d'ébène ; et puis d'autres objets précieux pour moi, que j'avais sauvés du naufrage : le vieux fauteuil de mon père, la table à ouvrage de ma mère, et tous nos portraits de famille, cachés au fond de ma chambre comme des orgueilleux indiscrets ; fiers maréchaux, dignes prélats, coquettes marquises, vénérable abbesse, page espiègle et sombres chevaliers, pressés les uns contre les autres et fort étonnés de se trouver ensemble dans un si triste réduit, et de se voir tout à coup honteusement reniés par leur indigne représentante. Cette mansarde me plaît ; j'y suis restée trois jours avant de venir ici ; c'est là que j'ai laissé mes beaux habits de future princesse pour prendre mon costume modeste de voyageuse ; c'est là que la superbe Irène est redevenue l'intéressante veuve du fantastique Albert Guérin. Nous sommes parties à neuf heures du matin ; j'ai eu toutes les peines du monde à être prête pour arriver à temps au chemin de fer. Je ne sais déjà plus me lever de bonne heure. Comme je suis redevenue promptement paresseuse ! Quand je me rappelle que, pendant trois années de ma vie, je me suis levée tous les matins avec l'aurore, cela me paraît fabuleux. Il y a six mois tout au plus que je suis sortie de la misère, et me voilà déjà corrompue par la fortune : c'est désolant ; le malheur est un grand maître, sans doute, mais, comme tous les maîtres, il n'a d'influence que par sa présence ; on ne travaille bien qu'avec lui ; sitôt qu'il vous a quitté, on oublie ses conseils et ses leçons.

Nous sommes arrivées à l'embarcadère au moment où le convoi allait partir ; nous nous sommes établies dans une diligence, et là... comme le monde est petit... on n'oserait pas mettre ça dans un roman... là j'ai fait une rencontre des plus intéressantes pour moi ; j'ai voyagé avec un ancien ami de Roger, qui, par bonheur, ne me connaît pas, M. Edgard de Meilhan, le poëte, dont j'ai tant de fois entendu parler, et dont j'aime beaucoup le talent. C'est un esprit très-original ; j'aurais deviné qui il était à sa conversation. Mais il avait pour compagnon de voyage un de ces bavards explicateurs qui semblent nés pour servir de *cicérone* à l'humanité tout entière, et rendent inutile toute perspicacité devinatrice. Ces ennuyeux sont assez amusants en voyage; ils sont bien informés, et ils citent leurs auteurs à tous propos, pour prouver l'excellence de leurs renseignements; c'est aussi un moyen d'éblouir les bourgeois obscurs, les étrangers ébahis qui vous écoutent, par les noms brillants des gens célèbres que l'on prétend voir familièrement tous les jours; en un mot, c'est une manière de *faire valoir ses relations,* comme disait votre spirituel ami M. L... Or, ce monsieur... il faut que je vous fasse son portrait; ce n'est pas difficile, et ce ne sera pas long : c'est un monsieur carré, qui a un front carré, un nez carré, une bouche carrée, un menton carré, un sourire carré, une main carrée, des épaules carrées, une gaieté carrée, des plaisanteries carrées, c'est-à-dire un esprit à la fois grossier, lourd et anguleux; un gros esprit tout rond peut souvent paraître léger, et rouler avec facilité dans la conversation; mais un esprit carré est toujours massif et menaçant. Eh bien ! ce monsieur carré *a fait valoir ses relations* pour me séduire, moi, humble violette de rencontre. Il a parlé de M. Guizot, qui lui avait dit ceci; de M. Thiers, chez qui il dînait l'autre jour, et qui lui avait dit cela; du prince Max de Beauvau, contre qui il avait parié aux dernières courses de Versailles; de la belle madame de Magnoncourt, avec qui il avait dansé au bal de l'ambassade d'Angleterre; de vingt autres personnes encore, et enfin du prince Roger de Monbert, l'homme *excentrique,* le chasseur de tigres, qui est depuis deux mois le *lion* parisien. Au nom de Roger, je suis devenue attentive; l'homme carré a continué : « Eh! mais, mon cher Edgard, n'as-tu pas été élevé avec lui? — Oui, a répondu le poëte. — L'as-tu vu depuis son retour ? — Pas encore; mais j'ai de ses nouvelles. J'ai reçu hier une lettre de lui. — On disait qu'il allait se marier, qu'il devait épouser la belle héritière, Irène de Châteaudun. — C'est un bruit qu'on a fait courir... » M. de Meilhan répondit cela d'un ton sec qui força son affreux ami à choisir un autre sujet de conversation. Mais combien j'étais curieuse de savoir ce que Roger avait écrit à M. de Meilhan! Roger avait un confident! Il lui parlait de moi; comment en parlait-il? Oh! cette lettre, cette maudite lettre! A dater de ce moment, je n'ai plus agi que pour elle; malgré moi, je regardais M. de Meilhan avec un trouble qui devait l'étonner; il a dû penser de moi des choses bien étranges. Je n'ai pu cacher ma joie quand il a dit qu'il descendait à Pont-de-l'Arche, quand j'ai compris qu'il demeurait tout près d'ici, à Richeport. Cette joie a dû lui paraître aussi bien suspecte. Un orage épouvantable nous a retenus deux heures aux environs du débarcadère. Nous sommes restés ensemble sous un hangar à voir tomber la pluie. Ma situation était fort embarrassante. Je voulais être aimable et gracieuse pour M. de Meilhan, afin de lui donner l'idée de venir me voir chez madame Taverneau, à Pont-de-l'Arche. Mais, d'un autre côté, je ne voulais pas, par cette bonne grâce et par cette amabilité, lui inspirer trop de confiance. Le problème était difficile à résoudre. Il fallait hardiment risquer de lui donner une très-mauvaise opinion de moi, et cependant le maintenir toujours dans le plus religieux respect. Eh bien! j'ai résolu ce problème. Je n'ai fait d'autre sacrifice à ma légitime curiosité que celui d'un sac de bonbons que je portais à madame Taverneau, et que j'ai partagé avec mon compagnon d'infortune. Mais par combien de soins il avait su mériter ce grand sacrifice! que d'ingénieux parapluies improvisés pour moi sous ce hangar inhospitalier qui ne nous prêtait qu'un abri perfide et capricieux! quels charmants tabourets composés soudain avec des éléments ingrats, de simples morceaux de bois vert, de naïves bûches adroitement assujetties dans le sol humide! L'orage passé, M. de Meilhan nous a offert de nous servir de guide jusqu'à Pont-de-l'Arche; j'ai accepté cette offre, au grand étonnement de la sévère Blanchard, qui ne comprend plus rien à nos mœurs nouvelles, et qui commence à me soupçonner de courir les aventures. Enfin, nous sommes arrivés chez madame Taverneau. Quand elle a su que M. de Meilhan avait été mon compagnon de voyage, madame Taverneau a paru très-agitée; elle ne m'a plus parlé que de lui. M. de Meilhan est un grand personnage dans ce pays, que sa famille habite depuis longtemps; sa mère est très-considérée ici, et lui très-aimé; avec une médiocre fortune, il fait beaucoup de bien, mais au jour le jour, et sans se poser en bienfaiteur du canton. Il m'a paru très-aimable et très-spirituel; il n'y a au monde que M. de Monbert qui ait autant d'esprit. Ce sera bien charmant de les entendre causer ensemble.

Mais cette lettre, que je voudrais donc avoir cette lettre! Si je pouvais seulement lire les quatre dernières lignes!... je saurais tout ce que je veux savoir; ces quelques lignes me diraient si Roger est réellement triste, s'il faut le plaindre, s'il faut le consoler... Je compte un peu sur l'indiscrétion de M. de Meilhan pour m'éclairer : les poëtes sont comme les médecins; tous les artistes se ressemblent; ils ne peuvent s'empêcher de raconter une histoire de cœur très-romanesque, comme les médecins ne peuvent s'empêcher de citer un cas de maladie très-extraordinaire; ceux-ci ne nomment pas leur ami, ceux-là ne trahissent pas leurs clients; mais lorsqu'on sait d'avance comme moi le nom du héros ou du malade, on a bientôt complété cette demi-indiscrétion. Aussi je médis amèrement des héritières, des femmes du monde capricieuses et fantasques, pour entraîner le confident de Roger à me raconter mon histoire. J'ai oublié de vous dire que depuis mon arrivée ici M. de Meilhan vient voir madame Taverneau tous les jours. Elle croit que c'est pour elle qu'il vient; je ne suis pas de son avis. J'ai peur d'avoir fait la conquête de ce jeune poëte au regard profond, ce qui n'a rien de flatteur. Il pense de moi beaucoup trop de mal pour ne pas m'adorer très-vite. Comme il rira quand il reconnaîtra dans cette aventureuse veuve l'orgueilleuse femme de son ami !

Vous me reprochez amèrement de vous avoir sacrifiée à madame Taverneau. Cruelle *préfète !* n'accusez que le gouvernement, les chambres et votre conseil général de cette injuste préférence. Puis-je aller à Grenoble en trois heures comme je vais à Rouen? puis-je revenir de Grenoble à Paris en trois heures, fuir quand je le veux, reparaître quand il faut; en un mot, avez-vous un chemin de fer? — Non. — Eh bien! donc, attendez-vous à mes rigueurs, et dites-vous que lorsqu'il s'agit de locomotion, il n'y a plus ni amitié, ni sympathie, ni reconnaissance, ni dévouement, il n'y a plus que des rails-ways et des grandes routes, des wagons qui sautent, mais qui arrivent, et des chaises de poste qui versent et qui n'arrivent pas; on ne va pas voir les amis qu'on aime le plus, mais ceux qu'on peut quitter le plus facilement. D'ailleurs, pour une héroïne qui veut se cacher, l'asile que vous m'offrez n'a rien de mystérieux : ce n'est pas une Thébaïde qu'une préfecture; et puis, j'ai peur de vous nuire... En province, une Parisienne est toujours sur un volcan; il ne faut qu'une parole maladroite pour la perdre. Que c'est difficile d'être *préfète !* Vous avez pris la meilleure manière : quatre enfants!... il n'y a que ça!... Pour être une bonne *préfète*, il faut avoir quatre enfants; c'est une contenance toujours digne; c'est une provision de prétextes inépuisables. On ne veut pas répondre à une invitation compromettante... la petite fille a la coqueluche; on n'ose donner à dîner à un ami suspect qui traverse la ville... le fils aîné a la fièvre; on ne veut pas risquer une grande fête, une fête intempestive... les gros bonnets de l'endroit n'y viendraient pas... Bon! toute la petite famille a la rougeole!... — Allez! vous faites bien d'avoir ces quatre beaux enfants! Sans eux, malgré toute votre sagesse, vous seriez vaincue; il faut tant d'habileté à une Parisienne pour vivre officiellement en province! Là, toutes les femmes ont de l'esprit; la moindre bourgeoise de petite ville en remontrerait à un vieux diplomate! Quelle science du cœur humain de la localité! quelle profonde combinaison dans les plans de vengeance! quelle prudence dans la malice! quelle patience dans la cruauté! C'est effrayant! J'irai vous voir quand vous serez établie à la campagne; mais tant que vous trônerez dans votre préfecture, j'aurai pour vous cette respectueuse horreur qu'un esprit indépendant doit avoir pour toutes les autorités.

Qu'est-ce que c'est qu'un pauvre convalescent, dont la blessure vous a donné de graves inquiétudes. Vous ne me dites pas son nom; je vous reconnais bien là, madame! Même avec une ancienne amie, faire de la discrétion administrative! O petitesse! Est-il jeune, ce blessé? — Oui, sans doute, vous ne me dites pas qu'il est vieux. Il va vous quitter pour retourner chez lui. — Chez lui est vague, puisque vous ne me dites pas qui il est, lui! Moi, dans mes récits, je nomme tout le monde, je fais des portraits frappants de ressemblance de tous les gens que je rencontre, et vous ne me répondez que par des énigmes. Je sais bien que votre destinée est accomplie, et que la mienne a encore tout l'attrait d'un roman nouveau; mais c'est égal, il faut au moins que vous me disiez quelque chose, si vous voulez que je continue à vous dire tout.

J'embrasse vos chers petits enfants que je m'obstine à regarder comme vos meilleurs conseillers de préfecture, et je recommande à ma filleule Irène de vous embrasser en pensant à moi. IRÈNE DE CHATEAUDUN.

VIII

A MONSIEUR
MONSIEUR LE PRINCE DE MONBERT
RUE SAINT-DOMINIQUE.
PARIS.

Richeport, 31 mai 18...

Maintenant que vous êtes une espèce d'Amadis de Gaule, faisant des cabrioles sur la Roche-Pauvre, en signe de désespoir amoureux, vous avez probablement oublié, cher Roger, ma rencontre sur le chemin de fer avec une grisette idéale qui m'a sauvé des horreurs de la faim en partageant généreusement avec moi un sac de pralines. Sans ce secours inattendu, j'aurais été réduit, comme un tas de naufragés célèbres, à me nourrir avec les boutons de mon gilet et le cordon de ma montre. Pour un homme aussi occupé que vous de sa douleur, la nouvelle du trépas d'un ami mort de faim dans l'île déserte d'un débarcadère n'aurait eu qu'une médiocre importance; mais moi qui ne suis épris d'aucune Irène de Châteaudun, j'ai gardé un souvenir fort agréable de cette scène attendrissante traduite de l'Énéide en prose moderne et familière.

J'ai écrit sur-le-champ, — car ma beauté, d'un ordre infiniment moins relevé que la vôtre, loge chez la directrice de poste, — plusieurs lettres fabuleuses à des gens problématiques, dans des pays qui n'existent pas et ne sont désignés sur la carte que par des points interrompus.

Madame Taverneau a fini par concevoir une grande estime pour un jeune homme qui avait des relations dans des terres entrevues, en 1821, au pôle antarctique, et, en 1819, au pôle arctique, et elle m'a invité à une petite soirée musicale et dansante dont je devais être le plus bel ornement. — Jamais invitation pour un bal exclusif, dans une maison inabordable, n'a fait à une femme d'un passé douteux ou d'une position suspecte le plaisir que m'a causé la phrase humblement entortillée dans laquelle madame Taverneau m'a dit qu'elle n'osait pas espérer, mais qu'elle serait bien heureuse si...

Outre le bonheur de voir madame Louise Guérin (c'est le nom de cette charmante femme), je me proposais un divertissement tout à fait neuf pour moi, d'étudier des bourgeois hilares et dans la libre bêtise de l'intimité : je n'ai jamais vécu qu'avec l'aristocratie et la canaille; c'est en haut et en bas qu'on trouve l'absence de prétentions : en haut, parce qu'elles sont satisfaites; en bas, parce qu'elles sont franchement irréalisables. Nul, excepté les poëtes, n'est réellement malheureux de ne pouvoir aller dans les étoiles. La position intermédiaire est la plus fausse.

Je croyais être venu de très-bonne heure pour avoir le temps de parler avec Louise, mais le cercle était déjà au grand complet; tout le monde était arrivé le premier.

La chose se passait dans une grande pièce maussade, glorieusement qualifiée de salon, où la servante n'entre qu'en laissant ses chaussures à la porte, comme un Turc dans une mosquée, et qui ne s'ouvre qu'aux occasions les plus solennelles. — Comme il est douteux que vous ayez jamais mis le pied dans un établissement semblable, je vais vous donner, à l'instar du plus fécond de nos romanciers (lequel? direz-vous; ils sont tous féconds aujourd'hui), une description détaillée du salon de madame Taverneau.

Deux fenêtres, drapées de calicot rouge, relevé d'agréments noirs, et compliquées de bâtons, de patères et de toutes sortes d'ustensiles en cuivre estampé, éclairent ce sanctuaire et le font *jouir* d'une vue très-gaie, au dire des bourgeois, la vue de la grande route poussiéreuse, bruyante, bordée d'ormes malingres toujours enfarinés, avec son va-et-vient de diligences qui passent en faisant trembler la maison de fond en comble, de voitures de roulage chargées de ferrailles retentissantes et de troupeaux de cochons glapissant sous le fouet du porcher.

Le carreau est ciré d'un rouge criard d'un luisant insupportable, et rappelle une devanture de marchand de vins fraîchement vernie; les murs se dissimulent sous un de ces affreux papiers de pacotille chamarrés de ramages exorbitants, de ceux que les propriétaires appellent veloutés et qui gardent si religieusement le duvet et la poussière. — Tout autour de la pièce flâne un meuble d'un acajou à faire maudire la découverte de l'Amérique, recouvert d'un drap sanguinolent, sur lequel sont imprimés en noir des sujets tirés des fables de La Fontaine. — Quand je dis sujets, je flatte bassement la somptuosité de madame Taverneau; — c'est toujours le même sujet répété indéfiniment : — le Renard et la Cicogne. — Comme cela est voluptueux de s'asseoir sur un bec de cicogne! Devant chaque fauteuil s'étale un morceau de tapisserie, pour ménager les splendeurs du carreau, de sorte que les bourgeois assis ont de vagues ressemblances avec les bouteilles et les carafes placées sur les ronds de moiré métallique, dans un banquet offert à un député par ses électeurs reconnaissants.

La cheminée est ornée d'une pendule d'un goût atrocement troubadour, représentant le templier Bois-Guilbert enlevant une Rébecca dorée sur un cheval argenté. A droite et à gauche de cette odieuse horloge sont placés deux flambeaux de plaqué sous un globe.

Ces magnificences sont l'objet de la secrète envie de plus d'une ménagère de Pont-de-Arche, et la servante elle-même ne les essuie qu'en tremblant. Je ne parle pas de quelques caniches en verre filé, d'un petit saint Jean en pâte de sucre, d'un Napoléon en chocolat, d'un *cabaret* chargé de porcelaines communes et pompeusement installé sur une table ronde, de gravures représentant les *Adieux de Fontainebleau, Souvenirs et regrets,* la *Famille du marin,* les *Petits Braconniers* et autres vulgarités du même genre. — Concevez-vous rien de pareil? Je n'ai jamais su comprendre, pour ma part, cet amour du commun et du laid. Je conçois que tout le monde n'ait pas pour logement des Alhambras, des Louvres ou des Parthénons; mais il est toujours si facile de ne pas avoir de pendule! de laisser les murailles nues, et de se priver de lithographies de Maurin ou d'aquatintes de Jazet!

Les gens qui remplissaient ce salon me semblaient, à force de vulgarité, les plus étranges du monde; ils avaient des façons de parler incroyables, et s'exprimaient en style fleuri, comme feu Prudhomme, élève de Brard et Saint-Omer. Leurs têtes, épanouies sur leurs cravates blanches, et leurs cols de chemise gigantesques faisaient penser à certains produits de la famille des cucurbitacés. Quelques hommes ressemblent à des animaux, au lion, au cheval, à l'âne; ceux-ci, tout bien considéré, avaient l'air encore plus végétal que bestial. Des femmes, je n'en dirai rien, m'étant promis de ne jamais tourner en ridicule ce sexe charmant.

Au milieu de ces légumes humains, Louise faisait l'effet d'une rose dans un carré de choux. Elle portait une simple robe blanche serrée à la taille par un ruban bleu; ses cheveux, séparés en bandeaux, encadraient harmonieusement son front pur. Une grosse natte se tordait derrière sa nuque, couverte de cheveux follets et d'un duvet de pêche. Une quakeresse n'aurait rien trouvé à redire à cette mise, qui faisait paraître d'un grotesque et d'un ridicule achevés les harnais et les plumets de corbillard des autres femmes; il était impossible d'être de meilleur goût. J'avais peur que mon infante ne profitât de la circonstance pour déployer quelque toilette excessive et prétentieuse, achetée d'occasion. Cette pauvre robe de mousseline qui n'a jamais vu l'Inde, et qu'elle a probablement faite elle-même, m'a touché et séduit; je ne tiens pas à la parure. J'ai eu pour maîtresse une gitana grenadine qui n'avait pour tout vêtement que des pantoufles bleues et un collier de grains d'ambre; mais rien ne me contrarie comme un fourreau mal taillé et d'une couleur hostile.

Les dandies bourgeois préférant de beaucoup à la jeune et frêle pensionnaire de madame Taverneau de puissantes commères au teint rubicond, au col court cerclé de chaînes d'or à plusieurs rangs, j'eus la liberté de causer avec elle à travers les romances de Loïsa Puget et les sonates exécutées par les prodiges en bas âge sur un piano fêlé loué à Rouen tout exprès.

Quel charmant esprit que celui de Louise, et quel tort on a de donner aux femmes l'éducation qui leur ôte l'instinct! Remplacer Dieu par une maîtresse de pension! — Elle ne sait rien et devine tout; son langage est pur; elle ne commet pas de ces fautes grossières qui rebutent, mais on voit qu'elle fait ses phrases elle-même, et ne vous récite pas des formules apprises par cœur. — Elle n'a pas lu de romans, ou elle les a oubliés; la nature, si elle n'avait pas résolu de garder son secret, ne s'exprimerait pas autrement. Nous sommes restés ensemble dans un coin, comme deux êtres de la même race, une grande partie de la soirée. Profitant d'un de ces moments de grosse joie causée par un de ces jeux dits innocents où l'on s'embrasse beaucoup, la belle enfant, qui craignait sans doute pour sa joue délicate le contact de quelque hure ou de quelque rostre, m'a mené dans sa chambre, qui est contiguë au salon et donne sur le jardin par une porte vitrée.

Sur la table de cette chambre, vaguement éclairée par

une lampe demi-éteinte dont Louise augmenta la clarté par un mouvement de pudeur très-noble et très-digne, étaient jetés pêle-mêle des écrans, des boîtes de Spa, des serre-papiers d'albâtre et autres menus brimborions de coloriage; car ma beauté exerce la profession d'enlumineuse, — presque un art; ce qui explique les airs d'aristocratie qui lui viennent par moments, et que ne se permettrait pas une humble couturière. J'ai regardé un bouquet commencé qui était vraiment très-bien. Cette fille-là ferait facilement un peintre de fleurs, avec quelques leçons de Saint-Jean ou de Diaz. — Je lui ai dit ce que j'en pensais; elle n'a pas paru surprise de mes éloges; cela m'a fait plaisir, car je déteste ce qu'on appelle la modestie.

Elle m'a montré aussi un petit coffret très-bizarre qu'elle était en train de faire, et qui, au premier coup d'œil, a l'air taillé dans un madrépore de corail; cela se fabrique avec des cachets de lettres, des empreintes de camées en cire rouge que l'on colle sur une pâte qui est comme le ciment de cette mosaïque d'un nouveau genre; ce n'est rien, et c'est charmant. Elle m'a demandé, pour achever sa boîte, tous les cachets singuliers à blasons, à figures ou à devises, des lettres que je recevais. Je lui en ai donné cinq ou six que j'avais dans ma poche, elle les a découpés avec des ciseaux le plus adroitement du monde. Pendant qu'elle détachait les empreintes qui lui paraissaient curieuses, j'ai fait quelques tours dans le jardin; manœuvre machiavélique, car, pour me rendre mes lettres, il fallait qu'elle vînt m'y retrouver.

Les jardins de madame Taverneau ne sont pas les jardins d'Armide; mais il n'est pas au pouvoir des bourgeois de gâter tout à fait l'œuvre de Dieu : des arbres au clair de lune, par une nuit d'été, fussent-ils à trente pas d'un salon à rideaux de cotonnade rouge et d'un sanhédrin d'épiciers en goguette, sont toujours des arbres. Il y avait dans un coin un massif d'acacias en fleurs dont les longues grappes blanches se balançaient au souffle de la nuit, en répandant une odeur qui se mariait au parfum plus pénétrant des iris de marais, posés au bout de leurs lances vertes comme des papillons d'azur.

Une nappe de lumière argentée ruisselait sur les marches du perron, et lorsque Louise, ayant enlevé ses cachets, reparut sur le seuil, sa forme élégante et pure se détacha sur le fond sombre de la chambre, comme une statuette d'albâtre.

Elle s'avança vers moi avec une démarche onduleuse et rhythmée, comme une strophe grecque. Je repris mes lettres, et nous suivîmes l'allée jusqu'à la tonnelle qui la termine.

J'étais si heureux de ne plus voir le templier Bois-Guilbert enlevant Rébecca et les flambeaux sous verre, que je trouvai des accents émus et d'une éloquence persuasive. Louise avait l'air fort troublé ; je devinais, sous la blancheur de son corsage, l'agitation de son sein et les battements de son cœur; sa voix, au timbre si pur, semblait avoir changé d'accent, elle me répondait comme réveillée en sursaut d'un rêve. Ne sont-ce point là, je vous le demande, dans tous les pays du monde que vous avez parcourus, les symptômes de l'amour naissant?

Je lui ai pris la main, elle était moite et froide, douce comme la pulpe d'une fleur de magnolia, — et j'ai cru sentir ses doigts répondre à mon étreinte par une faible pression.

Je suis charmé que cette scène se soit passée au clair de lune, sous les acacias aux thyrses neigeux; car j'aime à donner à mes souvenirs d'amour un cadre poétique. Il me serait désagréable de penser à un joli profil se détachant d'un fond de papier à rosaces jaunes, à un aveu d'amour accompagné par *la Grâce de Dieu,* jouée dans le lointain; ma première entrevue un peu significative avec Louise aura pour rappel dans ma mémoire un rayon de lune, une odeur d'iris et la note de cristal que la rainette pousse dans l'herbe les soirs d'été.

Vous allez, cher Roger, me trouver un don Juan piteux, un Amilcar médiocre, et me dire que j'ai bien peu profité de l'occasion. — Un jeune homme se promenant la nuit dans un jardin avec une enlumineuse doit au moins lui prendre la taille et lui *dérober un baiser*. Dussé-je vous paraître ridicule, je n'en ai rien fait. J'aime Louise, et d'ailleurs elle a, par instants, de tels airs de hauteur, un si majestueux dédain, que le commis-voyageur le plus nourri de Pigault-Lebrun, que le sous-lieutenant le plus abreuvé d'absinthe, n'oseraient s'y hasarder. Elle ferait presque croire à la vertu, si une pareille idée était vraisemblable. Franchement, j'ai peur d'être pris tout de bon. Commandez-moi une veste tourterelle, une culotte vert-pomme, une pannetière, une houlette, et tout l'accoutrement d'un berger du Lignon. Je vais faire savonner un agneau pour compléter la bergerie.

Je suis revenu au château en marchant ou en volant, je n'en sais rien, heureux comme un roi, fier comme un dieu, car un nouvel amour était né dans mon cœur.

EDGARD DE MEILHAN.

IX

A MADAME
MADAME LA VICOMTESSE DE BRAIMES
HOTEL DE LA PRÉFECTURE,
A GRENOBLE (ISÈRE).

Paris, 2 juin 18..

Il est cinq heures, j'arrive de Pont-de-l'Arche, et je repars pour... l'Odéon, qui est à une lieue d'ici, car l'Odéon est loin de tout, et l'on a beau se loger soi-même loin de tout, on n'est pas encore près de l'Odéon. On me mène ce soir voir *Antigone*. Madame Taverneau se fait une fête de me conduire au spectacle, moi pauvre veuve obscure, condamnée à la retraite. Elle a une loge assez bonne qu'elle s'est procurée, dès son arrivée, par je ne sais quel maléfice. J'avais d'abord refusé de l'accompagner, mais ce refus lui a causé tant de chagrin que j'ai cédé à ses instances. L'excellente femme a pour moi une affection inquiète et tourmentée qui me touche profondément. Un vague instinct lui dit que le sort va nous entraîner dans des routes différentes, et, malgré elle, sans s'expliquer pourquoi, elle me surveille comme quelqu'un qui cherche à lui échapper. Elle a voulu venir avec moi à Paris, où elle n'avait rien à faire, son père ne l'attendait pas. Il est toujours mon voisin de mansarde. Elle compte bien me ramener avec elle à Pont-de-l'Arche. Je n'ose pas encore lui déclarer que je n'irai plus ; je redoute aussi le moment où je lui apprendrai mon nom véritable ; elle pleurera comme si elle apprenait ma mort. Dites-moi, que pourrais-je faire pour elle qui améliorât sa position et celle de son mari ; s'ils avaient un enfant, je lui assurerais une bonne dot ; on accepte franchement de l'argent pour un enfant ; mais pour leur en offrir, à eux, il faut une manière délicate et détournée, une avance considérable, un cautionnement qui servirait de prétexte. Moi, je n'y entends rien ; trouvez-moi un moyen. J'avais d'abord pensé à faire de M. Taverneau un régisseur quelque part dans une terre à moi, puisqu'à présent j'ai des terres ; mais il est stupide... Ah ! quel régisseur ça ferait ! il mangerait les foins au lieu de les vendre. J'ai renoncé à cette idée ; j'aime mieux demander pour lui une place, le gouvernement possède seul l'art d'utiliser les imbéciles. Voyons, quelle place puis-je demander pour lui, en lui faisant de grands avantages? car je suis décidée à l'accabler de bienfaits. Consultez M. de Braimes; un préfet doit savoir ça, lui : Quel bien on peut faire à un sot qu'on protége? — Consultez-le et répondez-moi vite. Je ne veux pas parler de cela à Roger, ce serait lui révéler le passé. Pauvre Roger ! il est bien malheureux ! il me tarde de le revoir et de réparer mes torts envers lui. Je vous ai dit toutes mes ruses auprès de M. de Meilhan, pour arriver à connaître ce que son ami lui écrivait de ses chagrins. Par un bonheur inespéré, et grâce à ces petites boîtes que je fais avec de la cire à cacheter et pour lesquelles M. de Meilhan m'avait donné des cachets nouveaux, je me suis trouvée avoir entre les mains la lettre même de Roger. C'était hier soir... Eh bien !... vous comprendrez cela, vous... la peur m'a prise quand j'ai eu cette lettre, et je n'ai pas osé la lire; ce n'était pas par probité, c'était par pruderie; j'ai craint d'y trouver des choses embarrassantes et dites trop clairement dans ce langage par trop limpide que les hommes parlent entre eux. Tout ce que j'ai pu obtenir de ma délicatesse, c'est de jeter les yeux sur les trois dernières lignes. « Je ne lui en veux pas à elle, je m'en veux à moi- » même, écrit le triste délaissé. Tout cela est ma faute; je » ne lui ai pas assez dit combien je l'aimais ; si elle l'avait » su, elle n'aurait pas eu le courage de m'abandonner... » Cette douleur si simple et si vraie m'a vivement émue; je n'ai rien voulu lire de plus, et j'ai rendu les lettres à M. de Meilhan. Quand je les lui ai reportées dans le jardin, je tremblais comme une coupable. Heureusement il faisait nuit, et il n'a pu voir mon trouble et ma pâleur. Dès lors j'ai résolu de revenir ici. Je découvre que je suis très-bonne, malgré mes beaux programmes de cruauté. La seule idée d'un chagrin causé par moi me bouleverse l'âme, et cependant j'ai voulu le causer, ce chagrin. Je me suis armée d'insensibilité, et me voilà déjà vaincue par les premiers gémissements de ma victime. J'aurais fait un tyran médiocre, et si toutes les reines soupçonneuses, les impératrices jalouses, les Élisabeth, les Catherine, les Christine, avaient eu la même cruauté, nous aurions été privés de bien des tragédies estimables.

Vous pouvez vous vanter aussi d'avoir singulièrement adouci la rigueur de mes décrets. C'est pour vous complaire, ingrate, que j'ai changé si vite tous mes plans d'observation, toutes mes combinaisons d'épreuves. Vous prétendez qu'il est indigne de moi d'espionner Roger, de me cacher à Paris quand il y reste pour moi ; vous me dites assez sévèrement que tout cela sent l'intrigue, et qu'il faut terminer au plus vite ce jeu ridicule, qui pourrait finir par être dangereux... Je me résigne ; je renonce à éprouver mon futur mari : soit ! Mais si j'ai à souffrir par la suite de quelques bons défauts bien insupportables, de quelques travers odieux qu'une intelligente indiscrétion, qu'un hasard sauveur auraient pu me révéler d'avance, vous me permettrez, n'est-ce pas, d'aller tous les matins m'en plaindre à vous, et de vous répéter souvent, très-souvent, à travers mes larmes : Valentine, ce que je sais trop tard, j'aurais pu le savoir à temps ; Valentine, je suis malheureuse ! consolez-moi, consolez-moi.

Sans doute, pour une jeune fille élevée comme vous dans l'opulence, sous l'aile de sa mère, cette conduite mystérieuse serait coupable, révoltante, mais songez donc qu'elle est pour moi la suite naturelle de la douloureuse existence que j'ai menée pendant trois ans ; ce déguisement que je reprends par fantaisie, je l'avais pris par dignité ; et j'ai bien le droit de l'emprunter encore quelques heures à la misère pour me préserver de chagrins nouveaux. N'est-il pas tout simple que je veuille profiter d'une expérience si tristement acquise, n'est-il pas juste que je demande aux souvenirs, aux débris d'une existence si amèrement pénible des facilités et des garanties pour une existence plus douce, et que je fasse servir au moins les tourments de mes mauvais jours passés à la sécurité de mes beaux jours à venir ?

Mais je me fâche et c'est inutile, puisque je veux vous écouter. Je vous fais part de mes projets. Demain soir je retournerai à Fontainebleau. J'y suis déjà restée cinq jours, quand j'y ai mené madame de Langeac; je comptais n'y passer que quelques moments, mais ma cousine était inquiète, sa fille se trouvait plus souffrante et je n'ai pas voulu la quitter avant qu'elle ne fût tout à fait rassurée. Cette maladie, qui n'est que trop vraie, va m'aider dans tous mes mensonges. De Fontainebleau, j'écrirai une lettre très-aimable à M. de Monbert; je lui dirai que nous avons été obligées de partir subitement sans lui dire adieu, pour aller soigner une jeune malade, qu'elle va mieux maintenant, et que nous espérons, madame de Langeac et moi, retourner à Paris la semaine prochaine; dans trois jours, en effet, je reviendrai; ainsi personne ne saura que je suis allée à Pont-de-l'Arche, excepté M. de Meilhan, qui m'oubliera sans doute, et qui d'ailleurs doit rester en Normandie jusqu'à la fin de l'année.

Oh ! l'amusante soirée que nous avons passée ensemble, M. de Meilhan et moi, chez madame Taverneau ! Comme nous avons ri ! Il était le roi de la fête, mais il ne voulait pas en convenir. Madame Taverneau était si fière de recevoir chez elle le jeune seigneur du village, qu'elle avait fait pour lui plaire des frais inouïs. Elle avait fait venir de Rouen un piano, on ne parlait que de cela dans la ville. Mais le grand effet de la soirée était un effet de pendule ; je dois le dire, il a complétement manqué, ou plutôt il a eu lieu en sens contraire. On se tient ordinairement dans la chambre à coucher, mais ce soir-là on avait ouvert le salon. Or, sur la cheminée de cette pièce splendide galoppe un affreux cheval de bronze emportant un guerrier farouche et je ne sais quelle grande femme turque. Tout cela compose une pendule. Je n'ai jamais rien vu de si laid ; j'aime encore mieux cette autre affreuse pendule que vous m'avez montrée un jour et sur laquelle Christophe Colomb découvre l'Amérique. Madame Taverneau pensait que M. de Meilhan, qui est un poëte, un artiste, lui ferait compliment de cette œuvre d'art remarquable ; mais il n'en a point parlé... heureusement. A cela j'ai deviné la générosité de son âme ; c'est un homme délicat, qui respecte toutes les illusions, même les illusions en bronze doré.

J'ai appris avec douleur, en arrivant ici ce matin, qu'on allait abattre les arbres du jardin sur lequel donnent mes fenêtres ; cela devrait m'être indifférent, puisque je ne reviendrai plus dans cette maison ; et pourtant cela m'attriste : ils sont si beaux, ces arbres ! ils sont si vieux, et j'ai pensé à tant de choses en les regardant !... Et cette petite lumière qui brillait comme une étoile à travers le feuillage, il est donc vrai, je ne la verrai plus. Depuis un an déjà elle s'était éteinte ; mais j'espérais toujours la voir subitement se rallumer ; je disais : C'est une absence, et je rêvais un retour. Quelquefois je me disais aussi : Peut-être que mon idéal habite là !... O folle idée ! vaine espérance ! Il faut renoncer à toutes ces poésies de la jeunesse ; l'âge sérieux arrive avec son imposante escorte de devoirs austères ; il disperse les fantômes gracieux qui nous consolaient dans nos peines ; il souffle sur les flambeaux rayonnants qui nous guidaient dans la nuit ; il chasse l'idéal bien aimé, il éteint l'étoile chérie, il nous crie d'une voix grondeuse : Soyez donc enfin raisonnable, c'est-à-dire : n'espérez plus être heureux !

Ah ! voilà madame Taverneau qui m'appelle ; elle est prête et veut partir tout de suite pour l'Odéon ; c'est trop tôt ; moi, je ne suis pas du tout pressée de partir. J'ai envoyé chercher mes lettres à l'hôtel de Langeac, et je les attends. Je voudrais au moins les parcourir avant d'aller au spectacle.

Je viens d'apercevoir dans le corridor les deux femmes que madame Taverneau emmène avec elle et moi dans sa loge... J'ai avisé un certain chapeau couleur capucine orné de rubans verts, qui est assez horrible. Ah ! ma chère ! en voici un autre... celui-là est intolérable ; il est lie de vin et il est orné d'une plume bleue !... Et quelle figure a cette femme ! Elle tient à la main quelque chose qui brille.... c'est une *gibecière* en perles d'acier. Cette femme emporte ça au spectacle !... Que vois-je ? elle y met des oranges !... Je suis perdue ; jamais je n'irai au spectacle en compagnie de cette gibecière et de ces atroces chapeaux.

Eh ! pourquoi pas ? Je me cacherai tout au fond de la loge ; on ne pourra me voir ; c'est aujourd'hui mon dernier jour de mystère, il faut bien en profiter un peu pour regarder encore une fois le monde du point de vue de la médiocrité. Qui sait ? Je m'amuserai peut-être plus ce soir dans cette loge *inélégante* s'il en fût jamais, que je ne me suis amusée tout l'hiver à l'Opéra et au Théâtre-Italien dans notre loge pompeuse ! Et, d'ailleurs, qui oserait me reconnaître derrière ces chapeaux-là, Roger lui-même n'oserait pas m'y chercher.

Les lettres n'arrivent point, madame Taverneau s'impatiente, il faut partir ; j'ai bien envie de rester, mais elle voudra rester avec moi. Adieu. Quatre femmes dans une loge ! C'est un crime de *lèze-fashionabilité !* Que dirait ma cousine si elle me voyait ? Je vous écrirai bientôt la suite de mon roman. Je ferai toutes vos commissions demain dans la matinée.

IRÈNE DE CHATEAU UN.

X

A MONSIEUR
MONSIEUR LE PRINCE DE MONBERT
RUE SAINT-DOMINIQUE,
PARIS.

Richeport, 3 juin 18...

Il paraît, mon cher Roger, que nous jouons tous deux, non pas aux propos, mais aux amours interrompus! Ne voilà-t-il pas que ma Louise Guérin, — comme votre Irène de Châteaudun, — vient de disparaître pour aller je ne sais où, me plantant là avec un commencement de passion dont je ne sais que faire dans ce pays de pommiers. La fuite est passée, cette année, chez les femmes, à l'état épidémique.

Le lendemain de cette fameuse soirée, j'allai chez la directrice de la poste, moins pour porter la lettre où ces triomphants détails étaient consignés, que pour avoir un prétexte de voir Louise ; car le premier domestique venu se serait acquitté de cette commission avec une intelligence suffisante. J'éprouvai la plus désagréable surprise en trouvant à la place de madame Taverneau une espèce de figure plus ou moins quelconque, laquelle me dit d'un air passablement rechigné que la directrice était partie pour quelques jours avec madame Louise Guérin ; la colombe s'était envolée, laissant, pour trace de son passage, quelques plumes blanches dans la mousse de son nid, un vague parfum de grâce dans cette maison triviale!

J'aurais bien pu questionner la grosse femme remplaçante de madame Taverneau ; mais j'ai pour principe qu'il ne faut jamais chercher à savoir les choses. Elles s'expliquent toujours assez tôt. — La clef de tout, c'est le désenchantement. — Lorsqu'une femme me plaît, j'évite avec soin les gens qui la connaissent et pourraient me donner des renseignements sur elle. Son nom, prononcé dans un groupe, me fait fuir ; on me donnerait toutes les lettres qu'elle reçoit ouvertes, je les jetterais au feu sans en lire une ligne. Si elle fait, en parlant, des allusions à son passé, aux événements de sa vie, je tâche de détourner la conversation ; je tremble, lorsqu'elle commence une histoire, qu'elle n'y mêle quelque détail désillusionnant, et qui dérange l'idée que je me suis faite. Autant les autres cherchent à pénétrer les secrets, autant je les évite ; si jamais j'ai appris quelque chose sur une personne aimée, ç'a toujours été malgré moi, et ce que j'ai su, j'ai tâché de l'oublier.

Tel est mon système. Je n'ai donc rien dit à la grosse femme ; mais je suis entré dans la chambre déserte de Louise.

Tout y était dans le même état.

Une touffe de myosotis, posée dans un verre pour servir de modèle, n'avait pas encore eu le temps de se flétrir ; un bouquet inachevé était encore posé sur le pupitre, comme attendant le dernier coup de pinceau. — Rien n'indiquait un départ définitif. On aurait dit que Louise allait rentrer. Une petite mitaine noire en filet traînait sur une chaise ; — je la ramassai, — et je l'aurais pressée sur mes lèvres, si une pareille action n'eût été d'un rococo déplorable.

Puis j'allai m'asseoir sur un vieux fauteuil, comme Faust dans la chambre de Marguerite, à côté du lit, dont je soulevai le rideau avec la même précaution que si Louise y eût reposé. Vous allez vous moquer de moi, cher Roger, et je vous y aiderai, si vous le voulez, mais je n'ai jamais pu regarder sans une émotion douce et triste un lit de jeune fille.

Ce petit oreiller unique, seul confident de rêves timides, cette couche étroite où il n'y a place, comme sur un tombeau, que pour une seule figure d'albâtre allongée, m'inspirent une mélancolie pleine d'attendrissement. Il ne me vient, je vous le jure, aucune idée anacréontique de membre du Caveau et de faiseur de chansons sur des rimes en *ette*, herbette, fillette, coudrette. — L'amour des rimes riches m'a préservé de ce mauvais goût.

Un crucifix, traversé d'une branche de buis bénit, ouvre ses bras d'ivoire sur le chaste sommeil de Louise. Cette piété simple m'a fait plaisir. Je n'aime pas les bigotes, mais je déteste les athées.

Je restai là quelques minutes plongé dans une contemplation profonde. — En regardant ce lit, il me vint la pensée que Louise Guérin n'avait jamais été mariée, quoiqu'on le prétende ici. — Ce n'est pas là un lit veuf, c'est un lit virginal. Il a quelque chose de froid, d'austère, de rangé, qui sent encore le couvent ou la pension.

Je vous dirai même à ce sujet que je ne crois guère à feu Albert Guérin, non que j'aie rien saisi de louche de ce côté, mais la beauté de Louise, ses gestes, ses habitudes de corps, ne sont pas d'une femme. La femme même la plus pure a quelque chose d'onduleux, d'assoupli, d'une aisance plus enjouée, d'une fleur plus épanouie. — Le col de Louise est un col de madone avant la visite de Gabriel ; — elle a du velouté de fruit vert sur les joues ; ses mains, quoique bien faites et soignées, sont plus roses que ses bras, ce qui est très-significatif ; il semblerait, comme on dit, que l'amour n'a pas encore passé par là.

J'ai fait quelques pas dans le jardin ; le soleil jetait sur les marches du perron l'ombre découpée du feuillage ; les iris allanguis repliaient leurs pétales, et les fleurs d'acacias, se détachant de leurs grappes, commençaient à joncher le sable. — A propos de fleurs d'acacia, savez-vous que, frites dans la pâte, elles font d'excellents beignets ?

— J'ignore comment cela se fait, mais en me trouvant

seul dans cette allée, où je m'étais promené avec elle, je me suis senti le cœur gros et j'ai poussé un soupir comme un jeune abbé dans une ruelle du dix-septième siècle.

Je suis revenu au château, n'ayant aucun prétexte pour rester là, contrarié, désappointé, ennuyé, désœuvré, — j'avais déjà pris cette habitude de voir Louise tous les jours :

> Et l'habitude est tout au pauvre cœur humain,

comme dit le charmant poëte Alfred de Musset. Mes pieds savaient me mener tout seuls au bureau de poste : que vais-je faire du temps que cette visite m'employait ? J'ai tâché de lire, mais j'étais distrait, je sautais des lignes, je revenais deux fois au même paragraphe, et mon livre étant tombé, je l'ai ramassé et j'ai lu une heure à l'envers sans m'en apercevoir ; j'ai voulu faire un sonnet en vers monosyllabiques, occupation extrêmement intéressante, et je n'ai pu en venir à bout. Mes quatrains étaient pleins de longueurs, et mes tercets péchaient par trop de diffusion.

Ma mère commence à s'inquiéter de ma maussaderie et m'a demandé deux fois si j'étais malade. — J'ai déjà maigri d'un quarteron ; car rien ne me fait enrager comme d'être planté là au plus beau moment de mon effervescence ! Ixion de Normandie, j'avais pour Junon une enlumineuse ; j'ouvre les bras, et je ne serre qu'une nuée ! Ma position, pareille à la vôtre, ne peut cependant lui être comparée. Pour moi, il ne s'agit que d'une amourette sans conséquence, d'une fantaisie contrariée ; vous, c'est une passion sérieuse pour une femme de votre rang qui avait accepté votre nom et qui n'a pas le droit de se jouer de vous. — Il faut la retrouver, ne fût-ce que pour vous venger.

J'ai des remords d'avoir été si sentimental et si bête au clair de lune. J'aurais dû profiter de la nuit, de la solitude et de l'occasion, Louise ne serait pas partie ; elle a bien vu que je l'aimais, et j'ai cru voir que je ne lui déplaisais pas. Les femmes sont étranges, elles ne se regardent comme engagées que par des concessions physiques. Au fait, elles ont peut-être raison, car, leur corps, c'est leur âme.

Peut-être a-t-elle un amant qu'elle va rejoindre, quelque carabin ou quelque Lovelace de comptoir, pendant que je me morfonds ici comme Céladon ou Lygdamis, de roucoulante mémoire.

Cette supposition n'est guère vraisemblable, car madame Taverneau n'aurait pas compromis sa *respectability* jusqu'à servir de chaperon aux amours de Louise Guérin ! —Après tout, qu'est-ce que cela me fait? je suis bien bon de m'inquiéter des équipées d'une enlumineuse prude ! — Elle reviendra, car l'on n'a pas renvoyé à Rouen le piano de louage, et personne ne sait dans la maison une note de musique, à l'exception de Louise, qui joue les contredanses et les valses avec assez de sentiment, talent qu'elle doit à sa maîtresse de coloriage, qui avait vu des jours meilleurs et possédait quelque instruction.

Cette lettre où j'épanche mes doléances, n'en soyez pas trop flatté, je l'ai écrite pour avoir le prétexte d'aller à la poste voir si Louise est de retour. — Si elle allait ne pas revenir! Cette idée me fait affluer le sang au cœur.

Ne serait-il pas singulier que je devinsse éperdument amoureux de cette — simple bergère, —moi qui ai résisté aux œillades les plus vert-de-mer, aux sourires les plus glauques des sirènes de l'océan parisien? N'aurai-je échappé aux turbans israélites de la marquise que pour tomber sous la domination d'un chapeau de paille cousue? — Je suis toujours sorti sain et sauf des défilés les plus dangereux pour succomber en rase campagne; je nage dans les gouffres et je me noie dans les viviers à poissons rouges; toute beauté célèbre, toute coquette en renom me trouve sur mes gardes; je suis alors circonspect comme un chat qui marche sur une table couverte de verres et de porcelaines. Il est difficile de me faire *poser*, comme on dit dans un certain monde, mais quand l'adversaire n'est pas redoutable, je lui laisse prendre tant d'avantages qu'il finit par me battre.

Je ne me suis pas tout d'abord assez défié de Louise.

— Je me suis dit : Ce n'est qu'une grisette ou une amoureuse de province; j'ai laissé la porte de mon cœur ouverte, — l'amour est entré. Et je crois que j'aurai bien de la peine à le faire sortir.

Pardonnez-moi, cher Roger, ces bavardages insignifiants, mais il faut bien vous écrire quelque chose. Ma passion, après tout, vaut la vôtre. Qu'on aime une impératrice ou une danseuse de corde, l'amour est le même, et je finirai par être aussi malheureux de la disparition de Louise, que vous de la disparition d'Irène.

EDGARD DE MEILHAN.

XI

A MONSIEUR
MONSIEUR DE MEILHAN
A PONT-DE-L'ARCHE (EURE).

Paris, 3 juin 18...

Elle est à Paris!

Avant de le savoir, je le savais. Il y avait dans l'air une voix, une mélodie, un rayon, un parfum qui me disaient : Irène est ici!

Paris me paraissait repeuplé. La foule n'était plus un désert à mes yeux. Cette grande cité morte avait repris une âme. Le soleil me rendait ses sourires. La terre palpitait sous mes pas. Le vent suave qui soufflait dans mes cheveux prononçait à mon oreille un nom adoré.

Le hasard a un trésor d'atroces combinaisons. Le hasard! ce rusé démon! il s'est nommé le hasard, pour mieux tromper! Avec une habileté infernale, il feint de ne pas nous observer, dans les mouvements décisifs de notre vie, et il nous remorque, comme des aveugles, au lieu fatal qu'il a désigné.

Je néglige toutes les transitions. Lisez, comme j'écris.

Vous connaissez les deux frères Ernest et Georges de S***, leur famille les a semés tous deux dans le champ de la diplomatie. Ils étudient les langues orientales et surtout les mœurs. Hier, nous nous sommes rencontrés au bois de Boulogne; eux en calèche, moi à cheval. J'essayais de l'équitation, comme hygiène morale. Ils m'ont lancé par la portière un engagement à dîner, dans la formule la plus concise. J'ai répondu *oui*, en courant : un *oui* de distraction et d'indolence. *Oui* est toujours plus facile à prononcer que *non*, à cheval, surtout. *Non* se discute; *oui* ne se discute jamais. Économie de paroles et de temps.

Au reste, je n'étais pas fâché d'avoir eu cette rencontre. Ces deux jeunes gens font une prodigieuse dépense de gaieté, comme tous ceux qui se destinent à vieillir dans la gravité somnolente des chancelleries d'Orient.

Je croyais que nous serions trois à table; hélas! nous étions cinq!

Deux femmes artistes, et cultivant avec délices leur précoce émancipation; deux divinités adorées dans le templ des grands sculpteurs de la Nouvelle-Athènes; deux écueils vivants oubliés sur la carte de Paris.

J'ai l'habitude de saluer avec le même respect apparent toutes les femmes de l'univers. J'ai salué les femmes couleur d'ébène du Sénégal; les femmes couleur clair de lune des archipels du Sud; les femmes couleur de neige du détroit de Behring; les femmes couleur de bronze de Lahore et de Ceylan.

Il m'était impossible de me retirer brutalement devant deux femmes couleur de lis dont les deux portraits et les deux statues sont au salon du Louvre et font l'admiration des connaisseurs. Au reste, j'ai un principe : moins une femme est respectable, plus on doit la respecter; c'est ainsi que nous pouvons la ramener à la vertu.

Je restai donc; je m'assis et j'apportai même au festin mon cinquième de gaieté antique. Nous étions Praxitèles, Phidias, Scopas; nous venions d'inaugurer dans leurs temples la Vénus pudique et sa sœur, et nous buvions à nos modèles les vins de l'archipel Ionien.

Ce soir-là, hier, comme vous savez, si vous avez lu l'affiche, on jouait *Antigone* au théâtre grec de l'Odéon, faubourg Saint-Germain.

J'ai encore un principe : dans toute action folle ou sage, il faut bravement et fièrement s'exécuter ou s'abstenir. Je n'avais pas eu la sagesse de m'abstenir, il fallait avoir la folie d'imiter mes voisins. Au dessert, j'abusai même de l'imitation. Je me souvins trop que j'étais malheureux, je demandai trop souvent l'oubli à la naïade écarlate qui coule devant Bordeaux.

La voiture avancée, nous allons à l'*Antigone* de l'Odéon.

Notre invasion sous le péristyle fut merveilleuse.

Les deux dames, cavalièrement suspendues aux bras des deux futurs ambassadeurs orientaux, rayonnaient de grâce épicurienne et de sensuelle beauté. Les classiques contrôleurs du théâtre ouvraient à deux battants les portes et les barrières, et cherchaient les encensoirs. Moi, je fermais la marche, insolent et superbe, comme le jour où j'entrai dans la pagode ruinée de Bangalore pour enlever la statue de Sita.

On jouait le premier acte. Les écoles athéniennes gardaient un silence religieux devant le *Proscenium*. La grille de notre loge s'écroula sous des mains folles, et le fracas de la porte, de nos cinq voix, de nos éclats de rire, suspendit un instant le chœur tragique et attira sur nous les regards.

Avec quelle audace mondaine nos deux dames s'encadrèrent en relief dans leur loge, et arrondirent sur le velours leurs bras nus, traduits en marbre de Paros, tant de fois, par nos célèbres sculpteurs. Nos trois têtes, illuminées des sourires de l'ivresse, flottaient au-dessus des chevelures de nos divinités, pour compter approximativement, dans la salle, les nombreux témoins de notre bonheur.

Un éclair de raison traversait, par intervalles, mon cerveau, et alors je me disais, dans un monologue sérieux : Mais ce que je fais là est odieux ! Cette conduite n'est pas dans mes mœurs ; je suis absurde et ridicule ! Il faut sortir et demander pardon au premier passant !

Impossible de m'obéir. Un bras fatal me retenait là. Une volonté me dominait. La magie a survécu aux magiciens.

Dans les entr'actes, nos deux statues grecques s'entretenaient à haute voix des voisins et des voisines, et leurs propos, assaisonnés de sel attique, composaient un supplément fort ingénieux aux chœurs d'*Antigone*.

— Nous avons, à droite, quatre dames en bonne fortune, disait notre statue blonde. Elles ont mis sur le devant de leur loge, comme échantillon, probablement ce qu'elles ont de plus beau. C'est affreux comme chapeaux, comme tournure, comme visages, et comme robes de Cirque-Olympique. Si j'étais défigurée comme ça, je me ferais ouvreuse de loges ; mais je n'y entrerais jamais.

— Je crois les connaître, disait notre statue brune, ce sont les femmes du garde champêtre de mon cousin. Elles ont loué leurs chapeaux lilas au passage du Saumon. Il y a des femmes bien effrontées !

— As-tu vu les deux autres qui sont dans le fond, ma chère ange ?

— Je n'ai vu que des cheveux bouclés. Celles-là ont économisé les chapeaux. Toutes les fois que j'allonge le cou pour voir la figure de ces cheveux, on se retire avec précipitation.

— C'est qu'il doit y avoir là, dit Ernest, quelque femme d'une laideur paradoxale.

— Si elles cherchent quatre maris, dit Georges, je les plains ; si elles sont mariées, je plains les quatre maris.

Pendant que ma société folle était à la poursuite du laid idéal, enfoui dans l'arrière-loge de droite, j'éprouvai, moi, un saisissement de cœur inexplicable. Ma folie cessa tout à coup de se mettre à l'unisson de ce quatuor en délire. Une tristesse vague humecta mes yeux.

Je fis un retour sur moi-même, et il me sembla que j'étais tombé dans une association de malfaiteurs des deux sexes.

C'est l'explication que je donnai à cet accès de mélancolie subite. Heureusement la musique vint fort à propos me distraire. Le chœur chantait l'hymne à Bacchus, merveille antique trouvée par Mendelsohn dans les ruines du temple de la Victoire-sans-ailes.

Le spectacle terminé, je proposai timidement à ma société de laisser écouler la foule et de sortir après les derniers ; mais nos statues grecques, qui se complaisaient à l'idée d'une descente triomphale, se récrièrent contre ma proposition. Il fallut céder.

La statue brune s'empara despotiquement de mon bras et m'entraîna vers l'escalier. Il me semblait qu'un froid lézard m'enlaçait. Je fus saisi de ce frisson que le contact des reptiles donne aux gens nerveux.

Je me rappelai ce jour désastreux, où j'abordai après un naufrage l'île d'Éaeï-Namove, et où je fus obligé d'épouser Daï-Natha, la fille du roi, pour m'épargner la douleur d'être mangé vif par les ministres de son père.

Sur l'escalier de l'Odéon, je regrettai Daï-Natha.

Au milieu de la foule compacte qui obstruait le vomitoire, un cri violemment arraché par l'effroi frappa mon oreille et fit descendre et monter, en une seconde, mon sang de la tête aux pieds.

Dans le plus effroyable concert de la foudre, des torrents, des tempêtes, des bêtes fauves, je reconnaîtrais le cri d'une femme aimée, et beaucoup sont comme moi. Il y a une merveilleuse perception d'ouïe qui nous vient d'un sixième sens, le sens de l'amour.

Irène de Châteaudun avait jeté ce cri.

Prenez garde, ma chère! s'était-elle écriée, avec cet accent que l'effroi ne permet pas de dissimuler, avec cet accent qui est obligé d'être naturel, malgré toute la réserve imposée dans certaines circonstances : *Prenez garde, ma chère!*

C'était un servant de théâtre qui soulevait un lourd panneau de porte postiche et qui avait heurté l'épaule d'une femme. Ceux qui avaient vu la chose la racontaient ainsi. Moi, j'avais aperçu, en me dressant sur la pointe des pieds, le panneau de porte balancé sur les têtes; je n'avais pu voir la femme qui avait poussé le cri, mais j'avais vu avec mes oreilles aussi clairement qu'avec mes yeux Irène de Châteaudun.

Tant que la barrière insurmontable de la foule maîtrisa mes mouvements, il me fut impossible de m'avancer dans la direction où le cri s'était fait entendre; mais, arrivé au premier degré de l'extérieur, je me dégageai du bras importun qui serrait le mien, et je m'élançai sur la place et dans la rue de l'Odéon avec une agilité folle, traversant au vol les groupes et les doubles haies de voitures, dévorant du regard tous les visages de femmes, pour découvrir Irène, et ne m'inquiétant point des propos railleurs que cet examen rapide m'attirait de toutes parts.

Peine perdue! Je ne découvris rien. Le théâtre garda son secret; mais le cri retentissait toujours au fond de mon cœur, et mon cœur le reconnaissait toujours.

Ce matin, à mon lever, j'ai couru à l'hôtel de Langeac. Le portier m'a regardé stupidement, et a répondu par un *non* sec et ennuyé à toutes mes demandes. Les fenêtres de l'appartement d'Irène étaient fermées, et elles avaient cette immobilité de désolation qui annonce le vide intérieur. Fenêtres si joyeuses autrefois lorsqu'une petite main leur ménageait des évolutions intelligentes, et que de mystérieuses ouvertures laissaient échapper au dehors la frange d'une robe, ou de longues boucles de cheveux !

Le portier ment, les fenêtres mentent ! ai-je dit, et j'ai recommencé mon voyage dans Paris.

Cette fois j'avais un autre but que celui d'arriver par la fatigue et l'épuisement du souffle à quelque secourable et artificielle distraction.

Mes yeux se multipliaient à l'infini : ils interrogeaient à la fois les fenêtres, les portes, les issues des passages, les vitres des voitures, les allées des promenades. Je ressemblais à cet avare qui accuse Paris et ses faubourgs de lui avoir volé son trésor.

A trois heures, vous savez quel monde brillant et empressé monte et descend le large trottoir de la rue de la Paix aux Panoramas ; on croirait voir s'étaler à l'ombre ou au soleil, selon la saison, tous les habitants d'une ville opulente. J'étais là, retenu par une main trop cordiale et causant avec un de ces amis que le hasard nous envoie toujours, dans certains moments, pour nous dégoûter de l'amitié... Une forme éblouissante a passé devant moi... Irène seule a cette grâce, cette légèreté de pas, cette souplesse d'ondulation. Entre mille je l'aurais reconnue. Sa toilette bourgeoise avait beau s'efforcer de viser au déguisement, une distinction exquise la trahissait. Et d'ailleurs, son regard s'était croisé avec le mien. Aussi, le doute ne m'était plus permis. La main de mon interlocuteur ne me rendit la liberté qu'après un violent effort de la mienne. Nous échangeâmes des adieux brusques. Je perdis quelques minutes précieuses. Irène marchait d'un pas de gazelle. La foule s'échelonnait devant moi, par couches épaisses, qu'il fallait percer au milieu des murmures des promeneurs, troublés dans leur quiétude par la brutalité d'un seul.

Enfin, à dix pas des Panoramas, je trouve une éclaircie de foule, et j'aperçois mademoiselle de Châteaudun doublant l'angle du café Véron et entrant dans le passage. Cette fois, elle ne peut m'échapper. La voilà dans le couloir étroit, dont l'extrémité rayonne de galeries désertes, et propices à une rencontre d'explication. J'entre dans le passage, quelque temps après Irène, et je la revois. Trois longueurs de pas me séparaient d'elle. Je me prépare à cet entretien formidable qui doit être ma vie ou ma mort. J'étreins violemment ma poitrine avec mes bras, comme pour imposer silence aux pulsations de mon cœur. Le ciel va s'ouvrir sur ma tête ou l'enfer sous mes pieds.

Elle jette un regard rapide sur la devanture chinoise d'une boutique, comme pour reconnaître une enseigne, et sans manifester la moindre précipitation, elle a ouvert la porte et elle est entrée. — C'est bien, me suis-je dit; une velléité d'emplette en passant. Observons.

Je me suis posé comme un dieu Terme, à cinq pas du magasin chinois, dont le péristyle est vraiment du meilleur goût, et ne déparerait pas l'enseigne du plus achalandé filigraniste d'Hog-Lane, au faubourg européen de Canton.

Un autre de ces amis, que le hasard tient dans son réservoir pour les bonnes occasions, sortait du change voisin, et, jugeant à mon immobilité de statue que j'attendais un secours contre mes ennuis, m'a brusquement abordé en ces termes :

— Eh! bonjour, mon cher cosmopolite; voulez-vous m'accompagner? Je vais à Bruxelles; je viens de prendre l'or du voyage chez mon changeur : l'or est très-cher, le change est à quinze francs.

Moi, je répondais par des sourires faux et des monosyllabes sans consonnes, ce qui signifie, en toute langue, qu'on serait fort aise de se débarrasser de son interlocuteur.

Cependant mes yeux restaient fixés sur la porte chinoise du passage des Panoramas. J'aurais saisi un atome au vol.

Mon fâcheux élargit ses jambes, en colosse de Rhodes, saisit à deux mains le bout de sa canne, posa la pomme d'or ciselé sous son menton, et poursuivit ainsi : — J'ai fait une folie ce matin ; je me suis donné un cheval pour ma femme. Un cheval du Devonshire, qui sort des ateliers de Crémieux... A propos, mon cher Roger, vous devez savoir cela, vous ? Ce matin, j'ai engagé un pari de trente louis avec d'Allinville... Comment appelleriez-vous le cheval d'une femme ?

J'ai gardé quelque temps ce silence qui signifie qu'on n'est pas d'humeur de répondre ; mais les amis envoyés par le hasard intelligent ne comprennent que le français. L'ami a répété sa demande : — Comment appelleriez-vous le cheval d'une femme ?

— Je l'appellerais un cheval, ai-je répondu nonchalamment.

— Roger, il me semble que vous avez raison. D'Allinville m'a soutenu que le cheval d'une femme est un palefroi.

— En terme de chevalerie, il a raison.

— Ainsi, j'ai perdu ?

— Oui.

— Mon cher Roger, cela m'inquiétait depuis deux jours.

— Vous êtes bien heureux de vous inquiéter pour un terme de chevalerie. Je donnerais tout l'or de ce changeur si Dieu voulait me donner vos chagrins.

— En effet... je remarque... vous paraissez fort triste, Roger... Venez avec moi à Bruxelles... il y a de superbes opérations à faire là-bas. Les gentilshommes doivent être industriels à notre époque, sous peine d'être effacés par l'aristocratie de l'argent. Nous lutterons. On m'a indiqué vingt arpents à vendre, à la lisière de la gare du chemin de fer du Nord, sur la frontière. Cent mille francs gagnés à coup sûr après le vote de la loi. Je vous en offre la moitié. C'est un jeu. Nous taillons le lansquenet sur les grands chemins.

Irène ne sortait pas; je fis un mouvement involontaire de dépit, et cette fois mon fâcheux fut intelligent.

— Mon cher Roger, me dit-il en me prenant la main, que ne parliez-vous plus tôt! vous êtes en bonne fortune. C'est compris, ne nous gênons pas, il y a une belle sous cloche. Adieu, adieu.

Il partit, et je respirai.

Cependant ma position devenait critique. Cette porte chinoise, comme celle de l'Achéron, ne rendait point sa proie. Les quarts d'heure s'écoulaient. Je prenais successivement toutes les poses décentes de l'expectative fiévreuse. J'avais épuisé toutes les contorsions d'un musée de statues; et je m'aperçus bientôt que mon blocus, fort suspect, donnait de l'inquiétude aux marchands. Les deux changeurs d'or, avoisinant la porte chinoise, semblaient se mettre sur la défensive, et méditer un article pour la *Gazette des Tribunaux*.

Je regrettai mon interlocuteur, éclipsé trop vite; il me donnait au moins une contenance respectable; il légalisait, pour ainsi dire, mon étrange situation. Je demandai au hasard un autre ami secourable. Cette fois, le hasard me laissa seul.

J'avais déjà dévoré deux heures dans cette attente, et la place n'était plus tenable; il fallait prendre un parti violent. Irène n'avait pas quitté le magasin chinois : cela ne paraissait hors de doute. Impossible, à cinq pas de distance, de tromper mes yeux indiens. Irène était tou jours là. Les jeunes femmes éternisent une emplette. Je ne m'étonnais point du retard; je voulais me dérober au scandale de ma position.

Armé d'un courage surhumain, je fais cinq pas, j'ouvre la porte de la boutique chinoise, et j'entre comme sur la brèche d'une ville prise d'assaut.

En entrant, je ne vis confusément que des objets vivants ou morts; je ne détaillai rien. Une femme s'inclina gracieusement sur le comptoir, et murmura quelques paroles en me regardant.

— Avez-vous, madame, lui dis-je, avez-vous quelques curiosités en chinoiseries ?

— Nous avons, me répondit-elle, du thé noir, du thé vert, du thé russe; nous avons aussi du fin pékau.

— Eh bien! madame, donnez-moi de tout cela.

— En boîte?

— En boîte, comme vous voudrez, madame.

Je regardai partout dans la boutique; il n'y avait que deux vieilles femmes debout devant un autre comptoir. Point d'Irène.

Je payai mes emplettes, et, en donnant mon adresse, je questionnai ainsi la dame du comptoir :

— J'avais donné rendez-vous ici à ma femme; nous devions faire ensemble ces emplettes selon ses goûts, qui sont toujours les miens. Il paraît que nous avons fait une erreur dans nos heures... Au reste, je suis en retard et très en retard. Ma femme est peut-être venue?...

Et je donnai, dans ses plus minutieux détails, le signalement de mademoiselle Irène de Châteaudun, depuis la couleur des cheveux jusqu'à la nuance des souliers.

— Oui, monsieur, me dit la dame du comptoir; elle est en effet venue, mais il y a bien longtemps... deux heures environ... elle a fait quelques emplettes.

— Ah !... Mon émotion suspendit ma phrase commencée. — Oui... je savais bien... il me semblait même... que je l'avais vue entrer... là... par cette porte.

— Oui, monsieur; elle est entrée par cette porte, et elle est sortie par celle-ci.

Elle me montrait, dans le fond, l'autre porte ouverte sur la nouvelle rue Vivienne.

Je réprimai une exclamation qui aurait été un scandale de plus, et, traversant la boutique, je sortis par l'autre porte, comme si mademoiselle de Châteaudun avait eu la patience de m'attendre sur le trottoir de la nouvelle rue Vivienne.

Ma tête n'avait plus de pensées. Mes pieds me conduisaient au hasard, à travers des rues dont j'ignorais les noms. Il m'importait peu d'échouer sur Charybde ou sur Scylla. Tout pavé de la ville m'était bon. Comme les fous qui choisissent une phrase et la répètent à satiété, sans le savoir, je ne pouvais trouver sur mes lèvres que ces mots : « Démon de femme ! » En ce moment, que de haine bouillonnait au fond de mon amour !... Et quand cette haine se calmait, en me laissant la réflexion froide, je m'écriais silencieusement au fond de ma poitrine : Irène m'a vu à l'Odéon entre ces hideuses femmes ; je suis à jamais déshonoré à ses yeux !... Si j'essaie de me justifier, aura-t-elle foi à ma tardive justification ? Les femmes sont inexorables pour ces sortes d'écarts d'un moment, qu'elles regardent comme des crimes prémédités, indignes de pardon. Toujours Irène me criera ce vers du poëte :

Tu te fais criminel pour te justifier !

Vous êtes heureux, vous, cher Edgard ; vous avez trouvé la femme que vous rêviez ; vous aurez tout le charme d'une passion, moins les orages. C'est folie de croire que l'amour se ravive dans ses propres tourments et s'excite de ses douleurs. La tempête n'amuse que ceux du rivage; les nautonniers qui l'ont subi sent maudissent la mer et implorent la sérénité. Dans votre lettre, cher Edgard, je vois luire ce bonheur calme qui est la première volupté de l'amour. En échange, je vous envoie mes désolations. L'amitié n'est souvent que l'union de deux contrastes.

Ainsi donc, vivez heureux, mon jeune ami; votre réputation est faite. Vous avez un beau nom, une célébrité sans envieux, une philosophie individuelle que vous n'empruntez ni aux Grecs, ni aux Allemands. Votre avenir est doux. Endormez-vous dans les plus beaux rêves; la femme que vous aimez les réalisera tous à votre réveil.

La nuit est une mauvaise conseillère, et je n'ose prendre une résolution à l'heure sombre où je vous écris : j'attends le soleil pour m'éclairer. Dans mon désespoir, j'ai une consolation cuisante : Irène est à Paris. Cette grande ville n'a point de secrets; tout ce qui s'enferme dans une maison éclate tôt ou tard dans la rue. Je forme des projets extravagants qui me paraissent raisonnables. J'achèterai, s'il le faut, l'indiscrétion de toutes les bouches discrètes qui veillent à toutes les portes. Je recruterai une armée de surveillants salariés. Il y a sur la côte du Coromandel des plongeurs indiens dont la profession est merveilleuse; ils se précipitent dans le golfe du Bengale, cette immense baignoire du soleil, et ils en retirent une perle ensevelie dans les abîmes de verdure sous-marine et de corail, une perle d'élite, précieuse comme le plus fin diamant... On peut donc trouver une femme dans cet océan d'hommes et de maisons qui se nomme Paris... Une dernière réflexion donne quelque douceur à mon âme. Je me dis : Ceci est une épreuve; Irène veut essayer mon amour, j'ai besoin de le croire. Les plus charmantes femmes croient que tout le monde les aime, excepté leur amant.

ROGER DE MONBERT.

XII
A MADAME
MADAME LA VICOMTESSE DE BRAIMES
A GRENOBLE (ISÈRE).

Paris, 2 juin, minuit.

Oh ! je suis indignée ! j'ai la rage dans le cœur... Mon Dieu, que cela fait mal de haïr !... Je voudrais pouvoir me calmer un peu pour vous raconter ce qui vient de se passer, pour vous dire comment tous mes projets sont détruits, comment je me retrouve encore seule au monde, plus triste que jamais, plus découragée que dans mes plus mauvais jours de misère... Mais je ne puis garder mon sang-froid en pensant à l'indigne conduite de cet homme, à sa fatuité grossière, à son insolente fausseté... J'arrive de l'Odéon ; M. de Monbert y était, je l'ai vu ; il ne se cachait pas, vraiment ; je vous ai déjà dit qu'il n'avait rien de mystérieux dans le caractère ; il était là, en grande loge, gris comme un cocher de fiacre, avec de mauvais petits écervelés. M. M. de S..., l'aîné, était simplement gris comme le prince : quant au plus jeune, Georges, il était ivre complétement. Ce n'est pas tout : l'aimable prince servait de chevalier à deux beautés à la mode, deux misérables créatures de la plus fâcheuse célébrité, de ces femmes éhontées qui nous forcent à les connaître malgré nous par le scandale qu'elles font partout où on les rencontre ; ces espèces de dames de la halle, déguisées en femmes du monde, moitié marchandes d'oranges et moitié petites maîtresses, qui donnent des coups de poing avec des gants blancs parfumés, et qui lancent dans le dialogue des jurons effroyables derrière leur bouquet de roses ou leur éventail Pompadour !... ces femmes criaient, riaient comme des folles ; elles chantaient à haute voix avec les chœurs d'*Antigone*, avec les vieillards de Thèbes !... A la galerie on disait : « Elles ont trop bien dîné. » On les flattait ; je pense qu'elles sont toujours comme ça.

Il faut vous dire, pour que vous puissiez comprendre toute ma fureur, qu'avant d'aller au spectacle, au moment de monter en voiture, on m'avait apporté les lettres que j'avais fait demander à l'hôtel de Langeac. Dans le nombre, se trouvait un billet de M. de Monbert, celui qu'il m'avait écrit quelques jours après mon départ ; mais je veux vous l'envoyer, ce billet, il mérite de faire le voyage. En le lisant, vous, chère Valentine, n'oubliez pas que je l'ai lu, moi, à travers les étranges conversations de M. de Monbert et de ses compagnes, et que chacune des phrases empoulées de ce billet prétentieux avait pour traduction littérale et libre à la fois, pour commentaires ingénieux, les éclats de rire, les mauvais bons mots, les calembours stupides de l'infortuné qui l'avait écrit.

J'en conviens, ces éclats de rire, ces discours joyeux, me gênaient un peu pour lire de si touchants reproches : les brillantes improvisations de l'orateur m'empêchaient de m'attendrir sur les lamentables élégies de l'écrivain. Voici ce plaisant billet ; j'essayais de le déchiffrer à travers mes larmes, quand M. de Monbert est arrivé au spectacle :

« Est-ce une épreuve d'amour, une vengeance de
» femme ou un caprice d'oisiveté, mademoiselle ? Ma tête
» n'est pas assez calme pour trouver le mot d'une énigme.
» Au nom du ciel, venez au secours de ma raison ! Demain
» peut-être, si votre sagesse me parle, la folie vous répon-
» dra ! Sortez de votre mystère avant ce soir.

» Tout est désolation et ténèbres autour de moi et dans
» moi. Le rayon du jour échappe à mes yeux, le rayon de
» la pensée à mon âme. J'ai cessé de vivre en cessant de
» vous voir. Il me semble que la puissance de mon amour
» me donne encore la force de me survivre à moi-même,
» et de retenir dans mes doigts une plume vagabonde que
» mon esprit ne guide plus. Avec mon amour, je vous
» avais donné mon âme : ce qui reste de moi à cette heure
» vous ferait pitié. J'implore de vous ma résurrection.

» Vous ne pouvez comprendre l'extase d'un homme qui

» vous aime et le désespoir de l'homme qui vous perd.
» Moi-même, avant de vous avoir connue, je n'aurais pas
» soupçonné ces deux limites séparées par tout un monde
» et rapprochées en un seul instant. Abîme comblé par un
» point!... Être envié des anges, respirer l'air du ciel,
» chercher un nom dans les voluptés divines pour le don-
» ner à son bonheur, et tout à coup tomber, comme Lu-
» cifer, avec un coup de tonnerre au front, rouler dans un
» gouffre de ténèbres, et vivre de cette vie de mort qui
» est l'avenir des damnés !

» Voilà votre ouvrage !

» Non, ce n'est pas un jeu, non, ce n'est pas une ven-
» geance; on ne se joue pas avec une passion sérieuse; on
» ne se venge pas d'un innocent; c'est donc une épreuve :
» eh bien ! elle est subie, et le sang de mes veines vous crie
» grâce. Si vous prolongez l'épreuve, vous aurez bientôt
» l'inutile douleur de ne pas douter de mon amour d'aujour-
» d'hui !... Votre douleur sera un remords !   ROGER. »

Oui, sans doute, oh ! cette fois vous dites vrai, mon cher prince, ma douleur est un remords, un grand remords ; jamais je ne me pardonnerai d'avoir été un moment touchée de vos étranges plaintes et d'avoir versé des larmes sincères sur votre pathos de comédien.

J'étais assise tout au fond de la loge, et, tremblante d'émotion, je lisais ces reproches douloureux et je pleurais !... oui... je pleurais ! Tout cela me paraissait superbe et très-attendrissant. J'étais dans une disposition d'esprit si bienveillante, j'étais si humblement pénétrée de mes torts, que je me sentais accablée sous la malignité de ce désespoir si noble causé par moi avec tant de petitesse et de cruauté ; chaque mot de cette mauvaise amplification me fendait le cœur ; j'admirais naïvement l'éloquence et la simplicité de ce style ; j'acceptais comme des beautés toutes ces baroques images, ces antithèses pleines de passion et de prétention : *La folie qui répond à la sagesse qui parle. — La puissance de l'amour qui donne la force de tenir une plume !*

— *Les limites séparées par un monde et rapprochées en un instant. — L'abîme comblé par un point! — Et cette vie de mort dont il faut vivre, et ce nom que l'on voudrait donner à son bonheur et qu'on ne peut pas trouver, même dans les voluptés du ciel.* » Trouvez-moi donc un peu un nom à donner à mon bonheur; je ne peux pas en venir à bout!... J'avais accepté toutes ces plaisanteries sans effort. Je ne m'étais arrêtée, un moment étonnée, qu'à ce mot gaiement terrible : Lucifer!... Je ne m'y attendais pas du tout, à ce mot-là, et il m'avait un instant refroidie... mais la dernière tirade m'avait bientôt ranimée... Je la trouvais entraînante, déchirante!... Enfin, dans ma pitié enthousiaste, j'admirais tout par manière d'expiation, lorsqu'un bruit épouvantable se fait entendre... On ouvre avec fracas la porte de la loge voisine... Triste, je maudis cette joie cruelle qui vient insulter à ma douleur... Je continue à lire, à admirer et à pleurer... Mes voisins continuent à rire et à crier. Parmi ces voix plus que sonores, je crois reconnaître une voix amie... J'écoute... C'est la voix du prince de Monbert, je ne me trompe pas. Probablement, il est ici avec des étrangères. Il a tant voyagé qu'il est forcé de faire les honneurs de Paris à toutes les grandes dames qui l'ont reçu dans les capitales du monde qu'il a parcourues... Mais de quel pays sont-elles donc, ces grandes dames? On les montre au doigt, et elles disent des choses bien singulières... L'une d'elles, ayant plongé sa tête dans notre loge, nous jeta ce mot gracieux : « Quatre femmes, quatre monstres! » Je la reconnus, je l'avais vue aux courses de Versailles... et tout fut expliqué.

Alors, ils jouèrent entre eux et pour leur propre plaisir une espèce de parade. Un seul trait vous donnera une idée de l'esprit et du bon goût que déployèrent ces messieurs. Celui des deux jeunes gens qui était le plus ivre demanda en bâillant quels étaient les auteurs d'*Antigone*. — Sophocle, répondit M. de Monbert. — Mais il y en a deux. — Deux *Antigones?* reprit en riant le prince. Oui, il y a aussi celle de Ballanche. — Ah! Ballanche, c'est ça, s'écria le jeune ignorant ; je savais bien que j'avais vu deux noms sur l'affiche! Vous les connaissez? — Je ne connais pas Sophocle, répondit le prince toujours plus jovial, mais je connais Ballanche ; je l'ai vu à l'Académie. Cette charmante plaisanterie obtint un succès fou, incroyable ; l'hilarité éclata en transports, et le tapage devint tel, que le public se fâcha tout à fait. Silence! donc ; silence!... criait-on de tous côtés... Le calme se rétablit un moment dans la loge, mais la plaisanterie était passée à l'état de monomanie ; à chaque scène applaudie, le petit Georges de S***, qui est un écolier, un enfant, criait à tue-tête : Bravo! Ballanche! Puis s'adressant à ses voisins, à tous les gens qui étaient là, il ajoutait : Applaudissez, mes amis, il faut encourager l'auteur. Et ces deux atroces femmes reprenaient à leur tour, en applaudissant : Il faut encourager Ballanche ; encourageons Ballanche. C'était absurde.

Madame Taverneau et ses amies étaient indignées. Elles avaient entendu comme moi ce mot si bienveillant : Quatre femmes, quatre monstres!... Cette rapide appréciation de notre tournure et de notre élégance les avaient flattées médiocrement. Ce mot les rendait peu indulgentes pour leur scandaleux voisinage. Il y avait auprès de nous plusieurs hommes, des journalistes, je crois, qui nommaient tout haut le prince de Monbert, MM. de S*** et leurs deux beautés. Et ces journalistes ne se gênaient point pour parler fort amèrement de ce qu'ils appellent les jeunes lions du faubourg Saint-Germain, des mauvaises manières des gens bien élevés, des scrupules risibles de ces fiers légitimistes, qui craindraient de se compromettre en faisant les affaires du pays, et qui ne craignent pas de se compromettre chaque jour en faisant mille extravagances ; et là-dessus ils racontaient des histoires fabuleuses, mensongères, impossibles, mais auxquelles malheureusement toutes ces coupables imprudences donnent une grande probabilité. Vous le devinez, je souffrais cruellement, et dans mon orgueil de fiancée, et dans mon orgueil de parti. Je rougissais des nôtres devant nos ennemis; mon offense personnelle n'était peut-être pas la plus sensible dans ce moment. En écoutant ces justes épigrammes, je détestais presque autant MM. de S*** que Roger. Ce qu'il y a de certain, c'est que, pendant cette heure de dépit et de honte, j'aimais mieux m'appeler tout bonnement madame Guérin que d'être madame la princesse de Monbert.

Que pensez-vous de ce désespoir au vin de Champagne? Ne dois-je pas en être bien touchée? Qu'il est doux de se voir regretter si dignement! Cela est tout à fait poétique et même mythologique : Ariane n'en fit pas d'autres; elle demanda à Bacchus des consolations aux chagrins que lui avait causés l'amour. Aussi, comme il chantait l'*hymne à Bacchus* au dernier acte d'*Antigone!* Il a une très-jolie voix de ténor, je ne savais pas ça, c'est une séduction de plus : et comme il était heureux dans cette aimable compagnie! Valentine, ne vous l'avais-je pas bien dit? l'épreuve du découragement est infaillible : en amour le désespoir est un piége; cesser d'espérer c'est cesser de feindre : on revient à son naturel dès que l'hypocrisie est reconnue inutile. Comme il m'est prouvé maintenant que ce monde-là est la société qu'il préfère, que c'est là son centre, qu'en se faisant près de nous si élégant, si délicat, si réservé, il se métamorphosait hypocritement!

Oh! ce soir-là, il était bien sincère, il n'avait rien d'exagéré dans les manières, rien qui sentît l'extraordinaire, le détour, ni l'effort; il était là chez lui, dans son élément; car on ne peut cacher son élément, c'est-à-dire on ne peut pas cacher qu'on est dans son élément. On a dans les poses une désinvolture qui trahit un bien-être délicieux; on se pavane, on s'étale, on s'épanche, on s'épanouit; on nage en pleine eau, on vole en plein air... On peut cacher qu'on a reconnu dans la foule la personne qu'on adore... on peut cacher qu'une nouvelle subitement apprise est l'avis important qu'on attendait... on peut cacher ses craintes soudaines, ses dépits violents, ses joies délirantes... mais on ne peut pas cacher cette impression agréable, cette indiscrète béatitude qu'on éprouve à rentrer tout à coup dans son élément, après de longs jours de privation et de souffrances. Eh bien! ma chère, l'élément de M. de Monbert, c'est la mauvaise compagnie. Je suis très-polie en ne disant pas davantage.

Au reste, cela ne m'étonne point, et j'ai souvent remarqué avec tristesse ce noble goût chez ses semblables : les hommes élevés pour la dignité et dans les rigueurs de l'étiquette n'ont pas de plus grand plaisir que de se commettre avec des gens de rien ; on leur impose l'élégance comme un devoir, alors ils considèrent la grossièreté comme la récréation ; ils en veulent, pour ainsi dire, à ces qualités charmantes dont on leur fait une obligation, et ils se dédommagent de la peine qu'ils ont eue à les acquérir, en les rendant malicieusement inutiles, en se jetant volontairement dans un monde vulgaire, dans une société infime où elles ne sauraient briller, où elles n'ont aucune valeur. Il faut cette tendance taquine de l'esprit humain, cette lutte éternelle du caractère et de l'éducation pour expliquer ce goût, cette passion des hommes calmes et distingués pour la mauvaise compagnie; plus ils sont froids et dignes dans leurs manières, et plus ils recherchent les mauvais sujets, les femmes tarées, les misérables espèces ; il y a encore une autre raison de cela, c'est que ce sont des orgueilleux, et que les orgueilleux ne se plaisent qu'avec ceux qu'ils méprisent.

Toutes ces turpitudes seraient sans importance, si notre pauvre noblesse était encore debout, si elle n'avait pas à reconquérir sa place, à recouvrer son prestige. Mais pourra-t-elle jamais le faire avec de tels représentants? Oh ! que je les maudits, ces petits sots qui, par leurs coupables extravagances, compromettent une si belle cause ! Comment ne sentent-ils pas que chacune de leurs étourderies donne une arme terrible contre les idées qu'ils défendent, contre leur parti, contre nous tous? Ils sont en guerre avec le pays, qui se défie de leurs intentions, qui déteste leurs avantages... et ils s'amusent à irriter encore le pays par leur hostilité inintelligente et leur oisiveté tapageuse ! A les voir luttant de niaiseries et de déconsidération, on dirait qu'ils n'ont qu'une pensée, c'est de justifier toutes les accusations de leurs ennemis, et de renchérir même encore sur cette estimation injustement modérée. On les accuse d'être ignorants... ils sont ignares ! On les accuse d'être insolents... ils sont impudents ! On les accuse d'être bêtes, tous, naturellement, fatalement... ça ne leur suffit pas... ils aspirent à être brutes, et ils y parviennent !... Et cependant, puisqu'il est convenu qu'ils sont dégénérés, on ne serait pas exigeant pour eux; on ne leur demande pas ce qu'on demande aux autres, on ne leur demande ni héroïsme, ni talent, ni génie; on ne leur demande que de la dignité, et ils ne savent même pas faire semblant d'en avoir... On ne leur demande pas de porter leur nom, leur nom illustre. On ne leur demande que de le respecter... et ils le traînent dans la boue ! Ah ! ces gens-là me feront mourir d'indignation et de douleur!

Et c'est parmi ces jeunes fats, dans cette pépinière de fainéants, que je dois chercher un mari, qu'Irène de Châteaudun doit choisir une alliance !... Non, non, je ne donnerai point les quelques millions que la Providence m'a jetés, pour être distribués comme encouragement à toutes les misérables courtisanes de Paris, pour être partagés entre toutes les sauteuses de théâtres. S'il faut absolument donner ma fortune à des femmes, je la porterai dans un couvent où j'irai m'enfermer pour le reste de mes jours; mais, certes, j'aimerais mieux devenir la femme de quelque pauvre étudiant bien obscur, mais noblement honteux de son obscurité, dévoré du désir de la gloire, jaloux de rendre illustre son nom bourgeois, et cherchant nuit et jour dans la poussière des livres le secret des grandes renommées... que d'épouser jamais un de ces jolis cœurs de bonne famille qui se traînent courbés, écrasés sous le poids de leur nom formidable, ces petits seigneurs de comédie qui n'ont de leur haute position que la morgue et la vanité, qui ne savent rien faire, ni agir, ni travailler, ni souffrir; ces paladins déchus qui n'ont jamais guerroyé qu'avec des sergents de ville, et qui n'ont encore pu rendre leurs noms célèbres que dans les bastringues de la barrière et dans les tabagies du boulevard.

C'est pourtant bien beau de sentir bouillonner dans ses veines un sang glorieux, de s'enivrer d'orgueil dès l'enfance, en étudiant l'histoire de son pays, en voyant ses camarades de collége forcés d'apprendre par cœur, comme un devoir, le récit brillant des hauts faits d'un de vos aïeux!... d'entrer dans la vie par un chemin facile, frayé d'avance pour vous, et d'attirer sur soi naturellement, favorablement, les regards et la lumière! jeune, de se montrer déjà armé de souvenirs respectables, paré de généreuses promesses; d'avoir de nobles engagements à remplir, de nobles espérances à réaliser; d'avoir dans le passé des protecteurs puissants, des modèles inspirateurs que l'on peut invoquer dans les jours de crise, comme des patrons exceptionnels, comme des saints particuliers à vous et à votre famille; d'avoir sa conduite toute tracée par des maîtres dont on est fier; de n'avoir rien à imaginer, rien à édifier, de n'avoir qu'à continuer dignement l'œuvre grandement commencée; de n'avoir qu'à conserver la tradition, qu'à suivre la vieille routine... Cela est beau pourtant quand la tradition est celle de l'honneur, quand la routine est celle de la gloire.

Mais qui peut comprendre ces sentiments-là aujourd'hui? Qui ose maintenant prononcer sans rire, sans ironie et sans musique, ces nobles mots? Quelques derniers croyants, désolés comme nous, qui protestent encore énergiquement, mais en vain, contre ces dégradations. Les uns s'en vont en Algérie constater leur bravoure héréditaire, et mériter dix fois la croix qu'on n'ose pas leur donner; d'autres s'enferment dans leurs châteaux, qu'ils glorifient par les arts, cette ressource généreuse des héroïsmes découragés; d'autres aussi, élèves de Sully, retrempent leur force dans de rudes travaux, dans l'étude féconde de la science sacrée, et se font agriculteurs passionnés pour cacher qu'ils sont misanthropes. Mais que peuvent-ils, combattant seuls pour une cause abandonnée? Que peuvent les meilleurs officiers sans soldats?

Vous le voyez, j'oublie mes propres chagrins pour penser à nos malheurs à tous, et je trouve Roger deux fois coupable. Avec tant d'esprit, il pouvait avoir tant d'influence! Il pouvait ramener à la raison ces jeunes fous. Comment lui pardonner de les entraîner encore plus loin dans le mal par son dangereux exemple?

Tenez, Valentine, franchement, je ne me sens pas faite pour vivre dans ce temps-ci. Tout m'y déplaît. Les gens d'autrefois me paraissaient inintelligents, insensés; les gens d'aujourd'hui me semblent grossiers et menteurs. Ceux-là ne comprennent rien; — ceux-ci dénaturent tout. Les premiers n'ont pas la supériorité qu'il me faut; les seconds n'ont pas la délicatesse que j'exige.. Le monde est laid; j'en ai assez. Je connais à peine la vie, et je sens déjà peser sur ma tête l'expérience de soixante années! Et pour une tête blonde, ce poids est bien lourd!

Quoi! dans ce monde si élégant, pas un être un peu noble, pas une âme un peu belle, qui ait le sentiment de la grandeur, qui ait le respect de l'amour.

Avoir à vingt-cinq ans des millions à donner, et les garder forcément! Être riche, jeune, libre, généreuse, et vivre seule faute d'un allié qui soit digne!... Valentine, n'est-ce pas que cela est bien douloureux?...

Maintenant, ma colère est tombée; je ne suis plus que triste; mais je suis mortellement triste... Je ne sais pas encore ce que je vais faire; je voudrais aller vous voir. Oh! j'ai bien besoin de vous revoir. Ah! ma mère, ma mère, je serai donc seule toute ma vie!   Irène de Chateaudun.

XIII

A MONSIEUR
MONSIEUR LE PRINCE DE MONBERT
RUE SAINT-DOMINIQUE,
PARIS.

Richeport, 8 juin 18...

Elle est ici ! Fanfares et timbales !

Le jour même où vous retrouviez Irène, moi je retrouvais Louise !

En accomplissant pour la dixième fois mon pèlerinage de Richeport à Pont-de-l'Arche, j'ai aperçu de loin, à l'angle de la vitre, le visage grassouillet de madame Taverneau, encadré dans un superbe bonnet enjolivé de rubans feu ! L'apparition des premières algues et des fruits noyés confirmant à Christophe Colomb l'approche de la terre rêvée ne lui causa pas un plaisir plus vif qu'à moi la vue du bonnet de madame Taverneau ! Ce bonnet était l'indice du retour de Louise.

Oh ! que tu me parus charmant alors, affreux chou de tulle, avec tes barbes flottantes comme des oreilles d'éléphant et tes nœuds énormes pareils à ces pompons qu'on met sur l'oreille des chevaux ! Combien je te trouvai préférable aux diadèmes des impératrices, aux bandelettes des vestales, au fil de perles des patriciennes de Venise, aux plus nobles coiffures de l'art antique et moderne !

Que madame Taverneau était belle ! Son teint, vermeil comme une engelure, me fit l'effet d'une rose — fraîche éclose, — ainsi que ne manquent jamais d'ajouter les poëtes. — Je l'aurais embrassée résolument, tant j'étais heureux.

Pendant les quelques pas qui me séparaient encore du seuil de la maison, l'idée que madame Taverneau pouvait bien être revenue seule me traversa la tête, et je me sentis pâlir, mais je fus bientôt remis de ma terreur ; car, dès les premiers mots de politesse échangés avec la directrice, j'aperçus, à travers le bâillement de la porte entr'ouverte,

Louise qui, penchée sur sa table, roulait des grains de riz dans de la cire rouge pour remplir sans doute les interstices des cachets qu'elle m'avait demandés, et parmi lesquelles figure merveilleusement bien votre blason d'une si riche bizarrerie héraldique.

Un mince filet de lumière, glissant sur le contour velouté de ses traits, dessinait en camée son profil pur et délicat. Quand elle me vit, un léger incarnat se répandit dans sa pâleur comme une goutte de pourpré dans un vase de lait; elle était charmante et d'une telle distinction que, sans les pinceaux, les godets, les couleurs et le verre d'eau claire placés à côté d'elle, je n'aurais jamais songé que j'avais devant moi une simple enlumineuse d'écrans.

Cela n'est-il pas étrange, lorsque tant de femmes du monde et des mieux situées ont l'air de marchandes de pommes ou de revendeuses à la toilette en grande tenue, qu'une fille de la condition la plus humble ait des airs de princesse, malgré sa robe de toile imprimée!

Aussi pour moi, cher Roger, chez Louise Guérin la grisette a disparu; il ne reste qu'une créature adorable et charmante que tout le monde serait fier d'aimer. Vous savez qu'avec toutes mes singularités, mes sauvageries, mes *huronismes*, comme vous les appelez, je me révolte au moindre mot équivoque, à la moindre plaisanterie hasardeuse prononcée par une bouche féminine; eh bien! Louise n'a pas une seule fois, dans les conversations assez longues que j'ai eues avec elle, alarmé la susceptibilité farouche de ma pudeur, et bien souvent des jeunes filles parfaitement chastes, des mères de famille très-vertueuses m'ont fait rougir jusqu'au blanc des yeux. Je ne suis pourtant pas bégueule; je disserterais sur le festin de Trimalcion et les parties fines des douze Césars, mais certaines phrases que tout le monde dit ne me passeront jamais par la gorge; il me semble voir sortir des crapauds de la bouche de ceux qui les prononcent; — il ne sort des lèvres de Louise que des roses et des perles. Que de femmes sont tombées à mes yeux du rang de déesse à l'état de maritorne pour un mot dont j'essaierais en vain de faire comprendre l'ignominie!

Je vous ai dit tout cela, mon cher Roger, pour vous faire comprendre comment d'une vulgaire rencontre en chemin de fer, d'un simple caprice de galanterie, il est résulté un amour sincère, une passion véritable. Je suis brutal vis-à-vis de moi-même, je ne me cache pas les choses sous des noms adoucis; je tiens à voir clair dans mon esprit et dans mon cœur, et, tout bien considéré, je suis éperdument épris de Louise.—Cela ne m'effraie pas. Je n'ai jamais reculé devant le bonheur. C'est mon genre de bravoure; et il est plus rare qu'on ne pense. Que j'ai vu de gens qui auraient pris des boulets avec la main dans la gueule des canons, et qui n'avaient pas le courage d'être heureux!

Depuis son retour, Louise paraît plus émue, plus rêveuse; un changement s'est opéré en elle. Il est clair que ce voyage lui a fait voir sa situation sous un jour nouveau. Quelque chose d'important s'est décidé dans sa vie. Qu'est-ce? Je n'en sais rien et ne veux pas le savoir. J'accepte Louise telle qu'elle se présente à moi, dans le milieu où je l'ai rencontrée. Peut-être l'absence lui a-t-elle révélé comme à moi qu'une autre existence était nécessaire à la sienne. Ce qu'il y a de certain, c'est que je l'ai retrouvée moins sauvage, moins armée, d'un abandon plus familier, d'une grâce plus attendrie. Quand nous nous promenons dans le jardin, elle s'appuie un peu sur mon bras au lieu d'y peser à peine, comme auparavant. Sa raideur pudique commence à s'assouplir, la langueur l'envahit, et quand je suis là, au lieu de continuer son travail, ainsi qu'elle le faisait, elle reste la main moitié sous son menton, moitié dans ses cheveux, et me regarde avec une fixité distraite tout à fait singulière. On dirait qu'elle délibère intérieurement et cherche à prendre une résolution. Qu'Éros, le dieu aux flèches d'or, veuille qu'elle me soit favorable!—Elle le sera, ou la volonté humaine n'a plus de puissance, ou le fluide magnétique est un mensonge !

Nous sommes quelquefois seuls, mais cette maudite porte n'est jamais fermée, et cette madame Taverneau rôde toujours par là. Elle vient à chaque instant se mêler à la conversation ; elle a peur que je ne m'ennuie avec Louise, qui n'a pas l'usage du monde et ne sait pas placer le petit mot pour rire, exercice dans lequel la brave femme a la prétention malheureuse d'exceller. Je ne suis ni un Néron, ni un Caligula, mais combien de fois n'ai-je pas dévoué intérieurement aux bêtes du Cirque l'honnête directrice de poste !

Pour tirer Louise de cette chambre, dont l'architecture ne se prête à aucune combinaison amoureuse ou romanesque, j'ai imaginé une partie en canot, aux Andelys, dans le but respectable de visiter les ruines de la forteresse de Richard Cœur-de-lion ; la montée est des plus rudes, car le donjon est posé, comme un nid d'aigle, au sommet d'une roche escarpée, et je comptais que madame Taverneau, étranglée dans son corset des dimanches, resterait à mi-côte, tout en sueur, essoufflée, écarlate comme une langouste mise au régime de l'eau bouillante, à geindre et s'éventer avec son mouchoir de poche.

Alfred, en revenant du Havre, s'était arrêté chez moi, et pour la première fois de sa vie il tombait à propos. Je lui mis le gouvernail entre les mains en lui recommandant de m'épargner ses charmants sourires, ses clignements d'yeux et ses airs d'intelligence. Il promit d'être comme une bûche, et il a tenu sa parole, le digne garçon !

Une jolie bise soufflait de la mer ; c'était le temps qu'il nous fallait pour remonter le courant. Nous trouvâmes Louise et madame Taverneau qui nous attendaient sur la jetée du canal bâti depuis peu, afin d'éviter les eaux rapides du pont.

Fier d'avoir le commandement de l'embarcation, Alfred s'établit à la poupe avec madame Taverneau, enveloppée d'un châle jonquille à ramages verts ; nous nous installâmes, Louise et moi, pour que la charge du canot fût également répartie, du côté de la proue.

La voile gonflée nous faisait comme une espèce de tente et nous isolait complétement de nos compagnons. La vertu de Louise, séparée de son chaperon par une frêle toile qui palpitait au vent, n'avait donc aucune inquiétude à concevoir, et, se sentant protégée, elle était plus libre; dans les commencements d'un amour, la présence d'un tiers est souvent favorable. La femme la plus prude accorde certaines faveurs légères, quand elle est sûre qu'on ne pourra pas en abuser.

L'eau filait de chaque côté du taille-lame et nous entourait de franges d'argent bientôt évanouies en globules dans le remous de notre sillage. Louise avait défait son gant et laissait tremper sa main au courant qui jaillissait en cascades de cristal à travers ses doigts d'ivoire : sa robe, dont elle avait ramassé autour d'elle les plis lutinés par la brise, sculptait sa beauté d'une étreinte plus étroite. Quelques-unes de ces petites fleurs des champs qui n'ont que trois ou quatre pétales inquiets s'effeuillaient sur son chapeau dont la paille traversée par un vif éclat de soleil lui formait comme une espèce d'auréole. — Moi j'étais à ses pieds, l'enveloppant de mon regard comme d'un baiser, la noyant d'effluves et d'irradiations magnétiques, lui faisant une atmosphère de mon amour, l'entourant de ma volonté! J'appelais à moi toutes les puissances de mon âme et de mon esprit pour faire naître dans son cœur l'idée de m'aimer et d'être à moi!

Je me disais tout bas : « Venez à mon aide, forces secrètes de la nature, printemps, jeunesse, parfums, rayons! Vent chargé de langueur, inonde sa poitrine d'un souffle tiède; fleurs en amour, enivrez-la de vos aromes pénétrants; soleil, verse sur elle ta flamme féconde; mêle ton or fluide à la pourpre de son sang; que tout ce qui vit, palpite et désire, envoie à mon secours une parcelle ignée, que tout lui chuchotte à l'oreille qu'elle est belle, qu'elle a vingt ans, que je suis jeune et que je l'aime! » — Faut-il des tirades poétiques et des déclamations romanesques pour qu'une femme incline, en rougissant, son front sur l'épaule d'un jeune homme!

Mon ardente contemplation la fascinait; elle restait immobile sous mon regard. Je sentais moi-même jaillir par mes prunelles ma pensée en jets de feu; ses paupières s'abaissaient invinciblement, ses bras se dénouaient, sa volonté s'affaissait devant la mienne; se sentant à demi vaincue, par un suprême effort elle mit sa main sur ses yeux, et resta quelques minutes ainsi pour se soustraire aux rayonnements de mon désir.

Quand elle eut un peu repris possession d'elle-même, elle tourna la tête du côté du rivage et me vanta le charmant effet d'une chaumière placée dans un groupe d'arbres et voisinant avec la rivière par des escaliers chancelants en planches, en piquets, d'une dégradation moussue et fleurie la plus pittoresque du monde. — Une délicieuse aquarelle d'Isabey jetée là sans signature. — Louise, car un art, si humble qu'il soit, agrandit toujours l'âme, a le sentiment des beautés de la nature qui manque à presque tout son sexe. — Le site qui plaît le mieux aux femmes, c'est une jardinière remplie de fleurs, et encore cet amour des fleurs n'est-il pas sincère la plupart du temps, et ne leur sert-il qu'à pousser les hommes d'âge à des comparaisons anacréontiques et surannées.

Les rives de la Seine, en effet, sont ravissantes. Les collines se déroulent en lignes gracieuses, pommelées d'arbres, zébrées de cultures; quelquefois la roche perce la mince couche de terre et fait des apparitions pittoresques; les cottages et les châteaux lointains se trahissent par le miroitement de leurs combles d'ardoise; des îles aussi sauvages que celles de la mer du Sud sortent du sein des eaux, comme des corbeilles de verdure, et nul capitaine Cook n'a parlé de ces Otaïti à une demi-journée de Paris.

Louise admirait avec intelligence et sentiment les différentes nuances du feuillage, les moires de l'eau gaufrée par une légère brise, le vol brusque du martin-pêcheur, les ondulations nonchalantes du nénuphar, dont les larges feuilles et les épaisses fleurs jaunes viennent s'épanouir à la surface, les petits wergess-mein-nicht de la rive, et tous les détails dont le cours du fleuve est accidenté. — Je la laissais baigner son âme dans la nature, qui ne pouvait que lui conseiller l'amour.

Nous arrivâmes vers quatre heures aux Andelys, et, après une légère collation d'œufs frais, de crème, de fraises et de cerises, nous entreprîmes notre ascension à la forteresse du brave roi Richard.

Alfred était au mieux avec madame Taverneau, qu'il avait éblouie par le fastueux étalage de ses hautes relations sociales. Pendant le voyage, il lui avait débité plus de noms qu'il ne s'en trouve dans l'*Almanach royal*. La bonne directrice de poste l'écoutait avec une déférence respectueuse, charmée de se trouver en compagnie d'un homme si bien situé dans le monde. Alfred, qui n'est pas accoutumé parmi nous à des auditeurs bénévoles, se livrait au bonheur de parler sans être interrompu par des railleries ou des quolibets ironiques. — Ils avaient fait mutuellement leur conquête.

Le château-fort de Richard Cœur-de-lion rappelle, et par sa situation et par son architecture, les burgs du Rhin. La maçonnerie se mêle au rocher de manière à s'y confondre; on ne sait pas où finit l'œuvre de la nature et où commence l'œuvre de l'homme.

Nous arrivâmes, Louise et moi, malgré les pentes rapides, les pierres croulantes, à travers les remparts effondrés, les broussailles et les obstacles de toutes sortes, jusqu'aux pieds de cette botte de tours engagées les unes dans les autres, qui forment le donjon. Plus d'une fois, Louise avait été obligée, pour gravir, de me donner la main, de s'appuyer sur mon épaule. Même, quand le chemin était moins âpre, elle ne quittait pas son attitude abandonnée et confiante; sa pudeur d'épiderme, si farouche et si vive, commençait à s'apprivoiser un peu.

Madame Taverneau, qui n'est point une sylphide, se pendait au bras d'Alfred de toutes ses forces, et ce qui m'étonne, c'est qu'elle ne le lui ait pas arraché.

Nous pénétrâmes dans l'enceinte par une brèche à demi obstruée de plantes sauvages, et, malgré les masses de décombres et les plafonds écroulés, nous parvînmes jusque sur la plate-forme du massif intérieur, d'où nous apercevions, outre une vue superbe, loin, bien loin, le châle jonquille de madame Taverneau, luisant dans l'herbe comme un gros scarabée.

A cette hauteur, isolée du reste du monde, enivrée par l'air libre, la poitrine émue, la narine palpitante, la joue animée d'un rose plus vif, ses bandeaux sévères plus assouplis et plus onduleux, Louise était d'une beauté étincelante et radieuse; son chapeau était tombé sur ses épaules, et les brides de ruban le retenaient seules; de sa main distraite s'échappait une poignée de marguerites sauvages.

—Quel dommage, lui dis-je, que je n'aie pas un démon familier à mon service ! nous verrions les pierres se remettre en place, les tours se secouer dans l'herbe où elles dorment depuis si longtemps, et se redresser au soleil, les ponts-levis jouer sur leurs chaînes, et les hommes d'armes passer et repasser derrière les créneaux avec leurs cuirasses resplendissantes.—Je vous ferais asseoir à mes côtés comme ma châtelaine, dans la grande salle, sous un dais chamarré de blasons, au milieu d'un monde de dames d'atours, de varlets et d'archers.— Vous seriez la colombe de ce nid de milan !

Cette fantaisie la fit sourire et elle me répondit :— Au lieu de vous amuser à reconstruire le passé en rêve, regardez donc le magnifique spectacle qui s'étend devant vous.

En effet, le ciel était admirable, le soleil descendait vers l'horizon, dans une ville de nuages, ruinée et livrée à l'incendie du couchant ; les collines assombries prenaient des teintes violettes ; à travers la brume légère de la vallée, le fleuve luisait par places comme la lame damasquinée d'un sabre turc. Des fumées bleues montaient au bout des cheminées du bourg des Andelys, couché au pied de la montagne ; un son argentin de cloches, sonnant l'*angelus,* nous arrivait par bouffées ; l'étoile de Vénus brillait d'un éclat doux et pur dans un coin limpide du ciel. Madame Taverneau ne nous avait pas encore rejoints, les agréments d'Alfred lui faisaient oublier sa compagne.

Louise, inquiète d'être séparée si longtemps de son chaperon, se pencha sur le bord de la meurtrière. Une pierre qui n'attendait, pour se détacher, que le poids d'une hirondelle fatiguée, roula sous le pied de Louise, qui se jeta tout effrayée contre ma poitrine ; mes bras se refermèrent sur elle, et je la tins quelques instants près de mon cœur. Elle était fort pâle ; sa tête fléchissait en arrière ; le vertige des hauts lieux s'était emparé d'elle.

— Ne me laissez pas tomber, la tête me tourne !

— N'ayez pas peur, lui répondis-je ; je vous tiens, et l'esprit du gouffre ne vous aura pas.

— Ouf ! Quelle diable d'idée de grimper comme des chats sur ce vieux tas de pierres, s'écria Alfred qui arrivait enfin, traînant à la remorque madame Taverneau, faisant l'effet, dans son châle, d'un coquelicot dans les blés. Nous sortîmes de la tour et nous regagnâmes le canot. Louise me jeta un regard humide et triste, et s'assit à côté de madame Taverneau. Un bateau remorqueur descendait la rivière ; nous le hélâmes, il nous jeta une corde, et quelques heures après nous étions à Pont-de-l'Arche.

Voici le récit de mon expédition, c'est peu de chose, et c'est beaucoup. J'en ai fait assez pour être sûr que j'agis sur Louise, que mon regard la fascine, que ma parole l'émeut, que mon contact la trouble ; je l'ai tenue un instant palpitante contre mon sein ; elle ne m'a pas repoussé. Il est vrai que, par un petit jésuitisme féminin assez commun, elle peut mettre cela sur le compte du vertige, sorte de vertige de la jeunesse et de l'amour, qui a plus fait tourner de têtes que tous les précipices du Mont-Blanc !

Quelle singulière personne que cette Louise ! C'est un

mélange d'esprit aventureux et de timidité virginale à n'y rien comprendre. Elle est d'une ignorance et d'une perspicacité inouïes. Ces contrastes sont de l'effet le plus piquant, et m'attachent à elle de plus en plus. Après-demain, madame Taverneau doit aller à Rouen pour quelque affaire. Louise sera seule, et je compte répéter la scène du donjon, considérablement augmentée et privée de l'apparition inopportune du châle jonquille de madame Taverneau et de l'habit de chasse vert du malencontreux Alfred. — Que de rêves charmants va bercer cette nuit mon hamac de Richeport !

Ma prochaine lettre commencera, je l'espère, par cette phrase triomphante du chevalier de Bertin :

Elle est à moi ! divinités du Pinde !

Adieu, mon cher Roger, je vous souhaite bonne chance dans vos recherches. Puisque vous avez aperçu une fois Irène, c'est qu'elle ne porte pas au doigt l'anneau de Gygès. — Vous pouvez la rencontrer encore ; mais alors dussiez-vous traverser six boyards, trois Moldaves, onze lorettes, dix marchands de contremarques, écraser une multitude de king's-Charles, renverser une foule de magasins de pastilles du sérail, filez droit comme un boulet vers votre beauté, et saisissez-la par le bout de l'aile, comme ferait un sergent de ville ou un gendarme avec politesse, mais avec fermeté ; car il ne faut pas que le prince Roger de Monbert soit le jouet d'une prétentieuse héritière parisienne.

EDGARD DE MEILHAN.

XIV

A MADAME

MADAME LA VICOMTESSE DE BRAIMES

HOTEL DE LA PRÉFECTURE,

A GRENOBLE (ISÈRE).

Pont-de l'Arche, 8 juin 18...

J'écris à la hâte ce petit mot que je ferai mettre dans

le carton à rubans. La caisse partira demain par la diligence. Je vous l'aurais envoyée plus tôt; mais les brodequins des enfants n'étaient pas faits. Il est impossible d'obtenir nulle part ce qu'on demande; les marchands vous disent qu'ils n'ont pas d'ouvriers, les ouvriers vous disent qu'ils n'ont pas d'ouvrage; on n'y comprend rien. Enfin la caisse est terminée; la fidèle Blanchard, que j'envoie à Paris, surveillera elle-même l'emballage. Si vous n'êtes pas contente de vos robes, de votre robe bleue, du bonnet à petites fleurs lilas, je désespère de vous satisfaire jamais. Je n'ai pas pris vos ceintures chez mademoiselle *Vatelin*. C'est la faute du prince de Monbert; en passant sur les boulevards, nous l'avons vu, il causait avec quelqu'un. Je suis entrée dans le passage des Panoramas, il m'a suivie; alors, pour échapper à ses poursuites, au lieu d'aller chez mademoiselle *Vatelin*, je suis entrée chez *Marquis*, M. de Monbert est resté à la porte. J'ai demandé une provision de thé, j'ai dit que j'allais envoyer la chercher, et je suis sortie par l'autre porte du magasin qui donne sur la rue Vivienne. Le prince, qui n'est pas venu à Paris depuis dix ans, ne sait pas ou ne sait plus que cette boutique a deux entrées. Et voilà comme je me suis débarrassée de lui. C'est encore cet affreux prince qui est cause que je suis revenue ici. Le lendemain de la triste soirée de l'Odéon, je suis allée à l'hôtel de Langeac pour savoir des nouvelles de ma cousine. Là, j'apprends d'abord ceci : madame de Langeac a quitté Fontainebleau; elle est à D..., chez madame de H***, où l'on joue la comédie; dans dix jours, elle viendra à Paris où elle me prie de l'attendre. C'est bien, je l'attendrai chez elle. Mais j'apprends aussi que le matin même M. de Monbert est venu faire une scène chez le portier, disant qu'il m'avait vue, qu'on le trompait, disant des choses si étranges, que tous les gens de la maison étaient scandalisés. La perspective d'une visite de lui, d'une entrevue explicative, me remplit d'épouvante. — Je retourne dans ma mansarde. Madame

Taverneau, inquiète, guettait mon retour ; elle ne me donne pas le temps de réfléchir : elle m'emmène, et je reviens ici. Vous croyez peut-être que dans ce séjour champêtre, à l'ombre des saules argentés, au bord des ondes limpides, je vais trouver un peu de tranquillité? Pas du tout ; un nouveau danger me menace. J'échappe à un prince en fureur pour tomber dans les piéges d'un poëte en délire. A mon départ, j'avais laissé M. de Meilhan gracieux, galant, mais raisonnable ; je reviens, et je le retrouve enflammé, passionné, fou. Il faut croire que je suis bien aimable dans l'absence : l'éloignement m'est favorable.

Cette passion, que je suis très-décidée à ne pas mériter, m'ennuie beaucoup ; elle me fait une peur horrible, qui ne ressemble en rien à ce charmant effroi que j'ai rêvé. Le jeune poëte a pris au sérieux les coquetteries que je lui ai faites pour savoir ce que lui disait de moi son ami ; il s'est persuadé à lui-même que je l'adore, et je ne peux pas lui ôter cette sotte idée. J'ai beau prendre avec lui des airs farouches de Minerve en courroux, des airs majestueux de reine d'Angleterre ouvrant le parlement, des airs sévères, prudes, pincés, de maîtresse de pension en promenade, je ne parviens qu'à l'enivrer d'espérances. Si tout cela était de l'amour, cela pourrait être séduisant et dangereux, mais c'est du magnétisme ; vous riez, cela n'est pas autre chose ; il procède par fascination ; il me jette des regards mal intentionnés, auxquels il commande d'être brûlants... et qui ne sont qu'insupportables. Je finirai par lui dire très-sincèrement qu'en fait de magnétisme, je ne suis plus libre..., *j'en aime un autre*, comme on dit dans les vaudevilles ; et s'il demande quel est cet autre, je lui répondrai en riant : C'est le fameux disciple de Mesmer, M. le docteur Dupotet.

Avec ce jeu-là, j'ai failli me tuer hier. Alarmée d'un tête-à-tête assez embarrassant au milieu des ruines d'un vieux château que nous étions allés visiter tous ensemble, je suis montée sur la fenêtre basse d'une des tours pour appeler madame Taverneau que j'apercevais au pied de la colline. La pierre sur laquelle j'étais s'est détachée... Sans M. de Meilhan, qui m'a retenue, je dois le dire, avec beaucoup d'adresse, j'étais morte... Je tombais dans un précipice de quatre-vingts pieds. Ah ! quelle peur j'ai eue ! J'en tremble encore ; je n'ai jamais éprouvé une frayeur pareille ; je crois que je me serais évanouie si j'avais eu plus de confiance ; mais une autre peur m'a réveillée de celle-là. Heureusement je vais partir, et cette plaisanterie finira.

Oui, certainement, je veux aller à Genève avec vous. Pourquoi n'irions-nous pas un peu jusqu'au lac de Côme ? Quelle belle course à faire, et nous serions si bien dans ma bonne voiture ! Vous saurez que j'ai une voiture de voyage qui est une merveille ; on la remet tout à neuf dans ce moment, et dès qu'elle sera prête, nous monterons dedans pour aller vous embrasser. Mais, me direz-vous, comment avez-vous une voiture de voyage, vous qui n'avez fait qu'un voyage en votre vie, du Marais au faubourg Saint-Honoré ? Je vous répondrai : J'ai acheté cette voiture par occasion ; c'est un chef-d'œuvre ; on n'a jamais rien fait de mieux à Londres. Elle a été inventée, — vous verrez quelle invention, — pour une Anglaise très-riche qui voyage toujours, et qui est désolée de la vendre ; mais elle se croit poursuivie par un jeune audacieux, et, pour lui faire perdre sa trace, elle veut vendre la voiture dans laquelle il l'a vue passer tant de fois. C'est une vieille folle qu'on appelle lady Penock ; elle ressemble à Levassor dans ses rôles d'Anglaises, mais en caricature : Levassor n'oserait pas être si ridicule.

A bientôt. Quand je pense que dans un mois nous serons ensemble, j'oublie tous mes chagrins.

IRÈNE DE CHATEAUDUN.

XV

A MONSIEUR
MONSIEUR DE MEILHAN
A PONT-DE-L'ARCHE (EURE).

Paris, 19 juin 18...

On a beau médire de la police, il faut toujours avoir recours à elle dans les grandes occasions. La police est partout ; elle sait tout ; elle peut tout ; elle voit tout. Sans la police, Paris n'existerait pas ; c'est la fortification intérieure, l'enceinte continue invisible de la capitale ; des agents nombreux en sont les forts détachés. Fouché a été le Vauban de ce merveilleux système, et, depuis Fouché, l'art se perfectionne toujours. Il y a aujourd'hui, dans un coin ténébreux de la Cité, un œil qui rayonne sur nos cinquante-quatre barrières, et une oreille qui entend les pulsations de toutes les rues, ces grandes artères de Paris.

Désespéré de ne rien découvrir à cause de l'insuffisance de mes facultés, je me suis adressé au Polyphème de la rue de Jérusalem, géant dont l'œil surveille tous les Ulysses, et n'est jamais crevé. On m'a dit dans ses bureaux : — Repassez dans trois jours.

Encore trois siècles que j'ai dévorés ! quelle consommation de siècles je fais depuis un mois !

Pourquoi cette lumineuse idée m'est-elle venue si tard ?

Au bureau des secrets publics, on m'a dit : — Mademoiselle de Châteaudun a quitté Paris, il y a cinq jours. Le 12, elle a passé la nuit à Sens ; elle a suivi la route de la Bourgogne ; elle a changé de chaise de poste à Villevallier, et le 14, elle s'est arrêtée au château de madame de Lorgeval, à seize kilomètres d'Avalon (Yonne).

Cette exactitude de renseignements bouleverse l'imagination. Quels ressorts ! quels rouages ! quel mécanisme intelligent ! C'est la machine de Marly appliquée à un fleuve humain. A Rome, on eût fait de la Police une déesse, avec une niche spéciale au Panthéon.

Quelle leçon aussi ! comme cela doit nous rendre circonspects! Nos murs sont diaphanes ; nos pas sont écoutés ; nos paroles sont recueillies. Tout ce qui se dit et se fait aboutit par des fils invisibles et délateurs à l'officine centrale de la rue de Jérusalem. Cela fait trembler !!!

Au château de madame de Lorgeval!

J'allais sur le quai des Orfévres, en me répétant cette phrase avec toute sorte d'intonations : Au château de madame de Lorgeval !

Après une absence décennale, je ne connais plus personne à Paris. J'y suis étranger comme un ambassadeur de Siam... Qui peut connaître madame de Lorgeval ?

M. de Balaincourt seul, à Paris, peut me répondre. C'est un armorial vivant.

Un cabriolet de remise me précipite devant l'hôtel de M. de Balaincourt.

L'oracle des gentilshommes me répond : Madame de Lorgeval est une fort belle personne de vingt-quatre à vingt-six ans. Elle a une magnifique voix de *mezzo-soprano* et cent mille francs de rente. Elle est élève de madame de Mirbel pour la miniature, et de madame Damoreau pour le chant. L'hiver dernier, elle a chanté, dans un concert de bienfaisance, avec la comtesse Merlin, le beau duo de *Norma*.

Je demandai d'autres détails, par luxe de curiosité. Le luxe devint l'indispensable, comme toujours.

Madame de Lorgeval est la sœur du beau Léon de Varèzes.

Trait de lumière ! rayon de soleil dans un nuage noir !

Le beau Léon de Varèzes ! le laid idéal de la beauté troubadour ! un fat ciselé par son tailleur, et qui passe sa vie à se faire refléter par quatre miroirs moins glaces que lui !

Je serrai les mains de M. de Balaincourt, et je me replongeai dans mon tourbillon de Paris.

Si le beau Léon n'était que hideux, cette monstruosité de la nature me laisserait dans mon indifférence envers lui ; mais il a des droits plus sacrés à ma haine. Vous allez voir.

Le beau Léon a demandé en mariage mademoiselle de

Châteaudun, il y a trois mois ; elle l'a refusé. Apparemment tout s'est arrangé.

Ou bien c'était une ruse ; le beau Léon avait une maîtresse fort connue de tout le monde, excepté de lui, et il a reculé ce mariage pour dorer, par le procédé Ruolz, les derniers jours de son célibat. Alors, on a donné toute liberté à mademoiselle Irène, et, dans cette trêve, j'ai joué le rôle de prétendant.

L'une de ces deux conjectures est juste. Toutes deux sont vraies peut-être. Une seule suffit à une catastrophe.

Un fait certain, le voici : le beau Léon est aux eaux d'Ems ; il s'y réjouit, avec sa maîtresse peinte, dans l'agonie de son célibat, et sa famille emprisonne mademoiselle de Châteaudun au manoir de Lorgeval pendant la saison des eaux. Dans quelques jours, le beau Léon, prétextant une affaire importante, quittera sa maîtresse, et, libre d'un joug illégitime, il viendra au château de Lorgeval offrir son innocente main et son pur hommage à mademoiselle de Châteaudun.

Dans tous les cas, je suis dupe, je suis joué.

Je sais qu'ils disent : *Le prince Roger est un bon enfant.* On peut tout oser.

Avec cette réputation, un homme est exposé à subir toutes les malices félines du genre humain griffé ; puis, le *bon enfant* se transfigure, et les visages pâlissent autour de lui.

Oui, je puis pardonner à une femme qui a été ma maîtresse de me tromper, mais je ne pardonne point à la femme qui m'échappe avant le bonheur : elle me doit tout ce bonheur qu'elle m'a fait rêver. J'ai le droit de crier au voleur, et de l'arrêter, si elle me fuit. Ah ! mademoiselle de Châteaudun, vous avez cru pouvoir briser mon cœur, et me laisser pour tout partage le fantôme du souvenir. Eh bien ! je vous promets un beau dénouement ! Nous nous reverrons !

Et moi stupide ! j'allais lui écrire pour me justifier de mon innocence dans la scène de l'Odéon ! Justification

épargnée! Comme elle rirait de mon honorable candeur!...
Elle ne rira pas!

Cher Edgard! en vous écrivant ces lignes désolées, j'ai perdu le sang-froid que je m'étais imposé en commençant mon récit. Je sens que je suis brûlé dans mes veines par ce démon intérieur qui a un nom de femme, dans la langue de l'amour. La jalousie gonfle mes lèvres d'une sueur de bitume, cercle mon front d'un réseau de fer, et donne à mes mains cette convulsion fatale qui cherche une vie au bout d'un poignard! Je sens que j'ai laissé dans mes voyages les mœurs tolérantes de votre civilisation de velours. Je sens que la rudesse des peuples lointains a passé sur ma chair, que j'ai couru entre les aspérités des écueils et les mufles des bêtes fauves. Je sens que ma jalousie est toute pleine des ouragans et des flammes de l'équateur.

Où l'avez-vous apprise, la jalousie, vous autres pâles jeunes gens des gynécées de satin? L'acteur qui hurle et agite un poignard de carton entre deux coulisses a été votre professeur de jalousie, n'est-ce pas?

J'ai étudié le monstre sous d'autres maîtres, moi. Les tigres m'ont enseigné leur art.

Cher Edgard, nous avons été surpris un soir par la nuit dans les ruines du fort qui défendait autrefois l'embouchure de la rivière Caveri, au Bengale; une nuit sombre, éclairée par une seule étoile, comme la lampe du souterrain d'Éléphanta. Cette lueur était suffisante pour éclairer le formidable duel engagé devant nous sur le glacis du fort en ruines.

C'était la saison des amours... Comme ces mots sont doux à prononcer!

Un monstre fauve, zébré de noir, appartenant au beau sexe de sa noble race, se désaltérait avec un calme superbe dans la rivière Caveri. La soif étanchée, il allongea deux pattes en avant du poitrail, raccourcit les autres en croupe de sphynx, et se fit caresser voluptueusement les tempes par de larges et rudes feuilles épanouies au bord de l'eau.

Tout près de là, les deux amants s'observaient non avec les yeux, mais avec les narines et les oreilles, et ils distillaient, dans le clavier de leurs dents, un roucoulement aigu comme le souffle du kamsin sur les rameaux de fer des euphorbes et des nopals. Les deux monstres arrivaient par degrés au paroxysme de la rage amoureuse; ils aplatissaient leurs oreilles, aiguisaient leurs griffes, tordaient leurs queues d'acier flexible, et faisaient jaillir des étincelles de leurs poils et de leurs yeux. Ce prélude fut long. La jeune amante se pavanait dans une tranquillité stoïque, affectant de ne prendre aucun intérêt à cette scène, comme si elle eût été seule de sa race au désert. Par intervalles, elle se mirait dans les eaux calmes de la rivière, et semblait toute joyeuse de sa grâce et de sa beauté.

Un mugissement, qui semblait jaillir de la poitrine d'un géant écrasé sous une roche, retentit dans la solitude. L'un des tigres avait décrit dans l'air une ellipse immense, et tombait sur le col de son rival. Les deux ennemis fauves se dressèrent de toute leur taille, et s'enlacèrent, debout, corps à corps, comme deux lutteurs, muffles contre muffles, dents contre dents, avec des contorsions furieuses et des râles aigus qui déchiraient l'air, comme les grincements de lames de cuivre. Des chasseurs vulgaires auraient ajusté leurs carabines sur ce groupe monstrueux. Nous jugeâmes, nous, qu'il était plus noble de respecter les puissantes haines de ces magnifiques amours. L'agresseur était le plus fort, selon l'usage; il terrassa violemment son ennemi, l'écrasa sous son ventre, le laboura sous ses griffes, et ouvrant sa gueule dans toute sa profondeur dentelée, il l'étrangla sur l'herbe, avec un dernier cri exprimant la joie sauvage du vainqueur.

La femelle, toujours à la même place, léchait sa patte droite, et lorsqu'elle avait distillé assez d'écume sur le velours de la griffe, elle lustrait son muffle, ses tempes et ses oreilles avec une coquetterie charmante et une imperturbable sérénité.

Il y a beaucoup de leçons pour les deux sexes là-dessous, mon cher Edgard. Quand la nature nous choisit des maîtres, elle choisit bien. Dieu vous garde de la jalousie!

Je ne veux pas honorer de ce nom ce sentiment tracassier, injuste, vulgaire, que l'amour-propre nous donne quand il se déguise en amour. La jalousie que j'ai au cœur est une passion noble et légitime. Ne pas se venger, c'est donner une prime d'encouragement aux méchantes actions. L'oubli permanent des injures et des torts mettrait trop à l'aise certains hommes et certaines femmes. Il faut se venger.

Cher Edgard, parlez-moi de vos amours; ne craignez pas de m'offenser avec votre bonheur. Je n'ai pas le cœur si mal fait. Racontez-moi les choses qui vous séduisent, dans la femme de vos tendresses. Épanouissez votre âme au doux rayon de ses sourires; enivrez-vous des bienheureux entretiens, remplis de grâce et de mélodie, qui enchantent les premiers jours d'une passion. Ne songez à moi qu'en me lisant; et oubliez-moi bien vite, pour rentrer dans votre bonheur.

Je vais faire au beau Léon l'honneur d'occuper ma pensée de son avenir...   ROGER DE MONBERT.

XVI
A MONSIEUR
MONSIEUR LE PRINCE DE MONBERT
RUE SAINT-DOMINIQUE. PARIS.

Richeport, 23 juin 18...

Vous avez dans la police une confiance digne d'un prince que vous êtes, cher Roger, — vous ajoutez à ses renseignements une foi qui m'étonne et m'alarme. — Comment voulez-vous que la police sache quelque chose de ce qui concerne les honnêtes gens? D'abord elle ne les surveille pas, elle a bien assez à faire avec les scélérats, et ensuite quand elle le voudrait, elle ne le pourrait pas. Les mouchards, les espions sont en général des misérables, leur nom est la plus mortelle injure de notre langue; de pareilles espèces ne sont reçues nulle part : ils connaissent les habitudes et les démarches des voleurs, dont ils fréquentent les repaires et les tapis-francs; mais quel moyen ont-ils de connaître les décisions fantasques d'une jeune fille de haut rang? Leur plus grande adresse est d'enivrer un domestique, de faire causer un portier, de suivre une voiture ou de se mettre en faction devant une porte. — Si mademoiselle Irène de Châteaudun est partie pour vous éviter, elle a sans doute pensé que vous chercheriez à la rejoindre. Elle a donc dû prendre quelques précautions pour garder l'incognito, — changer de nom, par exemple, — ce qui eût suffi pour dérouter la police, qui, avant d'être éveillée par vous, n'avait aucun intérêt à suivre ses démarches. La preuve que la police se trompe, c'est la précision des notes qu'elle vous a livrées. Cela ressemble un peu trop aux dépositions des témoins dans les procès criminels, qui disent : — Il y a deux ans, à neuf heures trente-trois minutes et cinq secondes du soir, par une profonde obscurité, je rencontrai un homme grêle dont je ne pus distinguer les traits et qui portait un pantalon vert-olive tirant sur le brun. — J'ai toutes les peurs du monde que vous ne fassiez en Bourgogne un voyage inutile, et que vous ne tombiez, l'air furibond et l'œil hagard, au milieu de quelque intérieur paisible, surpris au plus haut degré de cette visite domiciliaire.

Mon cher prince, tâchez de vous souvenir que vous n'êtes plus dans l'Inde; les mœurs des îles de la Sonde ne sont pas de mise ici, et j'ai lu dans votre lettre un passage qui me fait redouter quelque incartade féroce de votre part. Nous avons en Europe des professeurs d'esthétique, de sanscrit, de slave, de danse et d'escrime, mais les professeurs de jalousie ne sont pas autorisés. — Il n'y a pas de chaire pour les bêtes fauves au collége de France; ces leçons formulées en rugissements et en coups de griffes sont bonnes pour la fabuleuse cité des tigres des légendes javanaises. — Si vous êtes jaloux, tâchez de faire retirer à votre rival la concession de chemin de fer qu'il était près d'obtenir, ou détruisez-le dans son collége électoral, en répandant le bruit qu'il a fait autrefois un volume de vers. Voilà des vengeances constitutionnelles, et qui ne vous conduiront pas en cour d'assises. Les tribunaux sont si chicaniers aujourd'hui, qu'on serait capable de vous inquiéter même pour la suppression d'un bellâtre insipide comme Léon de Varèzes. Les tigres, quoi que vous en disiez, sont de mauvais maîtres. — En fait de tigres, nous n'admettons que les chats, et encore faut-il qu'ils fassent patte de velours.

Les conseils de modération que je vous adresse, j'en ai profité pour moi-même. J'étais, dans un autre genre, arrivé à un assez joli degré d'exaspération. — Vous devinez qu'il s'agit de Louise Guérin; car, au fond de la fureur des hommes, il y a toujours une femme! c'est le levain qui fait fermenter toutes nos passions, surtout les mauvaises.

Madame Taverneau partit pour Rouen; j'allai chez Louise, le cœur plein de joie et d'espérance. Je la trouvai seule, et je crus d'abord que la soirée serait décisive, car elle rougit beaucoup en m'apercevant. Mais qui diable peut compter sur les femmes? Je l'avais laissée, la veille, douce, confiante, émue; je la retrouvai froide, sévère, armée de pied en cap, et me parlant comme si elle ne me connaissait pas. Elle avait l'air si convaincue qu'il ne s'était rien passé entre nous, que j'eus besoin, par une rapide opération mentale, de me rappeler tous les détails de l'excursion aux Andelys, pour me prouver que je n'étais pas un autre. Je puis avoir mille défauts, mais je n'ai pas celui de la fatuité. Il est rare que je me flatte, et je ne suis pas porté à croire que tout le monde éprouve en me voyant ce que les écrivains du dernier siècle appelaient le coup de foudre. Mes traductions de regards, de sourires, d'inflexions de voix, sont ordinairement assez fidèles; je ne passe pas les mots qui me déplaisent. La version interlinéaire de la conduite de Louise donne pour résultat cette phrase : Je n'ai pas d'insurmontable horreur pour M. Edgard de Meilhan. Étant sûr du sens de mon texte, j'ai donc agi en conséquence ; mais Louise a trouvé, je ne sais où, une mine si imposante, si royale, des attitudes d'une telle noblesse, une chasteté si hautaine et si dédaigneuse, que j'ai senti qu'à moins d'avoir recours à la violence, je n'obtiendrais rien d'elle. Ma tête bouillonnait plus de rage encore que d'amour ; mes doigts se contractaient convulsivement, et mes ongles m'entraient dans la paume des mains. La scène allait tourner à la lutte ; heureusement, j'ai réfléchi que ces déclarations d'amour trop accentuées étaient prévues par le Code, ainsi que la plupart des actions romanesques ou héroïques.

Je me suis en allé brusquement pour ne pas voir figurer dans les journaux judiciaires cette annonce élégante : Le sieur Edgard de Meilhan, propriétaire, s'étant livré à des voies de fait sur la personne de madame Louise Guérin, enlumineuse, etc... car j'éprouvais la plus énergique envie d'étrangler l'objet de ma flamme, et si j'étais resté dix minutes de plus, je l'aurais fait.

Admirez, cher Roger, la sagesse de ma conduite, et tâchez de l'imiter. Il est plus beau de commander à ses passions qu'à une armée, et c'est plus difficile.

Ma colère était si forte que j'allai passer quelque temps à Mantes, chez Alfred ! M'ouvrir la porte du paradis et me la fermer sur le nez, me montrer un splendide banquet et m'empêcher de me mettre à table, me promettre l'amour et me donner la pruderie, c'est une action abominable, infâme et même peu délicate. — Savez-vous, cher Roger, que j'ai manqué avoir l'air d'un oison, et que cela serait arrivé si la rage qui m'animait n'avait donné à ma figure une physionomie tragique, qui, momentanément, m'a sauvé du ridicule ! Ce sont là de ces choses qu'on ne pardonne guère à une femme, et Louise me le paiera !

Je vous jure que si une femme de mon rang eût agi de

la sorte avec moi, je l'aurais broyée sans pitié ; mais la position inférieure de Louise m'a retenu. — J'ai pour les faibles une pitié qui me perdra, car les faibles sont impitoyables pour les forts.

Ce pauvre Alfred, il faut que ce soit vraiment un excellent garçon pour ne pas m'avoir jeté par la fenêtre ; j'ai été avec lui si maussade, si taquin, si acerbe, si railleur, que je m'étonne qu'il ait pu me supporter deux minutes ; j'avais les nerfs tellement agacés, que j'ai décapité, du coupant de ma cravache, plus de cinq cents pavots sur le bord du chemin, moi qui n'ai jamais commis de brutalité sur aucun feuillage, et dont la conscience était pure de tout meurtre de fleur ! — Un instant j'eus l'idée d'aller demander un catafalque à la marquise romantique. Vous jugerez par là du désordre de mes facultés et de ma complète prostration morale.

Enfin, honteux d'abuser ainsi de l'hospitalité d'Alfred, et me sentant incapable d'être autre chose que grognon, revêche et quinteux, je retournai à Richeport, pour être morne et désagréable en toute liberté.

Cher Roger, je fais une pause. — Je prends un temps, comme disent les acteurs ; — la chose en vaut la peine. — Bien que vous lisiez couramment les hiéroglyphes et que vous expliquiez sur-le-champ les énigmes des sphinx, vous ne pourriez jamais deviner ce que j'ai trouvé à Richeport, dans la chambre de ma mère ! Un merle blanc ? un cygne noir ? un crocodile ? un mégalonyx ? le Prêtre-Jean ou l'amorabaquin ? — Non, quelque chose de plus amoureusement invraisemblable, de plus fabuleusement impossible ! — Eh ! quoi ? — Je vais vous le dire, car cent milliards de suppositions ne vous amèneraient pas à la découverte de la vérité.

Près de la fenêtre, à côté de ma mère, une jeune femme, penchée sur un métier à broder, tirait délicatement une aiguillée de laine rouge. Au son de ma voix, elle leva la tête, et je reconnus... Louise Guérin !

A cet aspect inattendu, *je demeurai stupide*, comme l'Hippolyte de Pradon.

Voir Louise Guérin tranquillement établie chez ma mère, c'est comme si, en rentrant chez vous, un matin, vous trouviez Irène de Châteaudun occupée à fumer un de vos cigares. Est-ce un hasard étrange, une combinaison machiavélique qui a introduit Louise à Richeport? — C'est ce que je saurai bientôt.

Quelle bizarre manière de fuir les gens que de venir s'installer chez eux! Il n'y a que les prudes pour avoir de ces imaginations. En tout cas, c'est d'une rare insolence pour mes prétentions de séducteur. Je ne me croyais pas si patriarcal que cela! Pourtant ma tête compte encore quelques cheveux et je marche assez bien sans canne!

Qu'importe après tout? Louise vit sous le même toit que moi! Ma mère la traite de la façon la plus gracieuse, comme une égale. Et vraiment on s'y tromperait; elle semble plus à l'aise ici que chez madame Taverneau, et ce qui gênerait une femme de sa classe lui donne au contraire plus de liberté. Elle a pris tout de suite des manières charmantes, et je me demande à moi-même si ce n'est pas la fille de quelque amie de madame de Meilhan? Avec un tact merveilleux, elle s'est tout de suite mise au diapason; les femmes seules ont cette aisance à s'acclimater dans une sphère supérieure. Un homme mal élevé reste toujours un butor. De la première danseuse venue, arrachée aux espaliers de l'Opéra, le caprice d'un grand seigneur peut faire une grande dame. La nature a sans doute prévu ces fortunes subites en donnant à la femme cette facilité de passer d'un état à un autre sans être surprise ni dépaysée. Mettez Louise dans une voiture, ayant une couronne de comtesse sur le panneau de la portière, personne ne doutera de sa qualité. Parlez-lui, elle vous répondra comme si elle avait reçu la plus brillante éducation. — Un épanouissement heureux d'une fleur délicate transplantée dans la terre qui lui convient, rayonne dans tout l'être de Louise. — Moi-même j'ai avec elle un enjouement plus tendre, une galanterie plus affectueuse. Richeport vaudra mieux pour moi que Pont-de-l'Arche. Il n'est rien de tel que de combattre sur son terrain.

Venez donc, mon ami, être témoin de ce tournoi à armes courtoises. Nous attendons Raymond d'un jour à l'autre, nous avons toutes sortes de paradoxes à faire passer à l'état de vérités, vos lumières en ce genre nous serviront. A bientôt. EDGARD DE MEILHAN.

XVII
A MADAME
MADAME LA VICOMTESSE DE BRAIMES
HOTEL DE LA PRÉFECTURE,
A GRENOBLE (ISÈRE).

Richeport, 29 juin 18...

Je suis à Richeport, chez madame de Meilhan !... Cela vous étonne... et moi aussi; vous n'y comprenez rien... ni moi non plus. La vérité est que, lorsqu'on ne sait pas conduire soi-même les événements, ce qu'il y a de mieux à faire, c'est de se laisser conduire par eux.

J'étais dimanche à la messe, dans la charmante église de Pont-de-l'Arche, une ruine admirable, tout en dentelle de pierre, une belle guipure déchirée; comme j'étais là, une femme entra dans l'église, et vint se placer près de moi: c'était madame de Meilhan; je la reconnus; je la vois tous les dimanches à la messe. Il était tard, l'office touchait à sa fin, je trouvai tout simple qu'elle ne voulût pas traverser la foule pour aller jusqu'à son banc, et je continuai à lire mes prières sans faire attention à elle; mais elle me regardait, me regardait d'une manière si étrange que je me mis à la regarder à mon tour. Je fus frappée de l'altération de ses traits. Tout à coup je la vois chanceler et tomber sans connaissance sur l'épaule de madame Taverneau. On s'empresse autour d'elle, on l'emporte hors de l'église, et nous voilà tous occupés à la secourir. Le grand air la ranime; elle revient à elle. En me voyant à ses côtés, elle se trouble encore. Cependant, ce que je lui dis, l'intérêt que je lui témoigne semblent la rassurer; elle me remercie gracieusement, et puis elle recommence à me regarder de la manière la plus embarrassante; je lui offre de venir se reposer chez madame Taverneau; elle accepte cette offre, et madame Taverneau la conduit chez elle avec pompe. Là, madame de Meilhan explique comment elle est venue de Richeport, seule, à pied, malgré la chaleur excessive, au risque de se rendre malade, parce que son fils est parti le matin même brusquement, sans la prévenir, emmenant avec lui son cocher et ses chevaux. En racontant cela, elle me regardait encore, elle me regardait toujours; et moi, je supportais ces regards interrogateurs avec un calme superbe. Il faut vous dire que la veille M. de Meilhan était venu me voir; madame Taverneau et son mari étaient absents. Le danger de la situation m'avait inspirée; j'avais su trouver ce jour-là des accents d'une froideur si cruellement glaciale; j'étais parvenue à une hauteur de dignité si désespérément escarpée, que le grand poëte avait enfin compris qu'il y a des glaciers inaccessibles. Il m'avait quittée furieux et désolé; mais, je lui rends justice, plus désolé que furieux. Ce chagrin réel me donna à penser : Si, par hasard, il m'aimait sérieusement, me disais-je, ma conduite envers lui serait coupable; j'ai été très-coquette pour lui; il ne peut pas deviner que cette coquetterie n'était qu'une ruse, et qu'en ayant l'air de m'occuper de lui si gracieusement, je m'occupais uniquement d'un autre. Tout amour sincère est respectable; on n'est pas forcé de le partager, mais on se doit de le ménager.

L'inquiétude de madame de Meilhan, la démarche qu'elle faisait auprès de moi, — car il m'était prouvé qu'elle était venue à la messe trop tard exprès, qu'elle s'était placée à côté de moi avec intention, bien décidée à trouver un moyen de me parler et d'arriver à me connaître; — l'inquiétude de cette mère passionnée était pour moi un langage qui m'en apprenait plus sur la sincérité des sentiments de son fils que toutes les phrases d'amour qu'il aurait pu me débiter pendant des années. C'est un symptôme irrévocable que celui-là : l'inquiétude d'une mère; il est plus significatif que tous les autres; la jalousie d'une rivale est un indice moins certain ; l'amour ombrageux peut se tromper; l'instinct maternel ne se trompe point. Or, pour qu'une femme de l'esprit et du caractère de madame de Meilhan fût venue à moi, tremblante, agitée, comme je la voyais en ce moment, il fallait... je vous le dis sans vanité, il fallait que son fils eût la tête perdue, et qu'elle voulût à tout prix guérir ou éteindre le fatal amour qui le rendait si malheureux.

Quand elle se leva pour partir, je lui demandai de vouloir bien me permettre de l'accompagner jusqu'à Richeport ; elle était encore trop souffrante pour aller seule si loin; elle saisit cette occasion de m'emmener avec un empressement remarquable. Le long du chemin, nous causions de choses indifférentes, mais peu à peu ses inquiétudes se dissipaient, cette conversation semblait avoir ôté de dessus son cœur un poids énorme. Il arrivait que, malgré elle, la vérité lui parlait, et elle parle toujours, la vérité, malheureusement on ne l'écoute pas toujours; à mes manières, au son de ma voix, à ma politesse respectueuse, mais digne, qui ne ressemblait en rien à l'empressement servile et obséquieux de madame Taverneau : car sa déférence très-humble était celle d'une inférieure pour sa supérieure, tandis que la mienne était celle d'une jeune femme pour une mère de famille et rien de plus; à ces nuances insignifiantes pour tout le monde, mais révélatrices pour un coup d'œil exercé, madame de Meilhan d'abord devina tout, c'est-à-dire que j'étais son égale par le rang, par l'éducation et par la noblesse de l'âme. Elle ne le savait pas, elle le sentait. Cela admis, une seule chose restait vague ; pourquoi étais-je déchue de mon rang ? par un malheur ou par une faute ? C'est ce qu'elle se demandait.

Je connaissais assez déjà ses projets d'avenir, ses ambitions de mère, pour savoir laquelle des deux suppositions devait le plus l'alarmer. Si j'étais une femme légère, comme elle l'espérait par moment, elle était hors de danger, tout cela ne serait qu'une amourette sans importance ; si, au contraire, j'étais une honnête femme, comme elle le craignait aussi par moment, l'avenir de son fils était ruiné, et elle tremblait des conséquences de cette passion sérieuse. Je lisais sur son visage le travail qui se faisait dans sa pensée, et cela m'amusait beaucoup. Le pays que nous traversions est admirable, et à chaque instants je m'extasiais sur la beauté des horizons qui s'étendaient de tous côtés sous nos yeux ; alors elle souriait.

— Bon ! pensait-elle, c'est une artiste, une aventurière ; je suis sauvée. Elle sera la maîtresse d'Edgard ; il restera tout l'hiver à Richeport. Ah ! c'est un grand chagrin pour elle de n'avoir pas une fortune qui lui permette de passer l'hiver avec son fils à Paris ; elle ne peut s'accoutumer à vivre sans lui pendant des mois entiers. A quelques pas du château, je m'arrêtai pour regarder une troupe de beaux enfants blonds et roses qui tourmentaient et poursuivaient un pauvre âne, enfermé dans une île ; c'était un tableau plaisant et charmant. — Cette île faisait autrefois partie du domaine de Richeport, me dit madame de Meilhan, ainsi que ces grandes prairies que vous voyez là-bas, toute mon ambition est de les racheter ; mais il faut pour cela qu'Edgard épouse une héritière. Ce mot me troubla ; madame de Meilhan fut aussi visiblement déconcertée. Malheur à moi, pensait-elle, c'est une femme honnête, je suis perdue, elle veut se faire épouser... Elle me traita avec plus de froideur. Et moi, pendant qu'elle pensait cela, je me disais : Quelle chose séduisante de pouvoir ainsi surprendre des vœux ambitieux et d'avoir la puissance de les exaucer tous ! Je n'ai qu'un mot à dire, et cette femme aura, non-seulement cette île et ses prairies qu'elle désire, mais encore cette plaine si fertile, ces forêts et tout ce qui les environne. Oh ! que ce serait doux d'être sur la terre comme une petite Providence, et de pénétrer les désirs secrets de chacun pour les réaliser à l'instant ! Valentine, il faut que je me défie de cela ; c'est dangereux pour moi, ça me tente ; je suis très-capable de dire à cette noble dame ruinée : Voici les prés, les bois, les îles que vous regrettez si tendrement ; je suis aussi capable de dire à ce jeune poëte désespéré : Voici cette femme que vous aimez si follement, vous l'épouserez et vous serez heureux... sans m'apercevoir que cette femme-là c'est moi-même, sans me demander si ce bonheur que je lui promets sera le mien. La générosité a pour moi des pentes bien dangereuses ! Cela me plairait de faire la fortune d'un noble poëte ! je suis jalouse de ces étrangères qui viennent nous donner des leçons de générosité. Cela me plairait de récompenser par le plus brillant avenir celui qui m'a choisie et qui m'a aimée dans la condition la plus humble. Mais pour cela il faudrait de l'amour, et j'ai le cœur éteint, brisé ! et puis M. de Meilhan a tant d'originalité dans le caractère ; et moi je n'admets l'originalité que dans l'esprit. Il met son cheval dans sa chambre, c'est nouveau, sans doute, mais moi je trouve que les chevaux sont bien dans les écuries, ça me paraît plus commode. — Et puis, ces vilains poëtes sont des êtres si positifs, les poëtes ne sont pas poétiques, ma chère... Edgard s'est fait romanesque depuis qu'il m'aime, mais je crois que c'est une hypocrisie, et je me défie de son amour. Edgard est, sans contredit, un homme supérieur, d'un talent admirable, je *juge* qu'il est séduisant, la belle marquise de R... l'a prouvé ; mais moi je ne reconnais pas dans son amour cette idéalité que je rêve. Ce n'est pas le regard qu'il aime dans les yeux, c'est la forme pure des paupières, c'est la limpidité des prunelles ; ce n'est pas la finesse et la grâce qui lui plaisent dans un sourire, c'est la correction des contours, c'est la teinte pourpre des lèvres; enfin, pour lui la beauté de l'âme n'ajoute rien à la beauté. Aussi, cet amour, qu'un mot de moi peut rendre légitime, m'effraie-t-il comme un amour coupable; il me trouble et m'inquiète. Vous allez me trouver bien ridicule, mais ce poëte passionné me fait l'effet de ces femmes pleines d'imagination, d'originalité et d'esprit que tous les hommes voudraient avoir pour amantes, mais que pas un ne voudrait épouser. Il n'a pas cette gravité affectueuse que l'on aime dans un mari; sur toutes les choses du monde, ses idées étranges diffèrent des miennes; cette différence dans notre manière de voir serait entre nous, je le sens, une cause de discussions éternelles ou de sacrifices mutuels, ce qui serait plus triste encore. Cependant, tout le monde l'adore ici, ce charmant Edgard; je dis Edgard, c'est sous ce nom que je l'entends bénir toute la journée: je voudrais l'aimer aussi. Il a été bien étonné hier de me voir chez sa mère, car depuis ma première visite à Richeport, madame de Meilhan ne m'a pas permis de passer un seul jour sans la voir; chaque matin elle inventait un nouveau prétexte pour m'attirer; des dessins de tapisserie à raccorder, une vue de l'abbaye à peindre, une lecture à terminer, etc., etc. L'autre soir, il pleuvait à verse, elle a voulu me garder au château, et maintenant elle ne veut plus que je m'en aille avant sa fête, qui est le 5, et elle m'observe, elle m'espionne avec une habileté merveilleuse. Madame Taverneau a été mise à la question; la muette Blanchard a subi la torture... Madame Taverneau a répondu qu'elle me connaissait depuis trois ans, et que depuis trois ans je pleurais Albert Guérin. Dans son zèle, elle a ajouté que c'était un bien brave jeune homme. Ma bonne Blanchard, que l'on a établie ici avec moi, s'est *bornée* à répondre que je valais mieux à moi seule que madame de Meilhan et toute sa famille. On m'étudie, mais j'étudie aussi. Je puis rester à Richeport sans danger. Edgard respecte sa mère ; elle veille sur moi. S'il le faut, je lui dirai tout... Elle parle quelquefois de mademoiselle de Châteaudun avec bienveillance, elle me défend .. Que j'ai ri ce matin, tout bas ! J'ai appris que M. de Monbert s'était adressé délicatement à la police pour savoir mon sort, et que la police l'avait envoyé me rejoindre en Bourgogne !... Qu'est-ce qui a pu lui faire croire que j'étais là ? chez qui va-t-il me chercher ? et qui va-t-il trouver à ma place ? Eh ! mais, j'y serai peut-être bientôt, si ma cousine veut prendre la route de Mâcon. Elle ne sera prête à partir que la semaine prochaine. Qu'il me tarde de vous revoir ! N'allez pas à Genève sans moi. Irène de Chateaudun.

XVIII
A MONSIEUR
MONSIEUR DE MEILHAN
a pont-de-l'arche (eure).

Paris, 2 juillet 18...

Croyez-vous, cher Edgard, qu'il soit facile de vivre quand l'âge de l'amour est passé ? Vraiment, il faudrait pouvoir aimer jusqu'à la mort pour mourir sans peine et vivre avec charme. Quel jeu séduisant ! que de chances imprévues ! que de loisirs ardemment occupés ! Chaque journée a son histoire particulière ; on se la raconte chaque soir ; on établit des conjectures sur l'histoire du lendemain. La réalité détruit la prévision de la veille. On se réjouit, on se désespère de ses erreurs. On est abattu, on est relevé, on meurt, on ressuscite. Pas un atome chez soi pour loger l'ennui.

L'autre matin, à neuf heures, j'arrive à l'hôtel de la Poste, à Sens. Une halte de dix minutes. Je questionne tous les gens de service de la maison. Ils ont tous vu passer beaucoup de jeunes femmes de l'âge, de la taille et de la beauté de mademoiselle de Châteaudun.

Voilà des gens bien heureux!

Au reste, je ne vais aux renseignements que pour amuser mes dix minutes de relais. Je suis fixé. La police est infaillible. Tout va se dénouer au château de Lorgeval.

J'arrête ma chaise de poste à cent pas de la grille; je m'avance seul en me faisant éclipser par les grands arbres de l'avenue, et, en ménageant une éclaircie à travers les massifs du parc, j'examine en détail les environs du château.

C'est une maison énorme et symétrique. Une maçonnerie à quatre angles, lourdement coiffée d'un toit d'ardoises sombres, avec une girouette invalide, révoltée contre le vent, et qui ne tourne plus. Les façades sont percées d'une profusion de fenêtres, toutes éplorées à leur base et gardant les traces des pluies d'hiver. Un perron moderne à double escalier, décoré de quatre vases inhumant quatre tiges d'aloès empaillés, se déploie avec lourdeur au pied du château.

Dans ce luxe extérieur, on reconnaît le bon goût du beau Léon.

J'attends l'ombre d'un vivant... rien ne se dessine au soleil. Aucune silhouette humaine ne se croise avec l'ombre tranquille des arbres.

Un chien maudit, et plus ennemi de l'homme que toute sa race, aboie dans ma direction et fait de violents efforts pour rompre son nœud et courir vers des émanations étrangères et suspectes. Pauvre animal, qui joue au tigre! Je lui souhaite un nœud gordien s'il veut voir le coucher du soleil.

Enfin, un jardinier honoraire vient animer ce paysage sans jardin, et descend l'avenue avec la nonchalance d'un travailleur payé par le beau Léon.

J'ai l'habitude de découvrir sur les figures graves celles qui sourient devant une pièce d'or.

Le jardinier passa devant moi, et quand il m'eut donné le sourire prévu, je lui dis : C'est bien là le château de madame de Lorgeval?

Signe affirmatif.

Je m'inclinai une dernière fois devant le génie de la déesse de la rue de Jérusalem. Quelle adorable police!

Je dis au jardinier, d'un ton solennel : Voici une lettre de la plus haute importance. Vous la remettrez à mademoiselle de Châteaudun, lorsqu'elle sera seule. — Et, lui montrant une bourse, j'ajoutai : Après cela, vous aurez ceci.

— Cette bonne demoiselle! dit le jardinier en prenant la pièce d'or d'une main, la lettre d'une autre, et la bourse avec les yeux. — Cette bonne demoiselle! il y a bien longtemps qu'elle n'a reçu une lettre de son amoureux!

Et il remonta vers le château.

— Il paraît, me dis-je, que le beau Léon recule devant le style épistolaire. Il a de bonnes raisons pour cela.

Voici le contenu de la lettre que portait le jardinier au château :

« Mademoiselle,

» Les positions désespérées justifient tous les moyens.

» Je consens à croire encore que je suis, par votre vo-
» lonté, dans la phase des épreuves. Mais je me juge suf-
» fisamment éprouvé.

» Je suis prêt à tout, excepté au malheur de vous
» perdre : le dernier éclair de ma raison est dans cet aver-
» tissement.

» Je veux vous voir, je veux vous parler.

» Ne me refusez pas un entretien de quelques instants.

» Mademoiselle, au nom du ciel, sauvez-moi, sauvez-
» vous!

» Il y a dans le voisinage de ce château quelque ferme
» habitée ou quelque bois désert. Choisissez vous-même.
» J'irai où vous m'appellerez, dans une heure. — J'attends
» votre réponse par mon messager. L'heure écoulée, je
» n'attendrai plus rien dans ce monde... »

Le jardinier marchait avec la nonchalance de l'homme des Géorgiques, et il méditait sur la somme de bonheur renfermée dans une pièce d'or. Je le suivais des yeux avec cette patience résignée que nous donne une longue impatience aux abois.

Bientôt les arbres le dérobèrent à ma vue. J'entendis, dans le lointain, le bruit d'une porte qui s'ouvrait et se refermait.

Mademoiselle de Châteaudun lisait ma lettre sans doute quelques instants après; et moi aussi, je la relisais de souvenir, pour suivre, par conjectures rapides, les impressions de la jeune femme.

Dans le massif de verdure où je m'étais blotti, je voyais, à travers de rares éclaircies de feuilles et de branches grêles, une aile du château, mais confusément, comme si le mur eût été couvert d'une tapisserie verte déchirée en mille endroits. Aucun objet ne se détachait nettement, à la distance de vingt pas. Je ne voyais rien, j'entrevoyais.

Tout mon sang reflua vers le cœur. J'avais entrevu, à travers la gaze mystérieuse des feuilles, une robe blanche et la frange d'une écharpe d'azur, agitée par un mouvement de pieds légers. Tout ce qui se passa en moi dans ce moment n'est pas du domaine de l'analyse; je ne me rendis compte que d'une émotion que les hommes passionnés comprendront. Une robe d'été courant sous les arbres, quand les fontaines et les oiseaux chantent! Il n'y a rien au monde de plus doux à voir.

Je me plaçai sur la lisière de l'avenue, j'avançai un pied sur le terrain dépouillé pour me faire reconnaître, et, baissant la tête, j'attendis.

Je vis la frange de l'écharpe avant de voir le visage. Quand je relevai la tête, j'avais devant moi une femme charmante... mais ce n'était pas Irène de Châteaudun.

C'était madame de Lorgeval. Elle me connaissait, et moi, je la reconnaissais. Je l'avais vue avant son mariage. Elle conservait encore ses grâces de jeune fille, et le mariage, en perfectionnant sa beauté, lui donnait cet attrait irritant qui manque même aux vierges de Raphaël.

Un éclat de rire perlé me foudroya et changea toute la

direction de mes idées. La jeune femme était saisie d'un accès de gaieté délirante, qui lui permettait seulement de bégayer mon nom et mon titre, et de les chanter par syllabes décousues. Je puis tout souffrir de la part d'une femme que je n'aime pas. Beaucoup d'hommes sont ainsi. J'élargis la base de mes pieds; je croisai mes bras et j'attendis, tête inclinée et découverte, un dénoûment raisonnable à cette folle réception. Après plusieurs tentatives, madame de Lorgeval finit par commencer son petit discours. Après cette tempête d'éclats de rire, il y avait encore un peu de houle, mais je pouvais distinguer les paroles qui m'étaient adressées, sans les comprendre pourtant.

— Excusez-moi, monsieur... mais si vous saviez... quand vous verrez... Cependant, il faudra lui cacher ma gaieté folle... Elle tient encore peut-être au bonheur d'être jeune, comme toutes les femmes qui ne le sont plus... Donnez-moi votre bras, monsieur, je vous prie... Nous étions à table... Nous avons un couvert pour les surprises... On ne voit ces choses que dans les romans.

Je fis un effort pour me remettre au cœur ce courage réfléchi et calme qui me sauva la vie le jour que je fus surpris sur la côte inhospitalière de Bornéo, et que le vieux Arabe, roi de l'île, m'accusa d'avoir tenté le commerce de la poudre d'or, crime capital. Je dis alors à la belle et jeune châtelaine :

— Madame, on rit fort peu à la campagne; la gaieté est une chose précieuse. On ne l'achète pas avec de l'or; heureux celui qui la donne! Je me félicite d'être arrivé sur vos terres avec ce présent. Pouvez-vous m'en rendre la moitié, madame?

— Eh bien! monsieur, venez vous-même la prendre, dit madame de Lorgeval en acceptant mon bras; seulement, il faut en user avec discrétion devant témoins.

— Je puis vous affirmer, madame, que je ne m'attendais pas à venir chercher la gaieté à votre château...

Vous me permettrez de vous accompagner jusqu'au perron, et de me retirer ensuite.

— Vous êtes mon prisonnier, monsieur, et je ne vous donne aucune permission. L'arrivée du prince de Monbert à Lorgeval est une bonne fortune; mon mari et moi nous ne serons pas ingrats envers le bon génie qui vous amène ici. Nous vous retenons.

— Un instant, madame, je vous prie, lui dis-je en m'arrêtant à cent pas du château; je me résigne au bonheur d'être retenu par vous, mais je vous serais bien reconnaissant si vous aviez la bonté de me nommer les personnes que je vais rencontrer ici.

— Il n'y a que des amis du prince de Monbert, croyez-le bien.

— Voilà précisément ce que je crains, madame, les amis.

— Il n'y a que des femmes...

— Voilà précisément, madame, ce que je crains; les femmes.

— Ah! monsieur, on voit bien que vous avez vécu dix ans avec les sauvages!

— Voilà justement ce que je ne crains pas, les sauvages.

— Hélas! monsieur, je n'ai rien à vous offrir en ce genre. Ce soir, je pourrai vous montrer des voisins qui ressemblent aux tribus de la Tortue ou du Grand-Serpent. Ceux-là vous conviendront; ce sont les seuls naturels du pays dont je puisse disposer. A cette heure, vous trouverez mon mari, deux femmes à peu près veuves et une demoiselle.

Un nouvel accès de rire saisit madame de Lorgeval. Elle poursuivit ainsi :

— Une demoiselle dont vous saurez le nom plus tard.

— Je le sais déjà, madame.

— Peut-être... Demain notre société s'augmente de deux personnes; mon frère...

— Le beau Léon!

— Ah ! vous le connaissez !... mon frère Léon de Varèzes et sa femme...

Mon bras eut une convulsion nerveuse si violente que madame de Lorgeval en subit le contre-coup, et s'effraya. Je me hâtai de me rendre une apparence de sang-froid, et je lui dis, d'un ton visant péniblement au naturel :

— Et sa femme... madame de Varèzes... Ah ! je ne savais pas que M. de Varèzes fût marié.

— Mon frère est marié depuis un mois, me dit madame de Lorgeval d'un air soucieux, il a épousé mademoiselle de Bligny.

— Êtes-vous bien sûre de cela, madame ?

Cette interrogation fut faite avec un accent et un visage qui feraient le désespoir d'un peintre et d'un musicien, fussent-ils Rossini ou Delacroix.

Madame de Lorgeval, effrayée une seconde fois de mes convulsions brutales, me regarda fixement, et je vis courir sur son visage cette pensée de commisération : Ce pauvre jeune homme est fou !

A coup sûr, en ce moment, la sagesse ne brillait pas sur ma figure et ne résonnait pas dans ma voix.

— Vous me demandez, monsieur, si je suis sûre que mon frère soit marié ? me dit madame de Lorgeval avec un étonnement pétrifié, c'est sans doute une plaisanterie ?

— Oui, oui, madame, dis-je avec une exubérance de gaieté ivre, c'est une plaisanterie... Alors, je comprends tout, je devine tout... c'est-à-dire je ne comprends rien ; mais votre frère, cet excellent Léon de Varèzes, est marié ; cela me suffit... Un très-beau jeune homme !... Je crois pourtant deviner, madame, que vous avez ouvert mon billet sans lire l'adresse, ou bien que vous venez me parler au nom de mademoiselle de Châteaudun.

— Mademoiselle de Châteaudun n'est pas ici... Le fou rire va me ressaisir... Le jardinier a remis votre billet à une demoiselle de notre société... une jeune personne de soixante-quinze ans, et que le plus étrange des hasards a voulu nommer mademoiselle de Chantverdun... Vous comprenez maintenant ma gaieté folle... Mademoiselle de Chantverdun est chanoinesse; elle a lu votre billet et elle a voulu se donner, au moins une fois dans sa vie, le bonheur de pousser un cri d'effroi, et de s'évanouir devant un billet amoureux. Venez donc, monsieur, — ajouta madame de Lorgeval en riant, et m'entraînant vers le perron; — venez donc faire vos excuses à mademoiselle de Chantverdun, qui a repris ses sens, et qui m'a envoyé à son rendez-vous.

Involontairement, cher Edgard, je fis ce court monologue mental, dans la forme des exclamations si fréquentes chez les anciens romanciers. O tendre amour! passion pleine d'ivresse et de tourments! amour qui tues et ressuscites! quel vide affreux tu dois laisser dans la vie, lorsque l'âge t'exile de notre cœur!

Cela veut dire que je ressuscitais aux dernières paroles de madame de Lorgeval.

Quelques instants après, je m'inclinai avec un respect modéré devant mademoiselle de Chantverdun, et je lui fis des excuses si adroites, qu'elle fut enchantée de moi. Mon bonheur m'avait rendu mon sang-froid. Mon genre de respect et d'excuses réjouit secrètement cette pauvre demoiselle. Il fallait lui laisser croire que ce quiproquo ne devait être attribué uniquement qu'à une conformité apparente de noms; et que l'âge de mademoiselle de Chantverdun n'avait rien à démêler dans tout cela. Cette nuance était difficile à saisir dans sa délicatesse exquise. J'ai mérité l'approbation de madame de Lorgeval.

Nous avons passé une demi-journée charmante. J'ai retrouvé ma première gaieté, si compromise dans ces derniers orages. Le soleil tombait à l'horizon, quand je quittai le château.

Cher Edgard, cette fois mes conjectures et mes pressentiments ne me trompent point. Mademoiselle de Châteaudun m'impose une longue épreuve. C'est évident plus que

jamais : expiation avant le paradis. Je me résigne. Avancez vos affaires d'amour et soyez prêt le plus tôt possible. Préparez-vous sérieusement de votre côté : nous ferons double noce, et nous nous présenterons mutuellement nos femmes le même jour. C'est le plus doux rêve de mon amitié..
Roger de Monbert.

XIX
A MADAME
MADAME LA VICOMTESSE DE BRAIMES
HOTEL DE LA PRÉFECTURE,
A GRENOBLE (ISÈRE).

Richeport, 6 juillet 18...

C'est lui, Valentine, c'est lui! Je l'ai bien vite reconnu, et lui aussi m'a reconnue! Et nos deux avenirs se sont donnés l'un à l'autre dans un de ces regards qui décident de toute la vie. Quelle journée! comme je suis encore émue! Ma main tremble, mon cœur bat violemment; ses battements me gênent pour écrire... Il est une heure du matin, je n'ai pas du tout dormi la nuit dernière, je ne peux pas encore dormir cette nuit, et je suis dans une telle agitation, dans une tourmente d'esprit si folle, que le sommeil est un état que je ne comprends même plus; je ne prévois pas que, moi, je puisse jamais m'endormir; il faudra tant d'heures pour éteindre ce feu qui brûle mes yeux, pour arrêter ce tourbillon d'idées qui tourne et roule dans ma tête; pour dormir, il faudrait oublier, et je ne pourrai jamais oublier ce nom, cette voix, cette image! Ma chère Valentine, comme je vous ai regrettée aujourd'hui! comme j'aurais été fière devant vous! avec quelle joie je vous aurais prouvé, démontré que tous mes rêves étaient réalisés! que tous mes pressentiments étaient justifiés! Il est si doux d'avoir raison dans une chose heureuse! Ah! je sentais bien que j'avais raison; une foi si profonde ne pouvait être une erreur; je le savais bien, qu'il y avait sur cette terre un être créé pour moi et qui devait un jour me plaire impérieusement! un être qui vivait d'avance avec ma pensée, qui me cherchait, qui m'appelait, qui m'évoquait; et que nous finirions par nous rencontrer et nous aimer malgré tout. Oui, souvent, je me sentais évoquer par une puissance supérieure. Mon âme me quittait, elle allait loin de moi répondre à quelque ordre mystérieux? Où allait-elle? Qui l'appelait? je l'ignorais alors, je le sais maintenant; elle allait en Italie, à la douce voix, au commandement de Raymond. On riait de cette idée, on appelle cela des idées romanesques, et moi je voulais en rire aussi, je combattais cette chimère; hélas! je l'ai si franchement combattue qu'elle a failli en mourir; oh! je frémis encore en y pensant... quelques moments de plus... et j'étais à jamais engagée; je n'étais plus digne de cet amour pour lequel je m'étais gardée pure, malgré tous les dégoûts de la misère, tous les dangers de l'isolement, et le jour tant désiré de la bienheureuse rencontre était aussi le jour de l'éternel adieu! Ce malheur évité m'épouvante comme s'il était encore menaçant. Pauvre Roger!... je lui pardonne de bon cœur aujourd'hui; bien mieux, je le remercie de m'avoir si vite désenchantée; Edgard!... Edgard!... lui, je le hais quand je me rappelle que j'ai voulu l'aimer; mais non, non, il n'y a jamais eu d'amour entre nous! Quelle différence! ô mon Dieu!... Et cependant celui dont je vous parle avec un si fol enthousiasme... je l'ai vu hier pour la première fois... je ne le connais pas!... je ne le connais pas, et je l'aime!... Valentine; qu'allez-vous penser de moi?

Cette journée si importante dans ma vie a commencé de la façon la plus vulgaire; rien ne faisait pressentir le grand événement qui devait décider de mon sort, qui devait jeter tant de lumière dans les doutes ténébreux de mon pauvre cœur. Ce soleil étincelant a brillé pour moi tout à coup dans les cieux sans rayonnement précurseur, sans aube et sans aurore.

On attendait hier ici quelques hôtes nouveaux : une parente de madame de Meilhan, et un ami d'Edgard, qu'il appelle en riant don Quichotte. Ce surnom m'avait frappée, mais l'idée ne m'était pas venue de questionner Edgard, pour savoir quelle en était l'origine. Comme toutes les personnes qui ont un peu d'imagination, je ne suis pas curieuse, je trouve tout de suite une raison qui répond à tout : j'aime mieux chercher le pourquoi des choses que de le demander, j'aime mieux les suppositions que les informations. Je n'avais donc pas demandé pourquoi cet ami était honoré du plaisant sobriquet de don Quichotte ; je m'étais expliqué cela très-bien à moi-même ; je m'étais dit : C'est quelque grand jeune homme trop fluet qui ressemble assez au chevalier de la Manche, et qui se sera déguisé ou plutôt costumé en don Quichotte un soir de carnaval ; il aura gardé le nom de son déguisement ; et là-dessus je m'étais représenté un grand niais assez ridicule, portant sur un corps long et dégingandé une figure maigre et jaune, une espèce de pantin triste, et j'avoue que je mettais peu d'empressement à connaître ce personnage. Une seule chose m'inquiétait à propos de lui, et j'avais bien vite été rassurée. Je crains toujours d'être reconnue par les nouveaux arrivants au château, et je demande adroitement si ce sont des gens très-élégants, s'ils vont beaucoup dans le monde à Paris, etc., etc... Don Quichotte, m'avait-on répondu, est assez sauvage ; il voyage presque toujours pour soutenir sa position de chevalier errant ; il a passé l'hiver dernier à Rome... Ce mot me suffisait... Je n'ai fait mon apparition dans le monde que l'hiver dernier ; don Quichotte ne m'avait donc jamais vue ; je pouvais l'attendre sans crainte ; je ne pensai plus à lui. Hier, à trois heures, madame de Meilhan et son fils montèrent en calèche pour aller chercher leurs nouveaux hôtes à la station du chemin de fer. J'étais sur le perron quand ils partirent. « Ma chère madame Guérin, me cria madame de Meilhan, je vous recommande bien mes bouquets; de grâce, épargnez-moi les soucis dont le cruel Étienne emplit ma demeure; je n'ai de confiance qu'en vous. » Je souris, comme il convenait, de ce jeu de mots que je connaissais déjà, et je promis de surveiller moi-même le grand travail des bouquets.

J'allai rejoindre Étienne dans le jardin, je le trouvai occupé à cueillir des soucis, encore des soucis, toujours des soucis. Je jetai un coup d'œil sur les planches de son parterre, et je compris bientôt d'où venait sa prédilection obstinée pour cette atroce fleur. C'était la seule qui eût daigné s'épanouir dans son jardin mélancolique. Ceci est le secret de bien des préférences inexpliquées. Je pensai avec horreur que madame de Meilhan allait se dire encore en proie aux soucis. Ah! Étienne, m'écriai-je, quel dommage! vous les cueillez tous; ils font un si bel effet dans un parterre. Allons plutôt chercher là-bas d'autres fleurs, ne dégarnissez pas vos jolies corbeilles. Étienne, visiblement flatté, me suivit avec empressement; je le conduisis dans un charmant endroit du jardin où j'avais admiré des catalpas superbes tout en fleurs. Il en cueillit de grandes branches, plus hautes que moi, et bientôt ces larges rameaux, distribués avec art dans les vases du Japon qui ornent la cheminée et l'angle des murs du salon, changèrent ce salon en un mystérieux bosquet de verdure. J'y joignis force roses du Bengale, quelques dahlias échappés à la culture d'Étienne; quelques asters, et, je l'avoue, quelques soucis, et j'admirai mon ouvrage; on disait : Cela ressemble à un reposoir; j'étais fière de mon succès. Mais pour le bouquet favori, pour le joli vase en verre de Bohême qui orne la table ronde, il fallait des fleurs plus précieuses, plus prétentieuses, du moins; je pris courageusement mon parti, et j'allai de mon pas léger à une lieue du château chez un vieil horticulteur qui m'adore; c'est un ami de madame Taverneau. Le bonhomme me reçut avec joie; je lui racontai la situation affreuse de madame de Meilhan; je répétai son bon mot sur Étienne, qui emplit de soucis sa demeure. Il trouva le mot charmant ; il le commenta et le perfectionna ; en province on goûte singulièrement les calembours ; je n'en fais pas, mais j'en cite, j'aime à plaire. Le vieillard séduit me récompensa de cette coquetterie en me donnant un magnifique bouquet ; des fleurs admirables qui n'étaient pas du tout de la saison, des fleurs rares, inconnues, innommées ; ce bouquet valait un trésor ; et quel trésor a jamais exhalé ce parfum ! Je revins au logis triomphante. Je vous dis toutes ces choses pour vous prouver combien j'étais calme ce jour-là et peu disposée aux émotions romanesques.

Je marchais très-vite, car on court malgré soi, en plein champ, lorsqu'il fait chaud, qu'on est poursuivi par les flèches du soleil ; on a hâte de s'abriter sous les arbres, et, pour trouver plutôt l'ombre et la fraîcheur, on se met hors d'haleine, on étouffe. J'avais enfin traversé une grande plaine qui sépare les propriétés de l'horticulteur de celles de madame de Meilhan, et je venais de rentrer dans le parc par la porte du petit bois. A quelques pas de là, il y a une source qui gazouille dans les rochers. Un bassin entouré de rocailles reçoit ses eaux. Ce bassin était dans l'origine assez prétentieusement orné, mais le temps et la végétation ont fait justice de ces ornements de mauvais goût. Les racines d'un superbe frêne pleureur ont impitoyablement démasqué l'imposture de ces faux rochers sauvages, c'est-à-dire qu'elles en ont détruit la savante maçonnerie ; peu à peu ces rocs, bâtis à grands frais sur la rive, sont tombés au beau milieu de l'onde où ils se sont naturalisés ; les uns servent de vase à de belles touffes d'iris, les autres servent de piédestal aux chevreuils privés qui courent çà et là dans le bois, et qui viennent familièrement se désaltérer à la source ; des plantes aquatiques, des roseaux, des liserons tressés, des rameaux entrelacés ont envahi le reste ; tout le travail pompeux de l'artiste est maintenant caché ; ce qui prouve la vanité des orgueilleux efforts des hommes. Dieu ne leur permet la laideur que dans leurs villes; mais dans ses champs à lui il sait promptement anéantir leurs mesquines œuvres. En vain, sous prétexte de fontaine, ils entassent dans les vallées et dans les bois maçonnerie sur maçonnerie, rocailles sur rocailles; en vain ils élèvent à force d'argent leurs biscuits manqués, leurs nougats en ruines, toute leur pâtisserie bocagère autour des sources limpides; la nymphe les regarde faire en souriant, et bientôt, dans ses jeux capricieux, elle s'amuse à changer leurs affreuses fabriques en édifices charmants, leurs boudoirs de fermiers généraux en nids de poëtes, et il ne lui faut que trois choses bien simples pour opérer ce facile miracle, trois choses qui ne lui coûtent rien et qu'elle se plaît à prodiguer sous ses pas : des cailloux, de l'herbe et des fleurs... Valentine, je vois bien que je décris un peu trop longuement ce petit lac; mais j'ai une excuse : je l'aime tant! Vous saurez bientôt pourquoi...

J'entendis gazouiller la source et je ne pus résister à la séduisante fraîcheur de cette voix; je m'appuyai sur le rocher de la fontaine, j'ôtai mon gant, je reçus dans le creux de ma main l'eau qui tombait en cascade, et je savourai cette onde pure avec délices. Comme je m'enivrais de cet innocent breuvage, quelqu'un parut dans l'allée; je continuai à boire sans me troubler; mais bientôt ces mots qui m'étaient adressés me firent lever la tête : — Pardon, *mademoiselle*, ne pourriez-vous pas me dire si madame de Meilhan est de ce côté?— On m'appelait *mademoiselle*, j'étais donc reconnue? Cette idée me fit pâlir; je regardai avec effroi la personne qui m'avait nommée ainsi; c'était un jeune homme que je n'avais jamais vu, mais qui pouvait m'avoir vue quelque part et me dénoncer. Je perdis tout à fait contenance; je voulus reprendre mon chapeau que j'avais ôté, mon bouquet que j'avais posé sur la fontaine; mais dans ma précipitation je laissai tomber dans l'eau la moitié de mes fleurs. Le courant de la source les emporta bien vite, et je les voyais déjà loin de moi, serpenter à travers les rochers et se perdre dans les roseaux. Alors le jeune homme, au lieu de faire le tour du bassin, sauta légèrement de rochers en rochers, arrêtant au passage les fleurs fugitives que le courant de l'eau entraînait. Il les eut bientôt toutes rattrapées, et il les déposa soigneusement sur la fontaine où était le reste du bouquet ; puis, s'étant incliné avec respect devant moi, il redescendit l'allée de peupliers, sans renouveler la question à laquelle je n'avais pas répondu. Je ne saurais dire pourquoi, mais j'étais complétement rassurée ; il y avait dans le regard de ce jeune homme tant de noblesse et de loyauté, il y avait dans ses manières une distinction si parfaite, une sorte de précaution si délicatement mystérieuse, que je me sentais en pleine confiance. Il sait peut-être mon nom, pensais-je ; qu'importe ? il ne dira rien, il attendra qu'on lui parle de moi ; un secret ne peut jamais être en danger avec un homme de ce caractère-là... Ne riez pas trop, j'avais déjà jugé son caractère !... Eh bien ! je ne m'étais pas trompée.

L'heure du dîner approchait ; je me hâtai de rentrer au château pour m'habiller ; je fus forcée, bien malgré moi, de me faire très-belle, et de mettre une robe charmante que cette méchante Blanchard m'avait préparée, jurant ses grands dieux qu'il n'y en avait plus d'autres, et ajoutant qu'il était bien heureux qu'elle eût apporté celle-ci par mégarde ; c'est une robe de mousseline de l'Inde, ornée de douze petits plis garnis chacun d'une valencienne admirable ; le corsage et les manches formés d'entre-deux brodés et de mousseline plissée sont de même garnis de valencienne. Cette robe n'était pas convenable pour l'humble madame Guérin ; cette robe était une imprudence ; j'étais furieuse. Pauvre Blanchard ! comme je l'ai grondée, comme je lui en voulais alors ! Mais depuis, je lui ai bien pardonné. Avec cette robe, elle avait préparé une ceinture nouvelle, à la dernière mode ; je résistai à la tentation ; je fus héroïque, rejetant loin de moi cette ceinture trop élégante, je nouai autour de ma taille un mauvais ruban lilas que j'avais déjà mis, et je descendis dans le salon où tout le monde était réuni.

La première personne que j'aperçus en entrant, c'est ce même jeune homme que je venais de rencontrer. Sa vue me déconcerta un peu. « Ah! vous voilà, me dit madame de Meilhan, nous parlions de vous. » Heureusement ces mots expliquèrent mon embarras. Elle ajouta : « Je veux vous présenter mon cher don Quichotte. » Je tournai la tête du côté de la salle de billard où Edgard était avec d'autres personnes, pensant que don Quichotte était de ce côté; mais madame de Meilhan, nommant M. de Villiers, amena vers moi le jeune homme de la cascade : c'était lui don Quichotte. Il m'adressa quelques phrases de politesse, mais cette fois il m'appela madame, et en prononçant ce mot il avait dans la voix un accent de tristesse dont je fus profondément touchée, et il me regardait avec intérêt, et ce regard que je n'oublierai jamais voulait dire : Je sais maintenant qui vous êtes, je sais que vous êtes malheureuse; je trouve que ces malheurs sont une odieuse injustice, et j'ai pour vous la plus tendre pitié.

Je vous assure, Valentine, que son regard voulait dire tout cela et beaucoup d'autres choses encore que je vous épargne; ce serait trop long.

Madame de Meilhan étant venue me parler, il alla rejoindre Edgard.

— Comment la trouves-tu? lui demanda Edgard qui ne savait pas que je l'écoutais.

— Très-belle.

— C'est une dame de compagnie que ma mère a prise avec elle, en attendant que je me marie.

Le sens caché de cette plaisanterie révolta M. de Villiers; il jeta sur son ami un regard dédaigneux et dur qui cette fois encore voulait dire très-clairement : Le misérable fat! Je crois même que ce regard signifiait encore : Lovelace de boutique, mauvais don Juan de province, etc., etc., mais je n'en suis pas bien sûre.

A table j'étais placée en face de lui, et tout le temps du dîner je cherchais à m'expliquer pourquoi ce jeune homme si beau, si élégant, si distingué, était affublé du railleur sobriquet de don Quichotte. A force de chercher, je parvins à deviner, et vraiment ce n'était pas bien difficile. Don Quichotte a deux grands ridicules : celui d'être très-laid et celui d'être trop généreux. Or, ce jeune homme si charmant ne pouvait être que trop généreux, et, je l'avoue, je me sentis tout de suite fascinée par ce séduisant ridicule.

Après le dîner nous étions sur la terrasse ; il s'approcha de moi.

— Je suis bien malheureux, madame, dit-il en souriant, quand je pense que, sans vous connaître, j'ai déjà eu l'honneur de vous être parfaitement désagréable.

— Vous m'avez fait peur, j'en conviens.

— Comme vous êtes devenue pâle..... Vous attendiez quelqu'un, peut-être?... Il fit cette question d'une voix troublée, et je le vis dans une anxiété si charmante, que je répondis très-vite, trop vite même :

— Non, monsieur, je n'attendais personne.

— Vous m'aviez vu dans l'allée?

— Oui, je vous avais vu venir.

— Mais y a-t-il une raison sérieuse pour que je vous aie causé ce subit effroi?... Quelque ressemblance ?

— Non.

— C'est étrange ; je suis très-intrigué.

— Et moi aussi, monsieur, repris-je, je suis très-intriguée à mon tour.

— A propos de moi?... quel bonheur !

— Je voudrais bien savoir pourquoi on vous a surnommé don Quichotte.

— Ah! ceci m'embarrasse un peu ; c'est tout bonnement mon secret que vous me demandez, madame, mais j'oserai vous le dire si vous daignez m'y autoriser. On m'appelle don Quichotte, parce que je suis une espèce de fou, un original, un enthousiaste passionné de toutes les nobles et saintes choses, un ennemi acharné de toutes les félonies à la mode, un rêveur de belles actions, un défenseur d'opprimés, un pourfendeur d'égoïstes; — parce que j'ai toutes les religions, même celle de l'amour; je pense qu'un homme aimé doit se respecter lui-même, par respect pour la femme qui veut bien l'aimer; que dans tous les moments de sa vie il doit songer à elle avec ferveur, éviter tout ce qui pourrait lui déplaire et se conserver pour elle, même en son absence, même à son insu, toujours séduisant, toujours aimable, je dirais *amourable* si le mot était admis; un homme aimé, selon mes ridicules idées, est une sorte de dignitaire; il doit dès lors se comporter un peu en idole et se diviniser le plus possible; — parce que j'ai aussi la religion de la patrie, j'aime mon pays comme un vieux grognard de la vieille garde... mes amis me disent que je suis un véritable Français de vaudeville, je leur réponds qu'il vaut mieux être un véritable Français de vaudeville que d'être comme eux de faux Anglais d'écurie; — ils m'appellent preux chevalier parce que je me moque d'eux quand ils médisent des femmes dans leur grossier langage; je leur conseille de se taire et de cacher leurs mécomptes; je leur dis que tant de mauvais choix ne font pas honneur à leur goût, que cela prouve qu'ils ne s'y connaissent pas; que moi j'ai été plus heureux, que les femmes auxquelles je me suis adressé étaient toutes bonnes et parfaites, qu'elles m'ont toutes fort bien traité et que je n'ai jamais eu à me plaindre d'elles. — On m'appelle don Quichotte, parce que j'aime la gloire et tous ceux qui ont la bonhomie de la chercher; parce qu'à mes yeux il n'y a de réel que les chimères, d'important que les fumées; — parce que je comprends tous les désintéressements inexplicables, toutes les démences généreuses; parce que je comprends que l'on vive pour une idée et que l'on meure pour un mot ; parce que je sympathise avec tous ceux qui luttent et qui souffrent pour une croyance bien-aimée ; — parce que j'ai le courage de tourner le dos à ceux que je méprise ; — parce que j'ai l'orgueilleuse manie de dire toujours la vérité, je prétends que personne ne vaut la grimace d'un mensonge ; — parce que je suis une dupe incorrigible, systématique et insatiable, j'aime mieux m'égarer, me fourvoyer dans une bonne action hasardeuse, que de me priver d'elle par une méfiance prudente et aride ; — parce que, tout en voyant le mal, je crois au bien : le mal domine sans doute, chaque jour il fructifie dans la société ; mais il faut être juste, on le cultive ; et si l'on faisait les mêmes efforts pour exciter le bien, il est probable qu'on obtiendrait les mêmes perfectionnements... — parce qu'enfin, madame... et c'est là ma suprême niaiserie, parce que je crois au bonheur et que je le cherche avec un naïf espoir. Je sais qu'il me faudra l'acheter ; je sais que les plus grandes joies sont celles qui se payent le plus chèrement ; mais je suis prêt à tous les sacrifices, et je donnerais volontiers ma vie pour une heure de cette joie sublime que j'ai rêvée tant de fois et que j'attends... Voilà pourquoi on m'a surnommé don Quichotte ; mais qu'on ne s'y trompe pas, c'est un métier très-laborieux que celui de chevalier dans le temps où nous sommes ; il faut un certain courage pour oser dire : à des incrédules... je crois ; à des égoïstes... j'aime ; à des calculateurs... je rêve. Il faut même plus que du courage, il faut de l'audace et de l'insolence. Oui, il faut commencer par se montrer méchant pour avoir le droit d'être généreux. Si je n'étais que loyal et charitable, je n'y pourrais pas tenir ; au lieu de m'appeler *don Quichotte*, on m'appellerait *Grandisson*...... et je serais un homme perdu ! Aussi je me hâte de faire briller mon armure ; je fais assaut d'insolence avec les insolents, je raille les railleurs, je défends mon enthousiasme à coups d'ironie ; comme l'aigle, je laisse pousser mes ongles pour défendre mes ailes... A ces mots il s'interrompit. Ah! mon Dieu... reprit-il, je viens de me comparer à un aigle; je vous demande mille fois pardon, madame, de cette orgueilleuse comparaison... Voyez un peu à quoi vous m'entraînez... Il essaya de rire... mais moi je ne riais pas...

Valentine, ce que je vous répète est bien loin de ce qu'il disait! Que d'éloquence dans ses nobles paroles, dans l'accent de sa voix, dans les éclairs de ses yeux! Ses généreux sentiments, longtemps retenus, se répandaient avec joie; il était heureux de se sentir compris enfin, de pouvoir, un jour dans sa vie, trahir sans imprudence tous les divins trésors de son cœur, de pouvoir nommer hautement toutes ses chères idoles proscrites, sans crainte de voir leur puissance déniée, leur nom insulté! il s'enivrait de confiance et il s'attachait à moi par tout ce qu'il osait me confier. Je me reconnaissais avec délices dans le portrait qu'il faisait de lui; je retrouvais avec orgueil, dans ses convictions profondes, à l'état de vérités fortes et saintes, toutes les poétiques croyances de mon jeune âge, qu'on a tant de fois traitées de fictions, d'illusions et de folies; il me ramenait aux jours heureux de mon enfance en me rappelant, en me redisant comme un dernier écho du passé ces nobles paroles d'autrefois qu'on n'entend plus aujourd'hui, ces fiers préceptes d'honneur, ces beaux refrains de chevalerie dont mon enfance fut bercée... Tout en l'écoutant, je me disais : Comme ma mère l'aurait aimé! Et ce souvenir, et cette idée faisaient venir des larmes dans mes yeux. Ah! jamais je n'ai eu cette idée-là près d'Edgard! près de Roger! Vous le voyez bien, Valentine, c'est lui! c'est lui!

Nous étions là depuis une heure ensemble, absorbés dans ces rêveries confidentielles, oubliant les personnes qui nous entouraient, le lieu où nous étions, qui nous étions nous mêmes, et le monde entier. De tout l'univers disparu, i ne restait plus en ce moment pour nous que le suave parfum que nous envoyaient les orangers de la terrasse, le douces clartés que nous jetaient les étoiles naissantes dans les cieux.

Il fallut rentrer dans le salon ; j'étais assise à côté de la table ronde, lorsque Edgard vint près de moi. — Qu'avez-vous, ce soir ? me dit-il ; vous paraissez souffrante. — J'ai eu un peu froid. — Quel ennuyeux général, continuat-il, il me prend toute ma soirée... C'est très-dur à amuser, un général... ennuyeux.

J'ai oublié de vous dire qu'il y avait là un général.

— Raymond... vous devriez bien, à votre tour, m'aider à tenir éveillé ce guerrier. — M. de Villiers s'approcha de la table près de laquelle nous étions ; il aperçut alors dans le vase de Bohême le bouquet que j'avais apporté... — Ah ! dit-il d'une voix émue, je connais ces fleurs-là. — Il me regarda et je rougis. — Moi aussi, reprit Edgard, qui ne pouvait comprendre le sens de ces mots, et désignant les plus belles fleurs du bouquet, je les connais : ce sont les fleurs du *pelargonium diadematum coccineum.*

A cet affreux nom je me récriai. Du *pelargonium diadematum coccineum !* répéta tout bas M. de Villiers avec le sourire le plus spirituel et le plus gracieux. Oh ! ce n'est pas du tout ça que j'ai voulu dire... Il fallut bien le regarder à mon tour et rire de complicité avec lui ; mais aussi pourquoi Edgard est-il un savant ?

Je suis bien enfant, n'est-ce pas, de vous raconter toutes ces niaiseries, mais les moindres détails de cette journée sont précieux pour moi. Vers minuit on se sépara ; je me retrouvai seule avec bonheur. L'émotion que j'éprouvais était si vive que j'avais hâte de l'emporter loin du monde et même loin de celui qui la causait. Je voulais m'interroger dans le recueillement. D'où me venait tant de trouble ? Nul événement ne s'était passé ce jour-là, nulle parole sérieuse d'engagement et d'avenir n'avait été prononcée, et cependant ma vie était changée... mon cœur toujours si calme était agité et brûlant, ma pensée toujours si inquiète était fixée ; et qui donc avait ainsi changé mon sort?... Un inconnu... Et qu'avait-il fait pour moi qui méritât cette soudaine préférence? Il avait ramassé quelques fleurs tombées dans l'eau... Mais cet inconnu portait au front l'auréole de l'idéal rêvé, mais sa voix, douce et charmante, avait l'accent impératif du maître, et, dès le premier regard, il avait existé entre nous cette affinité mystérieuse de deux instincts fraternels, cette alliance spontanée de deux cœurs subitement appareillés, reconnaissance infaillible, sympathie irrésistible, écho mutuel, échange réciproque, intelligence rapide, harmonie ardente et sublime d'où naît en un moment... les poëtes ont raison... d'où naît en un moment l'éternel amour!

Pour retrouver un peu de tranquillité, j'ai voulu vous écrire, je me suis mise devant une table, mais je n'ai pas eu le courage d'écrire et je suis restée là toute la nuit, tremblante et recueillie, opprimée par cette émotion toute-puissante; que vous dirai je? je ne pensais pas, je ne priais pas, je ne vivais pas, j'aimais, et toutes les facultés de mon âme était employées à aimer. Le jour avait paru déjà depuis longtemps et je n'avais pas encore compris que la nuit s'était écoulée; à cinq heures, j'entendis un bruit de jardin, de râteaux dans le sable, de faux dans l'herbe; mes yeux étaient fatigués, je voulais respirer l'air frais du matin; je descendis sur la terrasse.

Tout le monde dormait encore dans le château, les volets étaient fermés, et j'ouvris avec peine la fenêtre du vestibule qui donne sur la cour. Je me promenai quelque temps dans la grande allée, puis je traversai le pont du ruisseau, et, tout en rêvant, je gagnai le petit bois où je m'étais reposée hier. Un attrait de souvenir me conduisit malgré moi jusqu'à la source voilée; je ne suivis pas l'allée des peupliers; je pris un sentier détourné, devenu inutile, et déjà presque effacé; j'arrivai près de la source et tout à coup... devant moi... Valentine... je l'ai vu! il était là... il était là, seul, rêveur, assis sur le banc en face du rocher de la fontaine, et ses yeux brillants et tristes étaient fixés sur la place où il m'avait vue la veille ! Je m'arrêtai joyeuse et cependant saisie d'effroi ; je voulais m'enfuir, je sentais que ma présence là était plus qu'un aveu, c'était une preuve de son empire ; je vous le disais bien, il m'avait évoquée et je venais !... Il m'aperçut... Oh ! comme il pâlit à son tour... J'avais été moins troublée la veille ! En le voyant si ému je me rassurai un peu. Je devinais à son agitation que nos pensées pendant ces heures de séparation avaient été les mêmes, et que nos deux amours, chacun de leur côté, avaient fait les mêmes progrès. Il se leva et vint à moi : C'est votre place favorite, madame, me dit-il, je vous la laisse ; mais vous pouvez récompenser ce grand sacrifice par un seul mot : Avouez-moi franchement, généreusement, que vous n'avez pas été étonnée de me trouver ici ? Je ne répondis rien ; mais ma rougeur répondit pour moi. Comme il me regardait, j'entendis marcher près de nous, c'était un chevreuil qui allait boire à la source, mais j'avais tressailli vivement, et M. de Villiers avait compris à ma frayeur que je serais fâchée d'être vue seule avec lui. Déjà il s'éloignait, je lui fis signe de rester, ce qui voulait peut-être dire : Continuez de penser à moi... et je revins bien vite au château. Je l'ai revu depuis et nous avons passé toute la journée ensemble, nous promenant avec madame de Meilhan et son fils, faisant de la musique avec des voisins de campagne, causant avec des indifférents, mais portant partout la même préoccupation ravissante, une joie sourde et voilée, un secret enivrant. Edgard est inquiet, madame de Meilhan est très-contente, l'amour trop sérieux de son fils l'alarmait ; elle voit avec plaisir une naissante rivalité qui peut tout rompre. Je ne sais pas ce qui va arriver, je ne prévois dans ce moment-ci que des choses désagréables, des explications, des humiliations, des départs, des adieux, mille ennuis... N'importe, je suis heureuse, j'aime et je ne comprends plus rien dans la vie, si ce n'est qu'il est bien doux d'aimer.

Cette fois je ne vous parle pas de vous, ma chère Valentine, ni de notre vieille amitié ; mais chaque mot de cette lettre n'est-il pas une tendre parole d'amie? Je vous raconte sans efforts toutes ces naïves histoires du cœur, si folles, qu'on n'oserait même pas les avouer à une mère; n'est-ce pas vous dire : Vous êtes la sœur de mon choix? J'embrasse ma petite filleule Irène. Oh! qu'elle a bien raison de devenir si jolie.

Irène de Chateaudun.

XX

A MONSIEUR
MONSIEUR EDGARD DE MEILHAN
A RICHEPORT,
PAR PONT-DE-L'ARCHE (EURE).

Paris, 8 juillet 18...

Cher Edgard, notre sexe a inventé la stupidité. Lorsqu'une femme nous trahit ou nous abandonne, forfaits synonymes, nous sommes assez bons pour prolonger à l'infini notre désespoir, au lieu de chanter avec Métastase :

> Grazie all' inganni tuoi
> Alfin respir' o Nice!

Hélas! voilà l'homme! les femmes sont plus fières que nous. Si j'avais abandonné mademoiselle de Châteaudun, à coup sûr elle ne soulèverait pas à ma poursuite l'ignoble poussière des grands chemins. Je crains bien qu'il n'y ait un fort levain d'amour-propre dans la lave de nos passions viriles. L'amour-propre est le fils aîné de l'amour. Je me développerai cette théorie en temps opportun : il faut être calme pour philosopher. Aujourd'hui je suis obligé à continuer ma folie, en suppliant la raison de m'attendre à mon retour.

Dans les ténèbres du désespoir consommé, on se précipite vers tous les horizons où quelque chose scintille, phare ou étoile, phosphore ou feu follet. Est-ce le rivage ? est-ce l'écueil ?

Mes agents fidèles ne dorment pas ; je reçois à l'instant leurs dépêches, et cette fois la brume paraît s'éclaircir. En vous faisant grâce de tous les détails minutieux écrits par des serviteurs dévoués qui ont plus de sagacité que de style épistolaire, il m'est démontré que mademoiselle de Châteaudun est partie pour Rouen, il y a un mois. Elle a pris deux places au chemin de fer ; elle a été reconnue à la gare. Sa femme de chambre l'accompagnait. Sur ce point, le doute ne m'est pas permis. C'est un fait accepté : Irène est à Rouen ; j'en ai les preuves en mains.

Un vieux intendant de ma famille, un brave homme toujours dévoué à ceux de ma maison, est retiré à Rouen. J'établirai chez lui le centre de mes observations, et je ne compromettrai pas le résultat par une faute d'étourderie ou de négligence. L'inexorable logique des combinaisons victorieuses me sera dictée dans ma première nuit de recueillement. Ainsi, je pars ; ne m'écrivez plus à Paris. Les chemins de fer ont été inventés pour les affaires de l'amour et le commerce des choses du cœur. C'est un amoureux qui a posé le premier mètre de rail ; c'est un industriel qui a posé le dernier. Quel bonheur ! Rouen est un faubourg de Paris ! Cet avantage de rapide locomotion me permettra de passer deux heures à Richeport avec vous, et de serrer les mains de Raymond. Deux heures que je gagne dans ma vie, en les perdant avec le plus ancien de mes jeunes amis. J'aurai vraiment une joie extrême à revoir ce noble Raymond, le dernier des chevaliers errants, occupé, sans doute, à badigeonner quelques vieux manoir où la reine Blanche a laissé les traditions des Cours d'amour.

Qu'il est affreux, cher Edgard, de courir à la découverte de l'inconnu, quand une femme est au fond du mystère! Oui, Irène est à Rouen; c'est admis; je le crois. Rouen est une grande ville pleine d'hôtels, de masures et d'églises; mais l'amour est un grand inquisiteur qui saura fouiller la cité dans vingt-quatre heures, et se faire rendre, par la recéleuse normande, mademoiselle de Châteaudun. Ensuite qu'adviendra-t-il? M'est-il permis d'établir un système sur une jeune femme de cet étrange naturel? est-elle seule à Rouen? et si le malheur ne m'égare pas sur des vestiges certains, m'est-il réservé quelque chose de plus affreux que de ne pas la rencontrer? Oh! c'est alors qu'il faudrait demander à Dieu la force de pouvoir redire, en souriant, les deux autres vers du poëte de l'amour italien :

> Col mio rival istesso
> Posso di te parlar!

A bientôt, cher Edgard, je cours à l'inconnu en chemin de fer.   ROGER DE MONBERT.

XXI

A MADAME
MADAME LA VICOMTESSE DE BRAIMES
HOTEL DE LA PRÉFECTURE,
A GRENOBLE (ISÈRE).

Richeport, 6 juillet 18...

Madame,

Est-il besoin de vous dire que je suis parti profondément touché de votre bonté et emportant bien avant dans mon cœur un des plus précieux souvenirs qui survivront à ma jeunesse? Que vous dirais-je que ne vous aient appris mon trouble et mon émotion à l'heure du départ? En serrant la main de M. de Braimes, cette main loyale qui tant de fois a pressé celle de mon père, j'ai senti mes yeux se mouiller, et quand je me suis retourné pour vous voir encore une fois au milieu de vos beaux enfants qui m'envoyaient le dernier adieu, il m'a semblé que j'abandonnais la meilleure portion de moi-même ; je vous en ai presque voulu un instant de m'avoir fait une si prompte guérison et une convalescence si courte. Mes amis m'ont affublé du surnom de Don Quichotte, je ne sais trop pourquoi ; ce que je sais bien, c'est qu'avec la perspective d'un dédommagement pareil à celui que vous m'avez offert, il n'est personne qui n'acceptât les fonctions de redresseur de torts et de pourfendeur de géants, même à la charge de se mettre au feu de temps en temps pour en tirer quelque lady Penock.

La palme que les martyrs ne reçoivent qu'au ciel, plus généreuse que les anges, vous me l'avez donnée sur la terre. Vous m'êtes apparue comme une de ces fées bienveillantes qui conjuraient les génies malfaisants. Vous ne portiez pas la baguette magique, mais vous aviez la grâce qui égaie la souffrance et le charme qui endort tous les maux. Je m'étais raillé jusqu'à ce jour des stoïciens qui prétendaient que la douleur n'est pas un mal ; assise à mon chevet, il vous a suffi d'un sourire pour me ranger à leur sentiment. J'avais estimé jusqu'alors que la patience et la résignation étaient des vertus au-dessus de mes forces et de mon courage ; vous m'avez enseigné sans efforts que la patience est douce et la résignation facile. Je m'étais laissé conter que la santé est le premier des biens, vous m'avez prouvé le contraire. M. de Braimes en tout ceci s'est bien montré votre complice, sans parler de vos chers petits, qui, pendant un mois, ont fait de ma chambre un parterre et une volière, dont ils étaient les plus belles fleurs et les plus gais oiseaux. Enfin, comme si ce n'était pas assez de la vie que vos soins m'ont rendue, vous y avez ajouté, pour la rehausser, le don d'un joyau sans prix, votre amitié. Soyez remerciée mille fois et bénie ! Il semble que le bonheur soit entré avec vous dans ma destinée. Vous avez été l'aube annonçant les clartés nouvelles, le prélude des mélodies que j'écoute chanter depuis hier dans mon sein. S'il me plaît de reconnaître votre douce influence dans les secrètes délices qui m'inondent depuis quelques heures, ne m'ôtez pas cette illusion. Je crois, comme ma mère, aux influences mystérieuses. Je crois que, s'il est des êtres maudits qui, sans le savoir, traînent le malheur après eux et le sèment sur leur passage, il en est d'autres, au contraire, marqués au front du doigt de Dieu, qui, sans s'en douter, portent bonheur à tout ce qu'ils rencontrent. Heureux le voyageur qui a pu voir, comme moi, un de ces êtres privilégiés passer dans son chemin ! Leur seule présence attire les bénédictions du ciel, la terre fleurit sous leurs pas.

Et d'abord, madame, il est très-vrai que vous savez l'art de conjurer les funestes enchantements. Comme l'étoile du matin qui dissipe les nocturnes attroupements des lutins, des djinns et des gnomes, vous avez lui sur mon horizon, et lady Penock s'est évanouie ainsi qu'une ombre. Grâce à vous, j'ai pu traverser impunément la France, voyager des bords de l'Isère aux bords de la Creuse, et de là gagner les rives de la Seine, sans rencontrer l'implacable insulaire qui m'a poursuivi depuis les champs du Latium jusqu'au pied de la Grande-Chartreuse. Je ne dois pas omettre qu'à Voreppe, où je me suis arrêté pour changer de chevaux, le maître de l'auberge brûlée, et qui n'est plus qu'un monceau de ruines, ayant reconnu ma voiture, est venu me réclamer poliment le prix des dégâts causés par moi dans sa maison, tant pour une vitre brisée, tant pour une porte enfoncée, tant pour une échelle en morceaux. Je recommande à M. de Braimes ce trait d'esprit d'un de ses administrés : c'est un détail oublié par Cervantes dans l'histoire de son héros.

Malgré ma qualité de chevalier errant, je suis arrivé sans plus d'aventures dans mes chères montagnes que je n'avais pas visitées depuis plus de trois ans, et dont la vue m'a réjoui le cœur. Ce pays vous plairait ; il est pauvre, mais poétique. Vous en aimeriez les vertes solitudes, les landes incultes, les vallées silencieuses et les petits lacs enchâssés comme des nappes de cristal dans des bordures de sauge et de bruyère. Ce qui m'en plaît surtout, c'est qu'il est ignoré, et que jamais curieux ni touristes vulgaires n'ont effarouché les sylvains de ses châtaigneraies et les naïades de ses frais ruisseaux. C'est à peine si de loin en loin quelque poëte de passage en a trahi les agrestes mystères. Mon château n'a rien de la fière attitude que vous lui supposez peut-être; imaginez plutôt un joli castel nonchalamment assis sur le plateau d'une colline et regardant d'un air mélancolique la Creuse couler à ses pieds sous un berceau d'aulnes et de frênes. Tel qu'il est, au milieu des bois qui l'abritent contre les vents du nord et l'enveloppent, durant les beaux jours, de fraîcheur, d'ombre et de silence; c'est là, si l'espoir qui m'agite n'est point une illusion de mes sens éperdus, si la lueur que je vois n'est pas une étincelle échappée du foyer des chimères, c'est là, c'est dans ces lieux où j'ai reçu la vie que je veux cacher mon bonheur... Vous voyez bien, madame, que ma main tremble en vous écrivant. Un soir, nous marchions, vous et moi, sous les arbres de votre jardin, tandis qu'autour de nous les enfants s'ébattaient comme des chevreaux sur les pelouses. Nous marchions à pas lents, nous causions; je ne sais plus par quelles pentes insensibles nous en étions venus à parler de ce vague besoin d'aimer qui tourmente toute jeunesse. Vous disiez que l'amour est une chose grave, et que c'est souvent du premier choix que dépend la vie tout entière. Moi, je disais mes aspirations vers les joies inconnues dont l'instinct m'obsédait comme Colomb celui d'un nouveau monde. Vous m'écoutiez sérieuse et pensive, et quand je vins à tracer l'image de la femme entrevue dans l'empyrée des songes, et vainement cherchée sur le sol ingrat de la réalité, je me souviens qu'en souriant vous me dites : Ne désespérez point, elle existe; vous la rencontrerez. Si vous aviez dit vrai, pourtant? si c'était elle ! Ne faisons pas de bruit, retenons notre haleine, de peur de la faire envoler.

Après quelques jours employés à chercher çà et là la trace de mes premiers ans, à m'enivrer de ce bon parfum que laisse toute enfance à son nid, je suis parti pour Paris, où je n'ai fait que poser à peine. Si vous aviez pu voir de quelle façon se sont écoulées le peu d'heures que j'ai passées dans la cité bruyante, sans doute, madame, vous auriez été bien surprise. J'ai traversé les quartiers opulents au galop des chevaux, qui, suivant mes indications, se sont enfoncés résolument dans les solitudes du Marais. J'ai mis pied à terre dans les steppes d'une rue déserte, devant une maison triste et recueillie, et là, en soulevant le lourd marteau de la porte massive, j'ai senti battre mon cœur comme si j'allais retrouver, au retour d'une longue absence, une vieille mère qui me pleure ou quelque jeune sœur adorée. J'ai pris chez le portier une clef pendue à son clou, et sans plus tarder je me suis mis à grimper le long d'un escalier qui, vu de bas en haut, est d'un effet moins consolant que pittoresque, quand on se propose d'en gagner le faîte. Heureusement, je suis d'un pays de montagnes; jamais escalier mollement incliné, à la rampe de bronze et aux marches de marbre, ne fut mesuré par un pas plus léger que le mien, en montant cette rude échelle. Au terme de mon ascension, j'ouvris précipitamment une porte, en homme qui connaît la serrure, et j'entrai, comme chez moi, dans une petite chambre où je restai d'abord immobile, et promenant à l'entour un regard attendri. Il n'y avait rien pourtant dans cette chambre qu'une table chargée de livres et de poussière, un fauteuil austère taillé dans le chêne, une couchette d'un aspect dur et froid, et sur la cheminée, dans des vases de terre dessinés par Ziegler, seul luxe d'un si pauvre réduit, quelques touffes d'asters flétris et desséchés. Personne ne m'y attendait, je n'y attendais personne. J'y demeurai jusqu'au soir, épiant la tombée de la nuit, accusant de lenteur la course du soleil, pensant que ce jour ne finirait jamais. Enfin quand l'ombre fut venue, j'allai m'accouder sur le balcon de l'unique fenêtre, et, dans un trouble que je ne saurais dire, je vis les étoiles poindre une à une; je les aurais toutes données pour voir briller celle qui ne s'alluma pas. Que vous conté-je là, madame, et que pouvez-vous y comprendre? Vous ne savez rien de ma vie; vous ne savez pas que j'ai vécu deux ans dans cette mansarde, pauvre, ignoré, sans autre ami que le travail, sans autre compagne qu'une petite lumière que je voyais toutes les nuits, à travers les rameaux d'un pin du Canada, luire et s'éclipser régulièrement aux mêmes heures. J'ignorais et j'ignore encore qui veillait à cette pâle lueur; mais je m'étais pris pour elle d'une affection sans nom, d'une tendresse mystérieuse. A travers les jardins qui nous séparaient, je lui avais dit, en partant, un bien long adieu dans mon cœur, et, au retour, en ne la voyant plus, mon cœur s'est attristé comme de la perte d'un frère. Qu'es-tu devenu, petit phare lumineux qui scintillais dans l'ombre de mes nuits studieuses? T'es-tu éteint dans un orage? ou Dieu, que j'invoquai pour toi, a-t-il exaucé ma prière, et rayonnes-tu d'un éclat moins tourmenté dans des parages plus heureux? Encore une fois, c'est là toute une histoire; j'en sais une plus fraîche et plus charmante que j'ai hâte de vous conter.

Je m'embarquai le lendemain (c'était hier), par le chemin de fer de Rouen, pour le château de Richeport, où M. de Meilhan m'avait donné rendez-vous chez sa mère. Sans l'avoir jamais vu, vous connaissez M. de Meilhan. Vous connaissez ses vers, vous les aimez. Je fais profession, pour ma part, d'aimer sa personne autant que son talent. Notre amitié date de loin : j'ai assisté aux premiers bégaiements de sa muse; j'ai vu naître et grandir sa jeune gloire; j'ai prédit tout d'abord la place qu'il occupe, à cette heure, dans la poétique pléiade, honneur d'une grande nation. A l'entendre, vous diriez un impitoyable railleur; à l'étudier, vous trouveriez bientôt, sous cette couche d'ironie sans fiel, plus de candeur et de simplicité qu'il ne s'en soupçonne lui-même, et que n'en ont bon nombre de gens faisant sonner bien haut leur foi et leurs croyances. C'est, avec l'esprit d'un sceptique, l'âme crédule d'un néophyte.

En moins de trois heures la vapeur m'eut déposé à Pont-de-l'Arche. On a beaucoup médit des chemins de fer; il faut nécessairement que les honnêtes gens qui s'en sont mêlés n'aient eu jamais au loin ni parents, ni amis, ni maîtresses. M. de Meilhan et sa mère m'attendaient au débarcadère. Les premiers transports apaisés, car voilà bien trois ans que mon poëte et moi nous ne nous étions vus, je vous laisse à penser au milieu de quels éclats de rire, partit tout d'un coup, comme un obus, le nom formidable de lady Penock! Edgard, qui savait mon aventure, et qu'excitait encore la joie de ma présence, poussait des *shocking* à terrifier les échos du rivage, et nous allions ainsi, en calèche découverte, au pas des chevaux, riant, causant, nous pressant les mains, échangeant question sur question, tandis que madame de Meilhan, après avoir partagé notre hilarité, paraissait observer avec intérêt le tableau de nos épanchements mutuels. Tout cela s'encadrait dans le plus beau pays du monde; pays adorable, en effet, et auquel il ne manque guère, pour se voir apprécier convenablement, visité, décrit, chanté sur tous les tons, que d'être à cinq cents lieues de la France.

J'ai l'esprit naturellement gai, le cœur naturellement triste. Il y a toujours en moi, quand je ris, quelque chose qui souffre et se plaint; il n'est pas rare que je passe brusquement et sans transition d'une explosion de gaieté à un violent accès de tristesse ou de mélancolie. Arrivés à Richeport, nous trouvâmes au château quelques visiteurs, entre autres un général gravement résigné aux plaisirs d'une journée champêtre. Pour échapper à cette illustre épée qui l'avait entrepris sur la bataille de Friedland,

Edgard s'esquiva adroitement entre deux charges de cavalerie et m'entraîna dans le parc, où madame de Meilhan ne tarda pas à nous rejoindre, suivie de tout son monde, le terrible général en tête. Interrompue un instant par la retraite savamment ménagée du jeune poëte, la bataille de Friedland recommença avec une nouvelle furie. Les allées du parc sont étroites. Le guerrier marchait en avant avec Edgard, qui suait à grosses gouttes et s'épuisait en vains efforts pour délivrer son bras des étreintes d'un poignet de fer : madame de Meilhan et les quelques personnes qui l'accompagnaient représentaient le corps d'armée; moi, je formais l'arrière-garde. Les balles sifflaient, les bataillons se heurtaient, on entendait les cris des blessés, on respirait l'odeur de la poudre. Dans l'intention d'éviter autant que possible le spectacle d'un affreux carnage, j'avais ralenti graduellement le pas, si bien qu'au tournant d'une allée, je remarquai avec une agréable stupeur que j'avais, sans m'en douter, déserté mon drapeau. Je prêtai l'oreille; je n'entendis que le chant du bouvreuil. J'aspirai l'air et ne recueillis que la senteur des bois. Je cherchai au-dessus des trembles et des bouleaux un nuage de fumée qui pût me mettre sur la trace de la mêlée; je n'aperçus que le bleu du ciel qui riait à travers le feuillage. J'étais seul. Par une de ces réactions dont je vous parlais tout à l'heure, je m'abîmai insensiblement dans une rêverie profonde.

Il faisait une chaleur accablante; je me laissai tomber sur l'herbe, à l'ombre d'un épais fourré, et je restai là, écoutant à la fois les vagues rumeurs de la nature et les bruits confus de mon cœur. La joie que je venais d'éprouver en revoyant Edgard m'avait fait sentir plus vivement le vide immense que ne comble point l'amitié : les sens amollis par les émanations que le soleil en feu dégageait du parc embrasé, je poursuivis en élégies sans fin l'entretien doux et grave qu'un soir nous avions eu sous vos tilleuls. Soit que je pressentisse quelque chose de prochain dans ma destinée, soit que je fusse tout simplement sous l'influence d'une journée brûlante, j'étais inquiet ; il y avait dans mon inquiétude je ne sais quoi de pareil à l'attente d'un bonheur indéfini, et de loin en loin les brises qui passaient par chaudes rafales me jetaient comme un gai refrain : — Elle existe, elle existe ; vous la rencontrerez.

Il fallut bien se rappeler que je n'étais que depuis quelques heures l'hôte de madame de Meilhan, aux yeux de qui ma brusque disparition pouvait paraître pour le moins étrange. De son côté, Edgard, que je venais d'abandonner traîtreusement au plus fort du danger, devait se plaindre de ma défection. Je me levai, et, chassant les chimères ailées qui bourdonnaient autour de moi, comme autour d'une ruche un essaim d'abeilles, je me disposai à rejoindre mon corps avec le lâche espoir que, quand j'arriverais, l'affaire serait terminée, et qu'il ne resterait qu'à chanter victoire. Malheureusement, heureusement plutôt, je ne connaissais pas les détours du parc où j'étais, et j'errais au hasard dans ce labyrinthe de verdure, que le soleil chauffait à pleins rayons, sans réussir à m'orienter, lorsque j'entendis le murmure argentin d'une source prochaine, qui babillait avec les cailloux de son lit. Attiré par la fraîcheur du lieu, je m'approchai, et au milieu d'un fouillis d'iris, de menthe, de liserons et de fontinale, j'aperçus une blonde tête qui se désaltérait au courant. Je ne voyais qu'une masse de cheveux amoncelés au-dessus de la nuque en lourdes torsades d'or, et une petite main qui recevait, comme une coupe d'opale, l'eau qu'elle portait ensuite à deux lèvres aussi fraîches sans doute que le cristal dont elles s'abreuvaient. Comme la figure et la taille étaient entièrement cachées par les plantes aquatiques qui croissaient à l'entour du bassin, je pensai que c'était une enfant, une fillette de douze ans au plus, la fille d'une des personnes que j'avais laissées sur le champ de bataille de Friedland. Je m'avançai encore de quelques pas, et, de ma plus douce voix, car je craignais de l'effaroucher :

— Mademoiselle, demandai-je, sauriez-vous me dire si madame de Meilhan est de ce côté? A ces mots, je vis une jeune et belle créature, grande, mince, élancée, se lever comme un lis au milieu des roseaux, et, la pâleur au front, m'examiner d'un air de gazelle effarée. Je demeurai moi-même immobile et muet à la contempler. Elle avait véritablement la royale beauté du lis. Une imagination amoureuse des mélodies de la muse antique l'aurait prise à coup sûr pour la nymphe de ce ruisseau. Semblables à deux bleuets dans un champ d'épis mûrs, ses grands yeux bleus avaient la limpidité transparente de la source où l'azur du ciel se mirait. Son front, sa bouche et son regard respiraient la fierté de Diane chasseresse. Il y avait dans son attitude et dans l'expression de son visage quelque chose d'une royauté qui se cache et qui ne veut pas être reconnue; mélange bizarre de hardiesse craintive et de timidité superbe. Au milieu de tout cela, un éclat de jeunesse, une fleur d'innocence, je ne sais quoi de virginal et de presque enfantin, qui tempéraient d'une façon charmante la dignité de sa noble personne.

Je m'éloignai, troublé et charmé, sans ajouter une parole. Après avoir erré quelque temps encore à l'aventure, je découvris enfin le petit corps d'armée qui se dirigeait vers le château, le général toujours en tête. Ainsi que je l'avais prévu, la bataille touchait à sa fin; on n'entendait plus que quelques coups de feu tirés sur les fuyards. Du plus loin qu'il m'aperçut, Edgard me jeta un regard furieux. — Ah! traître, me dit-il, vous avez lâché pied! Je suis criblé de balles; j'ai six boulets dans la poitrine. — Monsieur, s'écria le général, où en était l'affaire au moment où vous l'avez quittée? — Vous allez voir, me dit Edgard, que le bourreau va recommencer. — Général, fit observer madame de Meilhan, je crois que les munitions sont épuisées, et que le dîner nous attend. — Très-bien, répliqua gravement le héros; nous prendrons Lubeck au dessert. — C'est nous qui sommes pris, dit Edgard en poussant un soupir à soulever un pan des Cordillières.

M. de Meilhan s'était détaché du groupe des promeneurs pour venir à moi ; nous marchions tous deux côte à côte. Vous avez déjà deviné, madame, quelles questions je brûlais d'adresser à Edgard ; comprenez aussi quel sentiment de crainte mêlée de pudeur me retint. Mon poëte a le culte de la beauté ; mais ce culte est un vrai païen qui ne voit rien au delà de la forme et de la couleur. Il résulte de là, toutes les fois qu'il s'agit d'une femme belle, une certaine hardiesse de détail que n'atténue pas toujours la grâce de l'expression, et un si vif enthousiasme de la chair, une telle complaisance à caresser les lignes et les contours que les délicats s'en offensent. La femme alors pose devant lui comme une statue ou plutôt comme une Géorgienne dans un marché d'esclaves, et à voir de quelle façon il l'analyse et la détaille, on dirait qu'il veut la vendre ou l'acheter. Il n'est ici question que de sa parole, vive, animée, un peu gauloise dans sa crudité pittoresque. Poëte, il sculpte comme Phidias, et son vers a la blanche chasteté du marbre.

Je préférai donc m'adresser à madame de Meilhan. De retour au château, je l'interrogeai, et j'appris d'abord que ma belle inconnue se nommait madame Louise Guérin. A ce mot de madame, mon cœur se serra. Pourquoi? Je n'aurais pu le dire. J'appris ensuite qu'elle était veuve et pauvre, et qu'elle vivait du travail de ces jolis doigts que j'avais vus puiser à la source. Sur tout le reste, madame de Meilhan n'était guère plus avancée que moi, et ce qu'elle en savait se bornait à des présomptions indulgentes et à de bienveillants commentaires. Une femme si jeune, si belle, si pauvre, et travaillant pour vivre, ne pouvait être qu'une noble et sainte créature. Je me pris aussitôt pour elle d'un sentiment de pitié respectueuse qui se changea en un sentiment d'admiration exaltée, quand elle parut au salon dans toute la magnificence de sa beauté, de sa grâce et de sa jeunesse. En se rencontrant, nos regards se troublèrent, comme s'il y avait déjà un secret entre nous. Elle parut, et presque aussitôt je me sentis enveloppé du charme de sa présence. Edgard me dit que c'était une dame de compagnie que sa mère avait prise avec elle en attendant qu'il se mariât. Le malheureux ! s'il ne faisait pas de si beaux vers, je l'aurais étranglé sur place. Pendant le dîner, assis en face d'elle, je pus l'observer à mon aise. Elle avait l'air d'une jeune reine à la table d'un de ses grands vassaux. Grave et souriante, elle parla peu, mais si à propos et d'une voix si douce, que je recueillis dans mon cœur chaque mot qui tomba de sa bouche, comme une perle d'un écrin. J'étais moi-même silencieux, et je m'étonnais que, lorsqu'elle se taisait, on osât parler devant elle. Toutes les saillies d'Edgard me parurent d'un goût détestable, et vingt fois je fus sur le point de lui dire : « Edgard, observez-vous, la reine vous entend. »

Au dessert, comme le général se préparait à faire manœuvrer l'artillerie de siége, on se leva précipitamment pour échapper à la prise et au saccage de Lubeck. Edgard se jeta dans le parc, les convives se dispersèrent ; et, tandis que madame de Meilhan, subissant avec une héroïque résignation les inconvénients attachés à sa dignité de maîtresse de maison, combattait auprès du général, comme Clorinde auprès d'Argant, je me trouvai seul avec la jeune veuve sur la terrasse du château. Nous causâmes, et j'ignore par quel enchantement je sentis aussitôt mon âme sans défense passer tout entière dans la sienne. Je me surpris à lui confier ce que je ne m'étais pas encore dit à moi-même. Ce qu'il y avait en moi de plus intime et de plus caché s'échappait de mon sein, irrésistiblement attiré au dehors. Quand je parlais, il me semblait que je ne faisais que traduire ses pensées. Quand c'était son tour de répondre, elle me formulait les miennes. En moins d'une heure, j'appris à la connaître. C'est en même temps un esprit expérimenté qui peut descendre au fond de toutes choses, un cœur tendre et sans expérience, à qui la vie n'a jamais touché. En théorie, c'est une haute et précoce raison mûrie par l'infortune; dans la pratique, c'est une âme ignorante, non encore éprouvée. Jusqu'à présent, elle n'a vécu que par l'activité de la pensée; tout le reste en elle dort, cherche ou attend. Qui est-elle? Elle n'est pas veuve; Albert Guérin n'est pas son nom; elle n'a jamais été mariée. Où madame de Meilhan hésite et doute, moi j'affirme et je décide. D'où vient cependant que le mystère dont elle s'environne a pour moi tout le prestige et tout l'éclat d'une vertu notoire? D'où vient que mon cœur s'en réjouit tout bas, quand ma prudence devrait s'en alarmer tout haut? Autre mystère que je ne me charge pas d'expliquer. Tout ce que je sais, c'est qu'elle est pauvre, et que, si j'avais une couronne, je voudrais l'anoblir encore en la mettant sur ce noble front.

Ne me dites pas que c'est insensé, que l'amour ne naît pas ainsi d'un regard ni d'une parole, qu'il germe longtemps avant d'éclore. Les enthousiastes vivent vite. Ils vont au but par les mêmes sentiers que la raison; seulement, la raison se traîne, tandis que l'enthousiasme vole. D'ailleurs, cet amour était depuis longtemps éclos; il ne cherchait qu'un cœur où se poser. Et puis, est-ce l'amour? Je me trompe peut-être. D'où naît pourtant le trouble qui m'agite? D'où vient l'ivresse qui m'inonde? D'où part le rayon qui m'éclaire? Je l'ai revue, et le charme n'a fait qu'augmenter. Comme vous l'aimeriez! Comme l'aurait aimée ma mère!

Au milieu de ces préoccupations, je n'oublie pas, madame, les instructions que vous m'avez données. Il suffit que vous vous intéressiez à la destinée de mademoiselle de Châteaudun pour que je m'y intéresse vivement moi-même. Le prince de Montbert est attendu ici; je pourrai donc sous peu de jours vous adresser, pris sur le vif, les renseignements que vous désirez. Voici près de dix ans que j'ai perdu de vue le prince : esprit charmant et cœur loyal; ajoutez qu'il est à cette heure l'homme de France qui a vu en sa vie le plus de tigres et de postillons. J'observerai scrupuleusement ce que dix années de voyages ont pu amener de changement dans sa manière de voir et de sentir; mais je crois pouvoir affirmer d'avance que dans cette franche nature je ne découvrirai rien qui puisse justifier la fuite de l'étrange et belle héritière.

Tous mes respectueux hommages à vos pieds.

RAYMOND DE VILLIERS.

XXII
A MONSIEUR
MONSIEUR LE COMTE DE VILLIERS
A PONT-DE-L'ARCHE (EURE).

Rouen, 10 juillet 18...

Bien rarement, dans la vie, on reçoit les lettres qu'on attend; on reçoit bien souvent les lettres qu'on n'attend pas. Les premières vous apprennent toujours les choses qu'on sait; les secondes vous apprennent toujours les choses qu'on ignore. L'homme de cœur et de philosophie ne doit désirer que les secondes : celles qu'on n'attend pas.

Voici donc la première de ces secondes que vous recevez, mon jeune ami.

J'ai passé quelques heures à Richeport avec vous et Edgard, et j'ai fait une découverte que vous aviez faite avant moi, et une réflexion que vous ferez après moi. Dix ans de voyage vieillissent. J'ai soixante ans, à mon âge, et vous en avez vingt-cinq, comme votre acte de naissance. Que vous êtes heureux de recevoir des conseils! Que je suis malheureux d'en donner, sous mes cheveux noirs que l'expérience a oublié de blanchir à trente ans!

J'ai d'ailleurs un vague pressentiment que mes conseils vous porteront bonheur, si vous les suivez. Il ne faut pas négliger un pressentiment. Chaque homme porte en lui une étincelle d'un rayon de Dieu : c'est souvent le flambeau qui éclaire les ténèbres de notre avenir. C'est le pressentiment.

Lisez-moi avec attention, et en lisant ne vous préoccupez pas de la fin. Il faut que je vous explique d'abord par quel procédé d'observation j'ai été amené à faire ma découverte. La fin viendra, mais à sa place naturelle, qui ne peut pas être au commencement.

Voici donc ce que j'ai vu au château de Richeport. Vous ne l'avez pas vu, parce que vous étiez acteur ; j'étais spectateur, moi... J'avais donc sur vous l'avantage de ma position.

Nous étions tous les trois dans le salon, vous, Edgard, et moi, entre midi et deux heures. C'est le moment où la causerie de campagne s'abrite de persiennes ou d'arbres touffus. On est toujours triste, rêveur, recueilli, à cette phase d'un beau jour d'été. On parle nonchalamment d'une chose indifférente, et on pense avec ardeur à une chose aimée. Ce sont là les mystères de ce *démon de midi*, tant redouté du poëte-roi.

Il y avait, dans un angle, une petite table de bois de rose, légère et polie comme la main d'une femme. Le poing d'un homme la briserait en s'y appuyant. Sur la table, un pan de broderie, retenu par le pied de cristal d'un vase de fleurs. Au panneau de mur de cet angle, il y a une gravure du beau tableau de Camille Roqueplan : *la Jeune Fille blonde qui coupe les griffes d'un lion*. Entre la cheminée et la fenêtre, le piano était ouvert, et abandonné, depuis fort peu de temps, par une femme; car le petit siége, à demi-renversé par le mouvement brusque d'une robe, avait été préservé d'une chute totale par le bras du fauteuil voisin, et la partition du pupitre s'ouvrait sur un air de *soprano*, des *Puritains :*

> Vien diletto, in ciel e luna,
> Tutto tace intorno.....

Vous allez voir comment, d'induction en induction, j'arrive à la vérité.

Je ne connais pas la femme de ce piano, je ne l'ai jamais vue, mais j'affirme qu'elle existe ; bien plus, j'affirme qu'elle est jeune, jolie, d'une taille avantageuse, bien faite, nonchalante, et qu'elle est aimée d'amour dans ce château.

Si une femme indifférente eût laissé une broderie sous un vase de cristal, si elle eût abandonné son piano en renversant le siége, deux jeunes gens, oisifs et nerveux comme vous, auraient déplacé la broderie par désœuvrement et curiosité d'ennui, dérangé ou dépouillé le vase de fleurs, redressé le siége, fermé le piano et la partition. Ils auraient fait au moins une de ces choses, sinon toutes. Mais aucune main n'a osé bouleverser ce saint désordre, sous prétexte d'arrangement ; ces vestiges encore frais attestent un respect qui ne vient que de l'amour. Cette femme, à moi inconnue, est donc jeune et jolie, puisqu'elle est aimée si ardemment, et par plus d'une personne, comme je le prouverai bientôt ; elle est d'une taille avantageuse, parce que sa broderie est petite. Je ne sais pas si elle est fille ou femme, mais voici ce que je puis affirmer encore : si elle n'est pas mariée, les vestiges qu'elle a laissés dans ce salon annoncent une grande indépendance de position et de caractère. Si elle est mariée, tout aussi me démontre qu'elle n'est pas actuellement en pouvoir de mari, et que même elle pourrait bien être veuve.

Permettez-moi de vous rappeler la conversation que vous avez eue, au dîner, avec Edgard. Dans diverses rencontres, j'ai toujours remarqué avec plaisir que vos opinions en littérature, en musique, en peinture, en amour, étaient de tout point conformes aux opinions d'Edgard : qui vous écoutait, écoutait Edgard ; et *vice versâ*. Vous étiez frères jumeaux en opinions. Ecoutez-vous parler maintenant, tous les deux, comme vous avez parlé l'autre jour devant moi.

— Je crois, disait Edgard, que l'amour est une invention moderne, et que la femme a été inventée par André Chénier et perfectionnée par Victor Hugo, Dumas et Balzac. Nous devons cette précieuse conquête à la révolution de 89. Avant, l'amour n'existait pas ; Cupidon régnait en maître, avec son arc et son carquois. Il n'y avait pas de femmes, il y avait des *belles*.

O miracle des belles !
Je vous enseignerais un nid de tourterelles.

Ces deux vers ont subi mille variations, sous la plume de mille poëtes. Les femmes ne se recommandaient que par les *yeux* : une fort belle chose, ma foi ! quand ils sont beaux ; mais il ne faut pas en faire l'objet d'une admiration exclusive. Une *belle* qui n'aurait que de beaux yeux serait fort laide. Racine a employé cent soixante-cinq fois le mot *œil* ou *yeux* dans *Andromaque*. Vous pouvez les compter. Avec les *yeux*, les *attraits* et les *appas*, on a composé toutes les Iris en l'air de la vieille poésie. Enfin, on a enlevé à la femme sa divine couronne de cheveux blonds ou bruns : on l'a détrônée en la poudrant d'amidon. Nous avons vengé la femme d'un long oubli ; nous avons supprimé les *attraits* et les *appas* ; nous avons conservé les *yeux*, mais en y ajoutant le reste. Aussi les femmes aiment les poëtes ; et de nos jours, les Orphées ne seraient pas mis en pièces par de blanches mains, comme sur les rives du Strymon.

— Ah ! voilà bien comme vous êtes, Edgard ! — avez-vous dit avec un rire sérieux et une voix faussant le naturel. — Au dessert, vous nous donnez toujours un plat de paradoxes, Edgard. J'aime mieux les cerises de Montmorency.

Quelques instants après, Edgard dit :

— J'ai fait l'autre jour une visite à Delacroix. Il a mis au chantier un tableau qui promet d'être superbe. Mon cher voyageur Roger, je vous annonce un ciel comme vous l'aimez ; de l'indigo pur ; le céleste tapis indien du dieu bleu.

— J'abhorre l'indigo, moi, avez-vous dit ; je crains l'ophthalmie. Le luxe du bleu donne aux yeux des lunettes vertes. J'adore les ciels d'Hobbéma et de Backuisen : on peut les regarder vingt ans à l'œil nu sans appeler un oculiste sur ses vieux jours.

Après quelques écarts de conversation, vous avez été

amené à faire l'éloge d'un motet de Palestrina que vous avez entendu chanter aux concerts du Conservatoire. A ce propos, Edgard a mis ses deux coudes sur la table et son menton sur ses mains, et a laissé tomber de ses lèvres des paroles nonchalantes chauffées par les feux spirituels de ses yeux.

— J'ai toujours abhorré la musique de faux-bourdon, a-t-il dit; le plain-chant est proscrit chez moi, comme l'opium en Chine. Je n'aime que la musique sensuelle. Tout ce qui ne ressemble pas, de loin ou de près, à l'*amor possente nome* de Rossini, doit rester enseveli dans les catacombes des pianos. La musique n'a été mise au monde que pour la femme et l'amour. La simplicité, sans doute, est une belle chose; mais elle ne s'adresse souvent qu'aux gens simples. L'art est la seule passion des vrais artistes. La musique de Palestrina ressemble à la musique de Rossini comme la psalmodie du moineau ressemble à la cavatine du rossignol. Choisissez.

Il était évident pour moi, mon jeune ami, que ni l'un ni l'autre vous n'exprimiez aucune opinion personnelle et véritablement convaincue. Vous étiez assis face à face, et vous vous parliez sans vous regarder. Sans doute, à cette heure d'entretien, vous étiez beaux et charmants tous deux, mais beaux et charmants comme deux coqs anglais avant l'exhibition. Ce qui m'a frappé surtout, c'est que l'un de vous n'a jamais dit à l'autre, avec un sourire affectueux : Mais qu'avez-vous donc aujourd'hui, mon ami? vous semblez prendre plaisir à me contrarier en toute chose. Edgard ne vous a jamais adressé cette question; vous ne l'avez jamais adressée à Edgard. Vous jugiez donc mentalement qu'il était inutile de vous demander mutuellement le sujet de ces contradictions aigre-douces. Vous saviez tous deux à quoi vous en tenir.

En vérité, je vous le dis, vous aimez la même femme, Edgard et vous! C'est la femme du piano; elle a peut-être fait ce mouvement de brusque retraite qui a renversé le siége; elle a peut-être quitté la maison après quelque scène plus sérieuse, engagée entre vous deux en sa présence.

En arrivant au château, j'ai suivi vos mouvements, dans l'angle du salon, où nous étions assis tous les trois. Le timbre naturellement sonore de vos deux voix m'a paru fêlé. Cela m'a donné tout d'abord à réfléchir. Vous teniez, vous, dans vos mains, une petite branche d'*hibiscus* que vous effeuilliez, par contenance. Edgard ouvrait un journal et le repliait à rebours. C'était évident; vous vous gêniez l'un l'autre, et je vous gênais tous deux.

Par intervalles Edgard lançait un regard furtif au piano muet, à la broderie, aux fleurs du vase, à la partition ouverte sur le pupitre; vous faisiez la même chose, vous, et comme à votre insu; mais vos deux regards ne se portaient jamais ensemble sur le même point. Quand Edgard regardait les fleurs, vous regardiez le piano. Ainsi du reste; et si chacun de vous eût été seul, il eût contemplé longtemps avec amour toutes ces futilités qui se parfument sous la main d'une femme, et qui semblent retenir quelque chose d'elle, à la place où elle n'est plus.

Vous êtes le dernier venu, vous, dans la maison où est cette femme; vous êtes aussi le plus raisonnable; eh bien! votre bon sens et votre amitié doivent éclairer votre conduite future avant mes conseils. Éloignez-vous; il en est temps encore. Plus tard, votre amour-propre trop engagé ne vous permettrait plus de céder la place à un ami qui serait devenu un rival. La passion n'a pas jeté des racines bien profondes dans votre cœur : elle est sans doute encore au degré de fantaisie, de préférence momentanée, ou de douce affaire de désœuvrement. A la campagne, toute jeune femme plus ou moins disponible doit ravager tous les jeunes gens de votre âge qui graviteront autour comme des satellites. Il y a des femmes qui se plaisent à jouer ce jeu. C'est fort amusant d'abord, à la première partie, comme toute espèce de jeu. On commence avec des sourires, mais la revanche se termine avec des pleurs ou avec du sang! D'ailleurs, mon jeune ami, en vous retirant à propos, vous ne ferez pas seulement une chose raisonnable, vous accomplirez un devoir. Je sais, moi, qu'Edgard aime depuis longtemps cette femme, et que son amour est sérieux. Je vois que votre passion tranquille est un amour de campagne, un caprice d'occasion. Plus tard, les rivalités d'amour-propre aveugleront votre esprit, aigriront votre caractère, et vous feront prendre le change sur la nature de votre sentiment. Vous vous croirez, à votre tour, sérieusement amoureux, et vous ne reculerez plus. Aujourd'hui votre fierté de jeune homme n'est pas engagée. N'attendez pas demain. Edgard est votre ami; vous devez le respecter dans les prérogatives de sa position. Une femme vous a donné un exemple à suivre avant mon conseil; elle s'est brusquement retirée d'entre vous d'eux, quand sa coquetterie au repos lui a permis de voir le danger.

Une jeune et jolie femme est toujours dangereuse, lorsqu'elle vient inaugurer la divinité de ses grâces dans un château isolé, entre deux jeunes gens vifs et disposés à toute heure à tout aimer. Je vois d'ici le manége de la belle inconnue; elle vous prodigue à tous deux des sourires innocents; elle vous partage, à contingent égal, ses adorables coquetteries; elle vous aborde pour vous éblouir; elle vous quitte pour se faire regretter; elle vous enlace dans les prestiges de sa fascination rayonnante; elle marche pour séduire vos yeux; elle parle pour charmer votre esprit; elle chante pour anéantir votre raison. Oubliez-vous un instant, mon jeune ami, sur cette pente de velours et de fleurs, et vous verrez ce que la limite de votre doux sillon vous réserve! Enivrez-vous à ce festin de paroles d'or, de parfums de satin, de rayons de sourires, et envoyez-moi le bulletin de votre âme à votre réveil! Aujourd'hui, vous êtes encore l'ami d'Edgard, malgré les légères escarmouches d'esprit... Les hostilités viendront, n'en doutez pas! L'amitié est un sentiment trop faible pour lutter contre l'amour. Les ouragans des tropiques n'ont pas la violence de cette passion. Je le sais, parce que je le sens. Il y aussi, dans le monde, une autre femme, Sirène et Circé à la fois, qui a passé à travers ma vie, vous le savez. Si j'avais réuni dans ma maison autant d'amis que Socrate en désirait pour la sienne, et que ces amis devinssent un jour mes rivaux, je sens que ma jalousie incendierait ma maison, et que j'y périrais avec délices, s'ils périssaient tous devant moi !

O préoccupation fatale ! je ne voulais vous parler que de vous, et je vous parle de moi. Les nuages que mon souffle amoncelait sur votre horizon remontent vers le mien. En échange de mes conseils, rendez-moi un service. Vous connaissez madame de Braimes, l'amie de mademoiselle de Châteaudun. Madame de Braimes sait tout ce que j'ignore, et ce que tout le sang de mes veines tient à savoir. Il est temps que l'inexplicable s'explique. Toute énigme humaine ne doit pas garder son mot éternellement. Toute épreuve doit finir avant le désespoir de celui qui est éprouvé. Madame de Braimes est complice de l'énigme : c'est positif. Son secret maintenant est un fardeau pour ses lèvres ; elle devrait le laisser tomber dans votre oreille ; et je garderais à vous et à elle une reconnaissance de tous les jours.

Ce que je vous demande et ce que je dis là doit vous faire sourire. A votre place, tout autre correspondant me trouverait, comme vous, assez étrange. Je vous écris avec détail un long chapitre d'inductions physiologiques et morales pour vous démontrer la portée de mon intelligence dans les investigations à domicile, à l'endroit de l'amour ; je devine toutes sortes de vos énigmes, j'illumine les ténèbres de tous vos mystères, et lorsqu'il s'agit de travailler pour mon propre compte, d'être perspicace à mon bénéfice, de faire des découvertes d'amour dans mes intérêts, j'abdique soudainement, je perds mes facultés lumineuses, je pose un bandeau sur mes yeux et je supplie avec humilité un ami de me prêter le fil du labyrinthe et de conduire mes pas dans ma nuit. En effet, cela doit vous paraître bien singulier. Quant à moi, je trouve cela fort naturel. A travers les mille accidents ténébreux dont l'amour hérisse notre vie, la lumière ne peut nous venir que de la main et de l'intelligence d'un ami ou d'un indifférent. Quand on regarde les autres, on a des yeux de lynx ; quand on se regarde, on a des yeux de taupe. C'est l'optique des passions. Il est honteux de sacrifier ainsi les plus belles prérogatives de l'homme aux pieds d'une femme ; c'est à couvrir de rougeur enfantine la pâle virilité de nos fronts, mais il faut subir les inexorables exigences de l'amour. Le semblant de vie que je mène me devient odieux. La patience est une vertu perdue avec Job, et je ne ferai pas le miracle de la ressusciter.

Croyez-moi, quittez prudemment Richeport ; venez me rejoindre ici, où je compte passer encore quelques jours. Je vous expliquerai quel est ce grand service que vous pouvez me rendre si facilement. Entre un ami qui vous redoute et un ami qui vous réclame, hésiterez-vous ?

ROGER DE MONBERT.

XXIII

A MADAME
MADAME LA VICOMTESSE DE BRAIMES
A GRENOBLE (ISÈRE).

Pont-de-l'Arche, 15 juillet 18...

Venez à moi, secourez-moi, ma bonne, ma chère Valentine, je suis anéantie, je ne vis plus. Chaque matin en m'éveillant je me demande comment je pourrai finir la journée. Oh ! que la vie est lourde lorsqu'il faut la traîner pour elle-même, que le chemin paraît long et aride lorsqu'on ne marche plus que pour marcher ! Quel but m'attire à l'horizon, je n'espère plus rien, je ne cherche plus rien. Qui pourrais-je croire, maintenant que mon cœur m'a trompée ! Tant que l'erreur est venue de la duplicité des autres, j'ai pu supporter le désenchantement; l'amour menteur de Roger n'a pas été une surprise amère pour moi; ce triste mensonge, mon instinct l'avait deviné; un pressentiment craintif m'éloignait de Roger; je comprenais qu'il n'y avait pas harmonie entre nous; j'entrevoyais la rupture avant l'alliance; et, tout en croyant l'aimer, je me disais : Ce n'est pas là de l'amour. Mais cette fois l'erreur vient de moi-même et le désenchantement détruit cette confiance qui faisait ma force et mon courage. Dans une joie trompeuse, je me suis écriée : C'est lui ! Hélas! il n'a pas répondu : C'est elle! et il est parti !

Après un si beau rêve, quel affreux réveil. Valentine, brûlez vite cette lettre où je vous racontais mes espérances si naïves, mon bonheur si confiant. Brûlez vite cette triste lettre ! qu'il ne reste plus rien de ce fol amour!

Eh quoi! cette émotion profonde qui bouleversait tout mon être, qui remplissait de larmes mes yeux, qui faisait battre mon cœur avec tant de violence; cette fièvre de l'âme qui me faisait frissonner et trembler, pâlir et rougir à tous moments, qui se trahissait dans mes regards et que je reconnaissais dans ses regards, à lui; cette joie brûlante que j'avais tant de peine à cacher; cet avenir si doux que je voyais certain; ce monde nouveau, enivrant de délices, que j'habitais déjà; cet amour si pur qui me donnait la vie et que je sentais partagé; cette émotion, cette joie, cet amour... tout cela n'était qu'une création de ma pensée... Et maintenant tout est détruit... me voilà seule, et je n'ai plus pour m'aider à vivre qu'un souvenir... le souvenir d'une illusion perdue... Dois-je me plaindre? C'est la loi commune : après la fiction, la réalité; après le météore, la nuit; après le mirage, le désert!

Ainsi, j'aimais comme jamais un cœur jeune, plein de foi et de tendresse, n'a aimé, et cette passion était une erreur; je ne le connaissais pas, il ne m'aimait pas, et je n'avais aucune raison de l'aimer; il est parti, et il devait partir ; je n'avais aucun droit de le retenir, je n'ai même pas le droit de souffrir de son absence. Qui est-il? un ami de madame de Meilhan et de son fils, un étranger pour moi!... lui!... un étranger!... Non, non, il m'aime, je le sais... Mais pourquoi ne me l'a-t-il pas dit? Quelqu'un s'est jeté entre nous, il y a une idée qui nous sépare, un soupçon, peut-être... Oh! s'il me croyait la maîtresse d'Edgard! j'en mourrais... Je veux lui écrire ; me le conseillez-vous? Eh! que lui écrirais-je? S'il apprenait qui je suis, sans doute il perdrait ses préventions contre moi. Oh! je veux retourner à Paris. Il comprendra bien alors que je n'aime pas Edgard, puisque je l'aurai quitté, puisque je ne le reverrai jamais. Cependant il n'a pu se tromper sur les sentiments qui existaient entre son ami et moi ; il a vu tout de suite que j'étais libre, l'indépendance ne se joue pas... Ce n'est pas ça, il a confiance en moi ; et d'ailleurs, s'il avait eu cette pensée, il ne serait pas venu me dire adieu. Pourquoi est-il venu chez moi, seul, et pourquoi ne m'a-t-il pas parlé de mon prochain retour à Paris, du désir qu'il aurait de m'y retrouver? Quelle pâleur, quelle tristesse, et pourtant pas un mot de regret, de lointain espoir! On m'a dit : M. de Villiers est là qui demande madame ; faut-il le renvoyer comme M. de Meilhan? J'étais dans le jardin, je vais à sa rencontre. — Me permettez-vous, madame, me dit-il, de venir chercher vos commissions pour Paris, où je serai après-demain, et de vous faire mes adieux? — Il y avait deux grands jours que je ne l'avais vu. Je ne m'attendais pas à cette visite, j'étais si troublée que je ne pouvais répondre. — On vous regrette beaucoup à Richeport, ajouta-t-il ; madame de Meilhan espère bien vous revoir ces jours-ci. — Je me suis hâtée de lui dire : — Je ne pourrai pas retourner chez elle, je suis moi-même obligée de partir bientôt. — Il n'a pas demandé : Où allez-vous? Il m'a regardée d'un air étrange, presque soupçonneux ; puis, pour changer la conversation, il a dit : Nous avons vu à Richeport depuis votre départ un homme très-aimable, célèbre par son esprit, un voyageur, le prince de Monbert... En disant cela, il croyait parler de choses indifférentes. Eh! mon Dieu! cela se trouvait être juste ; Roger m'intéressait bien peu dans ce moment. J'attendais toujours un mot d'avenir, une espérance jetée dans ma vie, un regard pareil à ces regards si tendres qui m'avaient donné tant de joie... Mais il évitait toute allusion à notre situation passée ; il fuyait mes regards avec autant de soin qu'autrefois il les cherchait... J'étais épouvantée ; je ne le comprenais plus ; je tournais la tête naïvement derrière nous pour voir s'il n'y avait pas là quelqu'un pour nous espionner, tant je le trouvais différent de lui même... Chose étrange! J'étais seule avec lui ; mais lui n'était pas seul avec moi ; il y avait un tiers entre nous, un être invisible pour moi qu'il entrevoyait, lui, et qui semblait dicter ses paroles et inspirer sa conduite.

Resterez-vous longtemps à Paris? lui ai-je demandé tremblante et découragée. Je ne sais pas encore, madame, me répondit-il. Irritée par ce mystère, j'eus un moment l'idée de lui dire : J'espère, si vous restez à Paris quelque temps, que j'aurai le plaisir de vous voir chez ma cousine, la duchesse de Langeac, et je lui aurais raconté toute mon histoire ; j'étais ennuyée de jouer un rôle d'aventurière avec lui... ; mais il paraissait si préoccupé, il m'écoutait si mal, il semblait repousser si froidement mes affectueuses instances, que je n'eus pas le courage de lui dire la vérité : il n'y avait pas moyen de hasarder une confidence avec un tel indifférent! Une seule chose me consolait un peu, c'est qu'il paraissait profondément triste, et puis, enfin, il était venu, non pas pour moi, mais pour lui-même ; rien ne l'obligeait à me faire cette visite ; s'il était venu, c'est qu'il avait eu besoin de me voir. Tant qu'il est resté là près de moi, malgré cette anxiété affreuse où me plongeait son inexplicable indifférence, j'ai eu quelque espoir, je croyais qu'il y aurait dans ses adieux un mot sur lequel je pourrais vivre jusqu'au moment de le retrouver; je me trompais; il m'a saluée, il est parti et il ne m'a rien dit en partant...

Alors j'ai senti que tout était perdu pour moi, et je me suis mise à pleurer comme un enfant, à sangloter. Tout à coup la servante a ouvert la porte en disant : « Ce monsieur a oublié les lettres pour madame de Meilhan. » Et au même instant il est rentré dans le salon, et il a pris sur la table un paquet de lettres que la servante lui avait remis quand il était arrivé et qu'il avait oublié. Voyant que je pleurais, il s'arrêta inquiet et vivement ému, il me regarda avec une attention singulière, et je crus remarquer à travers mes larmes qu'une sorte de joie cruelle éclatait dans ses regards; je pensai encore que cette fois il allait venir me parler, mais il s'éloigna brusquement, et j'entendis la porte retomber derrière lui. Le lendemain, au risque de rencontrer avec lui Edgard, je suis restée toute la matinée dans le chemin qui est au bord de la Seine. J'espérais qu'il s'en irait par là, j'espérais aussi que peut-être il reviendrait me voir... je comptais, pour le ramener, sur mes larmes, sur ces larmes versées pour lui et qu'il avait dû comprendre... Il n'est pas revenu!

Depuis trois jours qu'il est parti, je passe toutes mes heures à me rappeler cette dernière entrevue, les dernières paroles qu'il m'a dites, ses accents, ses regards... il y a des instants où je trouve l'explication de tout. Ma foi se ranime... il m'aime! il attend une circonstance, il veut faire une démarche, il redoute un obstacle, il veut éclaircir quelque doute... un scrupule généreux le retient... L'instant d'après, l'affreuse vérité reparaît lumineuse. Je me dis : C'est un jeune homme plein d'imagination, à idées romanesques... il m'a rencontrée; je lui ai plu; il m'aurait aimée si j'avais été dans ses relations habituelles; mais tout nous sépare; il m'oubliera... Et puis bientôt, révoltée contre ce destin que je peux changer, je m'écrie : Je le reverrai... je suis libre, je suis jeune, je suis belle; il faut le croire, puisqu'il le disait; j'ai deux cent mille livres de rentes..... Avec tout cela il serait absurde, impardonnable de n'être pas heureuse. Enfin, je l'aime, je l'aime avec passion, et cette passion si vive m'inspire une forte confiance ; il me semble impossible que tant d'amour soit né inutilement dans mon cœur... Et puis, cette confiance est à son tour détruite par celui-là même qui l'inspire, et je me dis avec désespoir : M. de Villiers est un homme loyal qui m'aurait dit franchement : Aimez-moi, soyons heureux... S'il n'a pas dit cela, c'est qu'il y a entre nous un obstacle insurmontable, un obstacle de délicatesse invincible; c'est qu'il est engagé... c'est qu'il ne peut me donner sa vie... c'est qu'il faut renoncer à lui pour jamais.

M. de Meilhan vient tous les jours ici ; je lui fais répondre que je suis malade, et que je ne peux le recevoir ; et je suis réellement très-souffrante ; sans cela, je serais déjà retournée à Paris. Je ne reviendrai pas par le chemin de fer : je crains trop de rencontrer Roger. J'ai oublié de vous raconter son arrivée à Richeport ; c'est une plaisante histoire ; j'en ai bien ri dans le temps où je riais encore. Il y a quatre jours de cela, j'étais à Richeport, voulant toujours m'en aller et toujours retenue par madame de Meilhan; il était à peu près midi, nous étions dans le salon avec madame de Meilhan, Edgard et M. de Villiers. Ah! j'étais bien heureuse ce jour-là! Comment pressentir?... Oh! j'en deviendrai folle!... Nous faisions de la musique ; je jouais un air de Bellini... Un domestique entra et dit ces simples mots : Est-ce par le convoi de midi que madame attendra M. le prince de Monbert?... A ce nom je me lève, et je m'enfuis bien vite, en jetant par terre ma chaise et les livres qui étaient là. Je monte dans ma chambre, je prends mon chapeau, mon ombrelle, pour me cacher en cas de rencontre, et je cours à Pont-de-l'Arche. Bientôt après j'apprends que le prince est arrivé, qu'on a commandé le dîner pour cinq heures, parce qu'il doit partir par le convoi de sept heures. J'envoie quelqu'un au château dire que je suis retenue à Pont-de-l'Arche, ce qu'il fallait dire pour être poli ; et, voulant éviter les instances d'Edgard, je vais me réfugier, à l'entrée de la ville, chez la femme d'un pêcheur qui m'est dévouée. Je porte souvent à ses enfants des robes, des chiffons. Sa maison est située sur le chemin qui longe la rivière. A six heures et demie, au moment où l'on devait reconduire Roger au chemin de fer, j'entends plusieurs voix bien connues... J'entends mon nom prononcé distinctement : mademoiselle de Châteaudun. Je m'approche de la fenêtre, et, cachée par le volet à demi fermé, j'écoute attentivement. — Elle est à Rouen, disait le prince... — Quelle étrange femme! disait M. de Villiers. — Ah! cette conduite peut s'expliquer, reprenait Edgard; elle est indignée contre lui. — Sans doute, elle doit me croire coupable, reprenait à son tour Roger ; je veux la revoir à tout prix pour me justifier... En causant ainsi, ils passèrent tous trois devant la fenêtre où j'étais. Je tremblais, je n'osais les regarder... Quand ils se furent un peu éloignés, j'entr'ouvris le volet, et je les vis arrêtés tous trois admirant le paysage, qui est superbe, et ce charmant pont, dont les piliers sont tout en fleurs. En les voyant tous les trois si élégants, si distingués, un mauvais sentiment de vanité féminine me traversa l'esprit; je me dis tout bas, et dans le plus profond abîme de mon orgueil : Tous les trois ils m'aiment... tous les trois ils pensent à moi... Oh! j'ai été bien cruellement punie de cet éclair de vanité misérable. Hélas! il y en avait un des trois qui ne m'aimait point, c'était celui que j'aimais; il y en avait un qui ne pensait pas à moi, c'était celui à qui, moi, je pense à toutes les heures de ma vie. Un autre sentiment plus noble est venu m'attrister le cœur. Voilà trois amis, me disais-je... et peut-être un jour, à cause de moi, trois ennemis. Valentine, vous voyez comme je suis triste et découragée, ne m'abandonnez pas. Brûlez ma dernière lettre, je vous en conjure... Irène de Châteaudun.

XXIV

A MADAME
MADAME GUÉRIN
A PONT-DE-L'ARCHE (EURE).

Richeport, 10 juillet 18...

Voilà trois fois que je vais chez la directrice de la poste depuis que vous avez quitté le château d'une façon si brusque et si inexplicable. Je me perds en conjectures sur ce départ soudain, que rien n'a motivé ni préparé. C'est sans doute pour ne pas m'en dire la cause que vous refusez de me voir. Je sais que vous êtes toujours à Pont-de-l'Arche et que vous n'avez pas quitté la maison de madame Taverneau. Aussi, quand elle me répond avec un air compassé et mystérieux que vous êtes absente pour quelque temps, en regardant la porte fermée de votre chambre, derrière laquelle je devine votre présence, il me prend des envies de jeter à bas d'un coup de pied cette mince planche qui me sépare de vous. J'ai des rages sombres comme m'en inspirent toujours les obstacles illogiques et les résistances injustes.

Que vous ai-je fait? Qu'avez-vous contre moi? Que je connaisse au moins le crime pour lequel je suis puni. Sur l'échafaud, on lit toujours au patient sa sentence, équitable ou non. Serez-vous plus cruelle qu'un bourreau? Lisez-moi mon arrêt. Il n'y a rien de si affreux que d'être exécuté dans une cave sans savoir pourquoi.

Depuis trois jours, — trois éternités, — j'ai fait des prodiges de mémoire à rendre fou. Je me suis rappelé tout ce que j'ai dit pendant deux semaines, mot par mot, syllabe par syllabe; j'ai fait d'énormes projections de volonté pour rendre à chaque phrase son intonation, ses soupirs, ses dièzes et ses bémols. Tout ce que la musique de la voix peut donner de significations différentes à l'idée a été analysé, débattu et commenté vingt fois dans ma tête. Ni le mot, ni l'accent, ni le geste, ne m'ont rien appris; je défie le génie le plus malheureux et le plus envieux d'y trouver rien qui puisse offenser la fierté la plus susceptible, la majesté la plus hautaine ; dans ma plus grande familiarité avec vous, il n'y a pas eu de quoi alarmer une feuille de sensitive ou de mimosa. Ainsi, ce ne peut être là le motif qui vous a fait fuir comme frappée d'une terreur panique. Je suis jeune, ardent, impétueux, je n'attache aucun prix à certaines conventions sociales, mais je suis sûr que je n'ai jamais manqué à la sainte pudeur de l'amour, au religieux respect de la beauté ; — je vous aime, je n'ai pu vous offenser ; ce qui n'était ni dans ma tête ni dans mon cœur, comment mes yeux et ma bouche l'auraient-ils exprimé ! S'il n'y a pas de feu sans fumée, il n'y a pas non plus de fumée sans feu !

Ce n'est pas cela. — Est-ce un caprice, une coquetterie ? Vous avez l'esprit trop sérieux et l'âme trop honnête ; et d'ailleurs, quel serait votre but ? Ces cruautés félines sont bonnes pour des femmes du monde blasées que ravive le spectacle des tortures morales, et qui se donnent, dans une sphère invisible, des fêtes d'impératrices romaines où des cœurs palpitants sont déchirés par les griffes des bêtes fauves de l'âme, les désirs effrénés, les haines inassouvies et les jalousies savamment excitées jusqu'à la rage, toute la meute hideuse des mauvaises passions. — Louise, vous n'avez pas voulu jouer ce jeu-là avec moi. Il serait inutile, féroce et dangereux.

Quoique j'ai été élevé dans ce qu'on appelle le monde, je suis resté sauvage au fond ; je puis parler comme un autre de politique, de chemins de fer, d'économie sociale, de littérature ; j'imite assez bien les gestes civilisés ; mais, sous le vernis des gants blancs, j'ai gardé la violence et la simplicité de la barbarie. — Si vous n'avez pas quelque raison sérieuse, souveraine, inéluctable, — non pas une de ces raisons banales dont se paie la tiédeur des amants ordinaires, — ne prolongez pas mon supplice d'un jour, d'une heure, d'une minute. Ne me parlez ni de réputation, ni de vertu, ni de devoir. — Vous m'avez donné le droit de vous aimer, — aux clartés des étoiles, dans l'allée des acacias, en face du soleil, à cette fenêtre du donjon de Richard qui s'ouvre sur un abîme. Vous m'avez conféré ce sacerdoce auguste. Votre main a frémi dans la mienne. La lueur céleste allumée par mes regards a brillé dans vos yeux. Ne fût-ce qu'une seconde, votre âme m'a appartenu; il y a eu contact et l'étincelle électrique a jailli.

Il se peut que dans votre idée cela ne signifie rien : moi je n'admets aucune de ces distinctions subtiles ; ce moment m'a uni à vous pour toujours. Votre volonté, l'espace d'un éclair, a été d'être à moi ; je ne sais pas faire trois parts de mon esprit, de mon âme et de mon corps ; tout ce qui est moi vous adore, vous aime et vous veut. Je n'ai pas des amours gradués, selon les gens. On ne sait qui vous êtes. Vous seriez la reine de la terre ou la reine des cieux, je n'aurais pas pour vous un autre amour.

Recevez-moi. Vous ne m'expliquerez rien si vous voulez ; mais recevez-moi. Je ne puis vivre sans vous. — Qu'est-ce que cela vous fait que je vous voie ?

Ah ! j'ai bien souffert, même quand vous étiez encore au château. Quelle influence maligne s'est répandue entre nous ? J'ai senti vaguement qu'il s'était passé quelque chose de suprême et de fatal ; j'ai eu comme le pressentiment d'une destinée qui s'accomplissait ; était-ce votre sort ou le mien qui se décidait, ou tous les deux ? quel mot décisif l'ange rêveur qui tient les registres de l'avenir a-t-il écrit sur la page de bronze d'où rien ne s'efface ? qui a été condamné ou absous en ce moment solennel ?

Pourtant, il n'était arrivé aucun événement appréciable ; rien ne paraissait changé dans notre vie. D'où donc me venait cette inquiétude mortelle, ce trouble profond, cet effroi précurseur d'un danger immense, mais inconnu ? J'ai eu de ces perceptions instinctives, de ces terreurs magnétiques qu'éprouvent les avares endormis lorsqu'un voleur rôde autour de leur trésor caché ; — il me semblait qu'on voulait me dérober mon bonheur.

Nous avions tous je ne sais quoi de contraint, d'embarrassé : quelqu'un nous gênait. — Qui ? Il n'y avait là que Raymond. Un de mes meilleurs amis, arrivé de la veille et devant partir bientôt pour aller épouser une cousine, jeune, jolie et riche ! — C'est singulier ! lui si doux, si confiant, si expansif, si chevaleresque ; je l'ai trouvé aigre, taciturne, farouche, presque maussade, et je me sentais contre lui des mouvements pleins d'amertume et de malveillance. — L'amitié ne serait-elle qu'une haine tiède ? J'en ai peur, car plus d'une fois j'avais des envies féroces de me quereller avec Raymond et de lui sauter à la gorge. Il parlait d'un brin d'herbe, d'une mouche, ou de l'objet le plus indifférent, et cela me blessait comme une personnalité. — Tout ce qu'il faisait me choquait horriblement ; il se levait, j'étais indigné ; il s'asseyait, je devenais furieux ; chacun de ses mouvements me semblait une provocation : comment se fait-il que je ne me sois pas aperçu de cela plus tôt, et qu'un homme contre qui j'ai une aversion naturelle si forte soit mon ami depuis dix ans ? Quelle chose étrange, que je me sois rendu compte si tard de cette antipathie !

Et vous, d'ordinaire si naturelle dans votre grâce, comme vos manières sont devenues guindées ; vous me répondiez à peine quand il était là. La phrase la plus simple vous troublait ; on aurait dit que vous deviez rendre compte de vos paroles à quelqu'un, et que vous craigniez d'être grondée en sortant, comme une jeune fille que sa mère mène pour la première fois dans un salon.

Un soir j'étais assis à côté de vous sur le canapé ; je vous lisais la *Tristesse d'Olympio*, cette sublime élégie du grand poëte ; Raymond est entré. Vous vous êtes levée brusquement comme un enfant coupable ; vous avez pris une attitude humble et repentante, et tourné vers lui des yeux qui demandaient grâce. A quel pacte secret, à quelle convention occulte aviez-vous manqué ?

Le regard par lequel Raymond a répondu au vôtre contenait sans doute votre pardon, car vous vous êtes remise à votre place, — cependant en vous éloignant de moi davantage et comme ne voulant pas abuser de la permission accordée ; j'ai continué ma lecture, mais vos oreilles seules m'écoutaient, vous étiez plongée dans une demi-extase à travers laquelle bourdonnaient vaguement les vers du poëte. J'étais à vos pieds et jamais je ne vous ai sentie si loin de moi. Dans cet espace où une autre personne n'aurait pu s'asseoir, il y avait un abîme.

Quelle main invisible m'a donc précipité de mon ciel ? Qui m'a transporté si loin de vous, à mon insu, de l'équateur au pôle ? Hier encore votre œil, trempé de lumière et de vie, se tournait doucement vers moi, votre main effleurée par la mienne ne se retirait pas. Vous acceptiez mon amour, non pas avoué, mais compris, car je hais ces déclarations qui ressemblent à des cartels. Si quelqu'un a besoin de dire qu'il aime, il n'est pas digne d'être aimé, on ne parle que pour les choses indifférentes ; parler c'est un moyen de se taire ; mais vous, à la flamme de mes prunelles, au tremblement de ma voix, à l'émotion que trahissaient mes soudaines pâleurs, à l'impalpable caresse dont vous enveloppiez mon désir, vous avez dû voir, et vous l'avez vu, que je vous aimais éperdument.

C'est lorsque Raymond laissait tomber son regard sur vous que je me suis rendu compte à moi-même de toute la profondeur de ma passion. — C'était comme si l'on m'eût passé un fer rouge dans le cœur. Ah ! quel horrible pays que la France ! Si j'étais en Turquie, je vous enlèverais sur la croupe tigrée de mon cheval barbe, je vous enfermerais dans un harem aux murailles à créneaux, entouré de fossés profonds, hérissé d'une broussaille de cimeterres ; des nègres muets concheraient sur le seuil de votre chambre, et la nuit, au lieu de chiens, je lâcherais des lions dans les cours !

Ne riez pas de cet emportement : — il est sincère ; nul

ne vous aimera comme moi. — Ce n'est pas Raymond, ce Don Quichotte sentimental, en quête d'aventures et d'actions chevaleresques. Pour qu'il aime une femme, il faut qu'il l'ait pêchée dans l'écume de la cascade du Niagara ; qu'il ait retenu, en se faisant démettre l'épaule, sa calèche sur le bord d'un précipice, ou qu'il l'ait arrachée d'entre les mains de bandits pittoresques, costumés en Fra-Diavolo ; — il n'est bon qu'à faire le héros d'un roman anglais en dix volumes, avec un habit à larges revers, un pantalon gris collant et des bottes à cœur. Votre caractère ferme et sensé ne peut s'accommoder des équipées philanthropiques de ce paladin moderne qui friserait de près le ridicule, s'il n'était beau, riche et brave ; ce don Juan moral, qui fait des séductions par la vertu, ne saurait vous convenir.

Quand vous verrai-je ? Nous vivons si peu, surtout pour le bonheur... J'ai perdu trois jours de paradis par votre obstination à vous cacher. Quel dieu pourra me les rendre ?

Louise, jusqu'à présent je n'ai aimé que des spectres de marbre, que des fantômes de beauté ; mais qu'était-ce que cet amour de statuaire et de peintre à côté de ce que j'éprouve ? Ah ! qu'il est est doux et cruel d'être dépouillé à la fois de sa raison, de sa volonté, de sa force, et tremblant, agenouillé, vaincu, de remettre la clé de son âme à la belle victorieuse ! N'allez pas, comme Elfride, la jeter dans le torrent !   EDGARD DE MEILHAN.

XXV

A MADAME
MADAME LA VICOMTESSE DE BRAIMES
HOTEL DE LA PRÉFECTURE,
A GRENOBLE (ISÈRE).

Rouen, 12 juillet 18...

Madame,

S'il se glisse dans ces lignes que je vous écris à la hâte

quelque expression un peu sévère et qui vous blesse dans une de vos affections les plus tendres, je vous prie de ne vous en prendre qu'au sérieux intérêt que vous avez su m'inspirer pour une personne que je ne connais pas. Madame, le cas est grave, et pour peu qu'elle se prolonge, la comédie qui se joue au bénéfice de je ne sais quelle vanité pourrait bien avoir le dénoûment d'un drame ou d'une tragédie. Que mademoiselle de Châteaudun sache vite qu'il y va de son repos et de sa destinée tout entière. Pour user de votre influence, vous n'avez pas un jour, pas une heure, pas un instant à perdre. Je ne réponds de rien ; hâtez-vous. Votre position, votre esprit avancé, votre haute raison vous donnent nécessairement sur mademoiselle de Châteaudun l'autorité d'une sœur aimée ou d'une mère ; servez-vous-en pour sauver cette jeune imprudente. Si c'est un caprice, rien ne le justifie ; si c'est un jeu, il est cruel, et la ruine est au bout ; si c'est une épreuve, elle a trop duré. J'ai suivi M. de Monbert à Rouen ; je vis avec lui, je l'observe : c'est un lion blessé. N'ayant jamais eu l'honneur de me rencontrer avec mademoiselle de Châteaudun, je ne puis décider si le prince est le cœur qu'il lui faut. Mademoiselle de Châteaudun seule peut être juge dans une question si délicate. Mais ce que j'affirme, c'est que M. de Monbert n'est point un homme de qui l'on puisse se jouer impunément, et que, quel que soit l'arrêt qu'ait à prononcer mademoiselle de Châteaudun, il est de son devoir et de sa dignité de ne pas le faire plus longtemps attendre. Si elle doit frapper, qu'elle frappe, et ne se montre pas plus impitoyable que le bourreau, qui, lui du moins, ne laisse pas languir sa victime. M. de Monbert ne serait pas ce qu'il est, un gentilhomme dans la plus belle acception du mot, qu'il aurait droit encore à toutes sortes de ménagements, s'il est vrai que toute douleur sincère soit digne de pitié, et tout amour vrai respectable. Qu'on ne s'y trompe pas, ce n'est pas là un de ces faciles amours nés dans l'atmosphère du monde parisien, et qui meurent comme ils ont vécu, sans luttes ni déchirements ; c'est une passion énergique et profonde, qui sera funeste au besoin. Qu'un prince, à la veille d'épouser une jeune et belle héritière, voie sa fiancée s'envoler avec ses millions, il semble d'abord qu'il y ait lieu de sourire ; mais quand on a vu de près le comique héros de cette plaisante aventure, le rôle change d'aspect : le sourire pâlit et s'efface, le trait railleur tombe et s'émousse, le plaisant fait place au terrible, et la folle équipée de la belle fugitive prend les proportions formidables d'un drame rempli d'épouvante. M. de Monbert n'est pas ce que l'on pense communément, ce que moi-même je pensais avant de l'avoir retrouvé après dix ans de séparation. Son sang s'est embrasé au soleil des zones torrides ; il a gardé quelque chose des mœurs et des passions violentes des peuplades lointaines qu'il a visitées ; il cache tout cela sous un vernis de grâce et d'élégance ; affable et prêt à tout, on ne soupçonnerait guère, à le voir, ce qui bouillonne et s'agite en son sein ; il est pareil à ces puits de l'Inde dont il me parlait ce matin : ce n'est à l'entour que fleurs et feuillage ; descendez au fond, vous en sortez pâle et glacé d'effroi. Madame, je vous le dis, cet homme souffre tout ce qu'il est possible de souffrir ici-bas. Je vis avec son désespoir, j'en puis parler : il me fait peur. Ce ne sont pas seulement l'amour et l'orgueil qui saignent en lui. Il se reconnaît des torts apparents vis-à-vis de mademoiselle de Châteaudun ; il demande à se justifier ; il est exaspéré par le sentiment de son innocence méconnue. Qu'on le condamne, mais du moins qu'on le juge. Je l'ai vu se tordre les bras ; je l'ai entendu s'exhaler en rugissements de douleur et de rage. Calme, il est plus effrayant encore ; ses silences sont pleins de tempêtes. Hier, en rentrant, découragé, après tout un jour de vaines recherches, il m'a pris une main qu'il a portée brusquement à ses yeux. — « Tenez, m'a-t-il dit, je n'ai jamais pleuré... » Et j'ai senti ma main humide. Si vous aimez mademoiselle de Châteaudun, si le bonheur de sa vie vous est cher, si son cœur ne peut être atteint sans que le vôtre soit percé du même coup, madame, avertissez-la promptement; faites-le sans détour; allez droit au but : le temps presse. Il ne s'agit ici de rien moins que de prévenir quelque irréparable malheur. De l'amour à la haine il n'y a qu'un pas; la haine qui se venge est encore de l'amour. Dites à cette enfant qu'elle plaisante avec la foudre; dites-lui que la foudre gronde, et qu'à la fin elle éclatera sur sa tête. Si, par exemple, mademoiselle de Châteaudun n'a qu'un nouvel amour pour excuse, si elle n'a dégagé sa foi que pour la donner à un autre, malheur! trois fois malheur à elle! M. de Monbert a le coup d'œil sûr et la main exercée : le deuil suivra de près la fête des fiançailles, et mademoiselle de Châteaudun peut commander en même temps ses vêtements de veuve et sa robe de mariée.

C'est là, madame, tout ce que j'avais à vous dire. Quant aux folles joies dont ma lettre était pleine, ce n'est même plus la peine d'en parler. Espoir brisé, rompu, éteint, bonheur aussitôt évanoui qu'entrevu! A Richeport depuis quatre jours seulement, je commençais déjà de remarquer entre M. de Meilhan et moi une irritation sourde, secrète, inavouée, mais réelle, quand une lettre de M. de Monbert est venue me donner le mot de cette énigme, en me faisant comprendre que j'étais de trop sous ce toit. Insensé, comment ne l'avais-je pas compris de moi-même et plus tôt? Comment, aveugle que j'étais, n'ai-je pas vu, dès la première heure, que ce jeune homme aimait cette femme? Comment ne me suis-je pas dit tout d'abord que ce jeune poëte n'avait pu vivre impunément auprès de tant de grâce, de charme et de beauté? Avais-je donc pensé, malheureux, qu'elle n'était belle que pour moi, et que seul j'avais des yeux pour l'admirer, un cœur pour l'adorer et la comprendre? Eh bien! oui, je l'avais pensé; j'avais cru, sans m'en rendre compte, qu'elle s'était épanouie pour moi seul, qu'elle n'existait pas avant notre rencontre, que nul regard, avant le mien, ne s'était reposé sur elle, qu'elle était ma création enfin, que je l'avais pétrie de mon sang et animée du feu de mes rêves. Encore à présent que nous sommes à jamais séparés, je crois que, s'il est deux êtres que Dieu ait créés l'un pour l'autre, nous sommes, elle et moi, ces deux êtres, et que, si toute âme a sa sœur, son âme est la sœur de la mienne. M. de Meilhan l'aime : qui ne l'aimerait pas? Mais ce qu'il aime en elle, c'est la beauté visible. Ce sont les attaches du col et des épaules, c'est la perfection des contours. Son amour ne tiendrait pas contre un coup de pinceau qui dérangerait un pli de cet ensemble. Telle qu'elle est, il la trahira pour la première toile ou pour le premier marbre qu'il rencontrera sur son chemin. Il a déjà peuplé de ses rivales les galeries du Louvre; il en encombrera tous les musées du monde. Edgard n'a qu'un amour profond et vrai; c'est l'amour de l'art, si profond qu'il exclut ou absorbe en lui tous les autres. Un beau site ne le ravit qu'à la condition de lui rappeler un paysage de Ruysdaël ou de Paul Huet, et je ne sais pas de si charmant modèle dont il ne préfère le portrait, s'il est signé Ingres ou Scheffer. Il aime cette femme en artiste; il n'a fait d'elle que la joie de ses yeux; elle eût été la joie de toute mon existence. Et puis Edgard n'a rien de ce qui constitue les éléments de la vie sociale. C'est une nature fantasque, hostile à toutes convenances, ennemie de tout sentier frayé. Chez lui, l'esprit est toujours armé et toujours prêt à tirer sur le cœur; au milieu de ses inspirations les plus sincères, on entend toujours un peu l'accompagnement railleur de la romance de don Juan. Non, là n'est point le bonheur de cette Louise si longtemps cherchée, si longtemps attendue, trouvée, hélas! et perdue sans retour. Louise s'abuse, si elle croit le contraire. Mais elle ne le croit pas. Ce qu'il y a d'affreux dans la nécessité qui nous sépare, c'est qu'elle brise en même temps deux destinées qui s'étaient unies en silence. Ce n'est pas seulement mon bonheur que je pleure, c'est aussi, c'est surtout celui de cette noble créature qui l'aura rencontré, comme moi, sans pouvoir y porter la main. En nous voyant, j'en ai la conviction, nous nous étions reconnus l'un l'autre. Elle s'est écriée : C'est lui! quand je me suis écrié : C'est elle! Quand je suis allé lui dire adieu, un adieu éternel, un adieu pour toujours, je l'ai vue triste, pâle et frappée de stupeur ; j'ai vu des larmes couler sur sa joue. Elle m'aime, je le sais, je le sens; et cependant j'ai dû partir! elle a pleuré, et j'ai dû me taire ! Un mot, un seul, et le ciel aussitôt s'entr'ouvrait pour nous recevoir; ce mot, je n'ai pu le dire! Adieu donc, doux songe envolé ! Et toi, farouche et stupide honneur, je te maudis en te servant, et je t'exècre en faisant tout pour toi. Ah ! ne me croyez pas résigné; ne pensez pas que l'orgueil puisse jamais combler l'abîme où je me suis jeté volontairement, n'espérez pas que je trouve un jour, dans la satisfaction de moi-même, la récompense de mon abnégation. Il y a des instants où je m'indigne et me révolte contre mon imbécilité. Pourquoi partir? Que m'importait Edgard? que me font à moi ses amours? J'aimais, je me sentais aimé ; qu'avais-je à m'occuper du reste?

Ainsi, pour prix de mon sacrifice, je n'ai retiré que le mépris de ma lâche vertu, et je me soufflète moi-même avec cette pensée de Pascal : « L'homme n'est ni ange ni bête, et le malheur veut que qui veut faire l'ange fait la bête. » Allons! tais-toi, mon cœur! Du moins il ne sera pas dit que l'héritier d'une race de preux n'est entré sous le toit d'un hôte et d'un ami que pour lui voler son bonheur.

Je suis triste, madame. Le gai rayon un instant entrevu n'a fait que rendre plus morne et plus sombre la nuit où je suis retombé. Je suis triste jusqu'à la mort. Que vais-je devenir? où vont aller mes jours? Je ne sais. Tout me pèse et m'ennuie, ou plutôt tout m'est indifférent. Je pense à voyager. Où que j'aille, votre image me suivra partout, consolante, si je pouvais être consolé. J'ai voulu d'abord vous porter mon âme à soigner ; mais ma douleur m'est chère et je ne veux pas en guérir.

Je presse la main de M. de Braimes, et je rassemble dans une seule et même étreinte vos aimables enfants sur mon cœur.
Raymond de Villiers.

XXVI
A MONSIEUR
MONSIEUR LE PRINCE DE MONBERT
POSTE RESTANTE, A ROUEN.

Richeport, 23 juillet 18...

Je suis ivre de rage, fou de douleur ! — Cette Louise ! je ne sais qui me retient de mettre le feu à la maison où elle se cache ! Il faut que je m'en aille : je ferais quelque extravagance, quelque crime ! Je lui ai écrit lettres sur lettres, je me suis présenté vingt fois chez elle ; rien, toujours rien ! C'est à se casser la tête contre les murs ! — Coquette et prude ! — horrible assemblage, monstruosité trop commune, hélas !

Elle ne veut plus me voir ! c'est fini ! rien ne peut vaincre cet entêtement stupide qu'elle prend pour de la vertu. Si j'avais pu lui parler une seule fois, je lui aurais dit... je ne sais quoi, des mots que j'aurais trouvés, et qui l'auraient fait revenir à moi. — Mais elle se retranche dans son obstination : elle sait que je la vaincrais, qu'elle ne pourrait pas me donner de bonnes raisons ; car je l'aime éperdument, jusqu'au délire, jusqu'à la frénésie ! — La passion est éloquente. Elle me fuit ; ô perfidie et lâcheté ! ne pas oser regarder en face le malheur qu'on cause ! frapper en se cachant les yeux !

Je vais en Amérique, je tuerai ma douleur morale par la fatigue physique, je materai l'âme par le corps. Je veux remonter le cours des fleuves géants qui entraînent des archipels d'îles, pénétrer sous les voûtes inextricables des forêts où nul trappeur n'est arrivé encore, je veux me jeter avec les tribus sauvages au milieu des hordes de bisons, et nager sur cet océan de muffles velus et de cornes acérées ; je veux, dans la savane aux vagues d'herbes, courir à triple galop, poursuivi par les volutes de fumée de l'incendie. Si le souvenir de Louise tarde trop à s'effacer, j'arrêterai mon cheval et j'attendrai la flamme. — Je mènerai mon amour si loin, qu'il faudra bien qu'il me quitte.

Je le sens, ma vie est à jamais dévastée : — je ne puis rester dans un monde où Louise n'est pas à moi ! Peut-être ce jeune univers aura-t-il des consolations pour mon chagrin ! La solitude versera ses puissants baumes sur ma plaie ; une fois sorti de cette civilisation où j'étouffe, la nature me bercera sur son sein maternel ; les éléments reprendront leur empire sur moi ; les eaux, le ciel, les fleurs, les feuillages, me soutireront l'électricité fiévreuse qui surexcite mes nerfs ; je m'absorberai dans le grand tout, je ne vivrai plus ; je végéterai et je parviendrai à jouir du bonheur de la plante qui s'épanouit au soleil. Il faut, je le sens, que j'arrête mon cerveau, que je suspende le balancier de mon cœur, ou je deviendrai fou et enragé.

Je m'embarque au Havre. Dans un an d'ici, écrivez-moi au fort anglais des Montagnes-Rocheuses, et donnez-moi rendez-vous dans le coin du monde où vous irez oublier la douleur d'avoir perdu Irène de Châteaudun !

EDGARD DE MEILHAN.

XXVII

A MADAME
MADAME GUÉRIN
A PONT-DE-L'ARCHE.

Richeport, 23 juillet 18....

Louise, je vous écris, et la résolution que j'ai prise j'aurais dû peut-être l'accomplir silencieusement ; mais le nageur perdu dans l'immensité des mers ne peut s'empêcher, bien qu'il le sache inutile, de pousser un cri suprême, avant de s'enfoncer et de disparaître pour toujours. Peut-être une voile glisse-t-elle à l'horizon désert et ce dernier appel sera-t-il entendu! Il est si difficile de se croire définitivement condamné et de renoncer à tout espoir de grâce. Ma lettre ne servira en rien, et pourtant je ne puis m'empêcher de vous l'envoyer.

Je vais partir, quitter la France, changer de monde et de ciel. — Mon passage est retenu pour l'Amérique. — Ce ne sera pas trop du murmure des océans et des forêts vierges pour endormir mon chagrin. A une douleur immense, il faut l'immensité. — J'étoufferais ici. Il me semblerait, à chaque détour d'allée, voir le pli blanc de votre robe. Richeport est trop peuplé de vous pour que je l'habite; votre souvenir m'en exile à tout jamais. — Il faut que je mette entre vous et moi une grande impossibilité : à peine si deux mille lieues pourront me séparer de vous.

— Si je restais, je me laisserais aller à des violences insensées pour reprendre mon bonheur; personne ne renonce plus difficilement que moi à son rêve, surtout quand un mot pourrait en faire une réalité.

Louise, Louise, je ne sais quel motif vous fait me fuir et me fermer votre cœur. Vous n'avez donc pas vu combien je vous aimais? ma pensée ne s'est donc pas fait jour dans mes yeux? je n'ai donc rien traduit de ce que je sentais? vous n'avez donc pas plus compris mes adorations que l'idole insensible les prières du fidèle prosterné?

Pourtant j'avais la conviction de pouvoir vous rendre heureuse; je croyais avoir assez compris les délicatesses de votre âme pour n'en froisser aucune et les satisfaire toutes.

Quel crime ai-je commis pour que le ciel m'inflige cette amère douleur, cet âcre désespoir? Peut-être ai-je méconnu quelque amour sincère, repoussé quelque âme naïve et tendre que votre froideur venge en ce moment; peut-être êtes-vous, à votre insu, la Némésis de quelque faute oubliée.

Quelle horrible souffrance que celle de l'amour dédaigné! Se dire : « La personne aimée existe, loin de moi, sans moi; elle est jeune, souriante et superbe, — pour d'autres ;—mon désespoir n'est pour elle qu'une importunité, je ne lui suis nécessaire en rien ; mon absence ne fait aucun vide dans son âme, ma mort ne lui arracherait qu'une phrase de pitié insouciante ; tout ce qu'on trouvait de beau, de bon et de noble en moi, n'a pas produit la moindre impression sur elle ; mes vers, qui ont fait rêver tant de jeunes cœurs, — elle ne les a pas lus, — mes qualités m'ont nui comme des défauts ; pourquoi chercher un monde pour placer l'enfer ; n'est-il pas là ?

Et cependant quelle tendresse infinie, quels soins de tous les instants, quelle obsession caressante et timide, quelle obéissance à tous les désirs devinés, quelle prompte réalisation de la fantaisie même la plus vague ! pour un regard qui ne s'adressait pas à vous, pour un sourire que faisait éclore la pensée d'un autre ! Que voulez-vous ! on a toujours tort de n'être pas le plus aimé.

Je fuis, emportant le fer dans ma blessure ; je ne veux pas l'en arracher, j'aime mieux en mourir. — Puissiez-vous vivre heureuse, puisse l'atroce souffrance que vous me causez ne jamais être expiée. Je le souhaite ; le monde ne punit que les meurtres du corps, le ciel punit les meurtres de l'âme. Que votre assassinat invisible échappe le plus longtemps possible à la vengeance divine.

Adieu, Louise, adieu.   EDGARD DE MEILHAN.

XXVIII

A MADAME
MADAME LA VICOMTESSE DE BRAIMES
HOTEL DE LA PRÉFECTURE,
A GRENOBLE (ISÈRE).

Paris, 27 juillet 18...

Valentine, je suis bien inquiète ; comment se fait-il que je n'aie pas reçu un mot de vous depuis un mois ? Avez-vous quelque chagrin ? un de vos chers enfants est-il malade ? n'êtes-vous plus à Grenoble ? avez-vous accompli sans moi vos projets de voyage ? Voilà ce que j'espère :

alors mes lettres courent après vous, et comme vous ne savez rien de mes nouvelles tristesses, vous ne vous hâtez pas de m'écrire pour me consoler. Et jamais, cependant, je n'ai eu plus besoin de votre bonne amitié. La résolution que je viens de prendre me jette dans un si grand trouble ! J'agis à contre-cœur, mais je ne puis faire autrement ; il y a là une personne désolée, exaltée par sa douleur, qui m'entraîne, malgré ma volonté, dans son intérêt ; pourquoi n'ai-je pas là aussi une amie qui me retienne et qui m'arrête dans mon intérêt à moi !

Mais, après tout, qu'importe ma destinée ! l'espoir est à jamais perdu pour mes rêves, le triste mystère s'est enfin expliqué : M. de Villiers n'est plus libre, il doit épouser une de ses parentes. Oh! il ne l'aime pas, j'en suis bien sûre, mais il est esclave de sa parole, et elle doit l'aimer. Peut-il sacrifier à une inconnue ses liens de famille et cet amour d'enfance? Ah! s'il m'avait aimée réellement, il aurait eu le courage d'accomplir ce sacrifice; mais il n'avait pour moi qu'une tendre sympathie, assez vive pour lui laisser de longs regrets, pas assez forte pour lui inspirer une résolution pénible et cruelle. Ainsi deux êtres créés l'un pour l'autre se rencontrent un moment dans la vie; se reconnaissent... et puis se quittent malgré eux, emportant chacun, dans leurs routes différentes, d'éternels regrets; et ils languissent séparément, plus malheureux qu'ils n'étaient avant de se rencontrer, et ils végètent dans des régions opposées, ne s'attachant à rien, s'appelant de loin, mais vainement, tristes à jamais pour s'être vus un jour!... Ils sont comme ces passagers de divers navires qui se rencontrent une heure dans le même port qui échangent à la hâte quelques paroles sympathiques, et qui, le lendemain, séparément se rembarquent et s'en vont dans d'autres parages, sous d'autres cieux, ceux-ci au nord, ceux-là au midi, dans les déserts de neige, dans les déserts de feu, loin, bien loin les uns des autres, mourir. Est-il donc vrai que je ne le reverrai plus? Oh! mon

Dieu! comme je l'aimais! je lui en voudrai toute ma vie d'avoir laissé perdre tant d'amour!

Il faut pourtant vous dire ce que j'ai résolu; si je réfléchis un moment, je n'aurais plus la force de tenir ma promesse. Madame de Meilhan va venir me chercher; je n'ai pu résister aux larmes de cette malheureuse mère dont j'ai fait le malheur. Elle est au désespoir; son fils l'a quittée subitement, et, malgré le mystère qu'il lui en a fait, elle a su qu'il voulait aller en Amérique, et qu'il était au Havre, attendant le départ d'un bâtiment américain, *l'Ontario*. Elle espère arriver au Havre encore à temps pour revoir son fils, et elle compte sur mes prières pour le retenir. Je suis bien triste de causer tant de chagrin; mais saurais-je dire ce qu'il faut pour consoler? Je serai du moins généreuse; la douleur d'Edgard est la mienne; ce qu'il souffre pour moi, je le souffre moi-même pour un autre; je ne puis voir ses tourments, dans lesquels je reconnais mes tourments, sans une pitié profonde; cette pitié m'inspirera sans doute des prières qui sauront le retenir en France et l'empêcher de désoler sa mère en la quittant. D'ailleurs, je suis engagée, madame de Meilhan attend tout de moi. C'est une belle chose que l'amour maternel, il étouffe les orgueils les plus puissants; il bouleverse d'un seul cri les plans les plus ambitieux; voilà cette femme si hautaine subjuguée par la douleur; elle m'appelle sa fille, elle consent à ce misérable mariage qui, disait-elle, devait ruiner son fils, et auquel elle ne pouvait songer sans effroi; elle pleure, elle supplie... Ce matin, elle m'embrassait avec effusion. Rendez-moi mon fils, rendez-moi mon fils! criait-elle; vous l'aimez; il vous aime; il est charmant, il est beau, il est rempli d'esprit, je ne le reverrai plus si vous le laissez partir, dites-lui que vous l'aimez, rendez-moi mon fils! — Que pouvais-je lui répondre, comment faire comprendre à une mère idolâtre, comment lui expliquer qu'on n'aime pas son fils!... Si on osait lui répondre : Ce n'est pas lui que j'aime, c'est un autre... Elle vous dirait : Vous mentez, il n'est pas possible qu'il y ait sur la terre un homme préférable à mon fils. Elle fondait en larmes en relisant la lettre qu'Edgard m'a écrite avant de partir; cette lettre, Valentine, est noble et touchante, moi-même j'ai bien pleuré en la lisant. Enfin je me suis laissé entraîner, j'accompagnerai madame de Meilhan au Havre; nous arriverons, je l'espère, avant le départ du paquebot... Edgard n'ira pas en Amérique, et moi!... Oh! pourquoi est-ce lui qui m'aime ainsi!... On vient me chercher ; adieu, écrivez-moi, ma chère Valentine. Vrai, je suis inquiète. Si vous étiez ici!... Que vais-je devenir?... Adieu ! IRÈNE DE CHATEAUDUN.

XXIX
A MADAME
MADAME LA VICOMTESSE DE BRAIMES
HOTEL DE LA PRÉFECTURE,
A GRENOBLE (ISÈRE).

Paris, 27 juillet 18...

Il est bien heureux aujourd'hui pour moi, chère Valentine, que j'aie été toute ma vie une personne véridique, professant la haine du mensonge; sans cela, vous ne voudriez jamais croire les choses étranges que je vais vous dire. Je recueille en ce moment les fruits de mes courageux efforts de sincérité; j'ai tant respecté le vrai que j'ai acquis le droit de certifier l'impossible. Que d'événements en quelques heures ! Je vous les raconterai tels qu'ils se sont passés, sans un mot de réflexion ; je ne veux pas que vous m'accusiez de les faire valoir et de les colorer. Ils sont déjà bien assez brillants par eux-mêmes ; loin de leur prêter un nouvel éclat, je ne chercherai qu'à les éteindre pour leur donner un peu de probabilité. Nous avons quitté Pont-de-l'Arche, l'autre jour, le cœur rempli de tristesse et d'inquiétude. Pendant la route, madame de Meilhan, comme si elle eût douté de l'énergie de ma résolution et de l'ardeur de mon dévoûment, me parlait de son fils avec enthousiasme. Elle me vantait la générosité de son caractère, son désintéressement, sa bonne foi; elle me citait les noms des jeunes filles très-riches qu'il avait refusé d'épouser depuis deux ou trois ans. Elle me parlait de ses travaux, des grands succès obtenus par lui dans le monde, comme poëte et comme homme séduisant; elle me faisait comprendre quelle heureuse influence un noble amour pourrait exercer sur son génie, et elle me révélait cet amour en termes si touchants, que je me sentais émue et pénétrée, sinon d'amour, du moins d'une tendre reconnaissance.

Jamais Edgard n'avait aimé personne autant que moi, disait-elle; cette passion avait changé toutes ses idées; il ne vivait plus que par moi; pour se faire écouter de lui, il fallait, d'une manière ou d'une autre, mêler mon nom aux paroles qu'on voulait lui faire entendre; il passait ses jours et ses nuits à composer des poëmes en mon honneur, dans lesquels j'étais dépeinte en vers sublimes et d'une manière admirable et charmante. Il aurait dû retourner à Paris, où l'appelait en gémissant la belle marquise de R..., mais il n'avait jamais eu le courage de me quitter pour elle; il m'avait sacrifié sans pitié cette femme si belle, si entourée, et d'un esprit si remarquable. Elle me racontait, en pleurant, les folies qu'il faisait à Richeport les jours où il revenait furieux, après avoir tenté inutilement de me voir à Pont-de-l'Arche, ses rages cruelles contre son cheval qu'il aime tant, ses violences contre les fleurs du chemin qui tombaient de tous côtés sous ses coups, ses désespoirs, sombres et muets, suivis de longs discours extravagants, ses inquiétudes, à elle, ses prières inutiles, et, enfin, ce fatal départ qu'elle pressentait vaguement, mais qu'elle n'avait pas eu le pouvoir d'empêcher. Voyant que j'étais attendrie en l'écoutant, elle me prenait les mains, elle se confondait en bénédictions, elle me remerciait mille fois, passionnément et comme impérieusement, afin de mieux m'engager. Moi, je pensais avec douleur à ces troubles dont j'étais cause, et j'étais épouvantée d'avoir, avec quelques sourires gracieux, quelques vaines coquetteries, inspiré une passion si violente. Dans tout cela, j'étais juste; je donnais loyalement raison à Edgard. Il avait dû prendre pour lui ces sourires menteurs; dans les premiers temps de mon séjour à Pont-de-l'Arche, je ne me faisais aucun scrupule d'être aimable; je devais repartir au bout de quelques jours, et je pensais ne revenir jamais. Depuis, j'avais impitoyablement refusé son amour, c'est vrai; mais pouvait-il croire à ces dédains superbes, en me trouvant, après cette explication décisive, établie tranquillement chez lui, chez sa mère? Et là, pouvait-il suivre les divers caprices de mes rêves, deviner ces tentations de générosité qui d'abord m'ont émue en sa faveur, et deviner ensuite cet amour insensé et profond né tout à coup dans mon âme pour un fantôme, entrevu seulement quelques heures!... N'avait-il pas au contraire le droit de croire que je l'aimais, et de crier à l'infamie, à la cruauté, à la perfidie, quand j'ai refusé de le voir, quand j'ai eu l'air de vouloir lui prouver que rien ne m'engageait à lui! Il a eu raison de m'accuser, me disais-je, toutes les apparences me condamnent; il faut donc que je me reconnaisse coupable, et que je subisse la sentence qui a été prononcée contre moi. Et je me résignais tristement à réparer le mal que j'avais fait. Une espérance me restait encore : Edgard, ramené par moi, serait rendu à sa mère; mais, en apprenant mon nom, Edgard cesserait de m'aimer. C'est tout autre chose que d'aimer une aventurière avec qui l'on peut agir légèrement, ou d'aimer une fille de bonne maison qu'il faut épouser solennellement. Edgard a contre le mariage une répugnance invincible; il considère cette auguste institution comme une inconvenance monstrueuse, d'une haute immoralité, une révélation profane des secrets de la vie, qui doivent être toujours sacrés; il appelle cela des amours publics; il prétend qu'il ne pourrait jamais afficher si grossièrement une préférence. Dire à une femme:

ma femme! quelle révoltante indiscrétion! dire à des enfants : mes enfants! quelle dégoûtante fatuité! A ses yeux rien n'est plus horrible, par exemple, qu'un mari se promenant aux Champs-Élysées en calèche avec toute sa famille, et qui semble dire aux passants : Cette femme, assise à mes côtés, c'est celle que j'ai choisie entre toutes les femmes et à qui je dois les douces émotions, les mystérieuses joies de l'amour; et la preuve, c'est cette charmante petite fille qui lui ressemble tant, c'est ce gros garçon si gentil qui est tout mon portrait. Les Orientaux, ajoute-t-il, que nous appelons barbares, ont plus de pudeur que nous; ils enferment leurs femmes; ils ne les promènent jamais, ils ne montrent à personne les objets de leurs mystérieuses tendresses; et quand ils vous présentent leurs fils, à vingt ans, ce n'est pas comme les fruits de leurs amours, mais comme les héritiers de leur fortune et de leur puissance. A la bonne heure! voilà du respect humain! Je me rappelais ces plaisants propos qui avaient dû me frapper, vous en conviendrez. Et je me disais : Edgard ne voudra jamais se marier; mais madame de Meilhan, qui connaissait les étranges idées de son fils, assurait qu'elles s'étaient bien modifiées, et que, me nommant un jour, il s'était écrié avec colère : Oh! que je voudrais être son mari, pour l'enfermer chez moi, pour empêcher que personne ne la voie! A présent, disait-il, je comprends bien qu'on se marie... Ceci n'était pas très-rassurant, mais je me dévoue comme une victime, et pour une victime sincère il n'y a pas de degrés dans le sacrifice. La générosité est absolue comme la cruauté.

Après une nuit de fatigues et d'angoisses, nous arrivons au Havre, à peu près vers dix heures du matin. Vite, nous nous faisons conduire au bureau des départs. Madame de Meilhan va, vient, interroge tout le monde, et finit par savoir d'un employé encore tout endormi que M. Edgard de Meilhan a pris passage à bord de *l'Ontario*.

— Et quand doit-il partir ce bâtiment?... — Je ne vous

dirai pas, répond l'employé en bâillant. — Nous courons sur la jetée, demandant d'une voix tremblante : — Savez-vous si c'est aujourd'hui que doit partir le bâtiment américain *l'Ontario?* — Nous nous adressons d'abord, croyant bien faire, à un vieil officier blanchi dans les tempêtes ; mais il nous répond par de beaux termes de marine, auxquels nous ne comprennons rien du tout. Un autre matelot nous répond : — *L'Ontario?* il est déjà bien loin !... — Mais celui-là, nous ne voulons pas le comprendre. Arrivées au bout de la jetée, nous voyons un grand rassemblement de gens occupés à regarder attentivement un nuage qui fuyait à l'horizon lointain. — Je ne vois plus rien, disait l'un. — Moi, j'aperçois encore une petite... petite fumée. — Moi, avec ma longue-vue, je vois encore très-bien le pavillon blanc et le grand *U* de l'Union... Madame de Meilhan, pâle, haletante, ne trouvait plus de voix pour demander le nom de ce bâtiment fatal, qui disparaissait déjà à nos regards... J'essayai de prononcer ce mot : *Ontario...* — Justement ! c'est lui, madame. Ah ! n'ayez pas d'inquiétude ; il n'est pas paresseux, celui-là ; vos amis seront en Amérique avant quinze jours d'ici. Ça vous étonne ; c'est comme ça... — Madame de Meilhan tomba dans mes bras sans mouvement. On la porta dans sa voiture ; elle reprit connaissance ; mais elle était si accablée qu'elle ne pouvait comprendre encore tout son malheur. On nous conduisit à l'hôtel le plus voisin ; on la transporta dans une des meilleures chambres, et je restai là près d'elle, pleurant silencieusement à ses côtés, et me reprochant avec douleur, avec remords, d'avoir jeté le désespoir dans cette malheureuse famille.

Pendant ce premier moment de stupeur, madame de Meilhan me toléra près d'elle sans indignation ; mais à peine eut-elle repris ses sens, qu'elle éclata en fureur ; elle m'accabla des plus cruelles injures : j'étais une détestable intrigante, une aventurière sans nom, qui, par ses manéges de comédienne, avait tourné la tête de son généreux enfant; je serais cause de sa mort; ce pays fatal ne lui rendrait jamais son fils; quel dommage de voir un homme si supérieur, une des gloires du siècle, périr, succomber dans les piéges d'une obscure minaudière qui n'a pas même su être sa maîtresse, qui n'a pas su l'aimer un seul jour; une ambitieuse qui ne voulait que se faire épouser, et qui l'a bien vite immolé à M. de Villiers dès qu'elle a appris que M. de Villiers était le plus riche... et vingt autres gracieusetés, toutes méritées comme celles-là. J'écoutais ces injures fort tranquillement, en préparant de mes mains innocentes un verre d'eau sucrée et de fleurs d'oranger pour cette pauvre furie larmoyante, dont la fureur et la justice même m'inspiraient une affectueuse pitié. Quand elle eut tout dit, je m'approchai d'elle bravement; je lui présentai ce verre d'eau que j'avais préparé pour calmer sa colère, et je la regardai... et mon regard trahissait un orgueil si ferme et si doux, une indulgence si généreuse, une dignité si complétement invulnérable, qu'elle se sentit désarmée tout à coup. Elle me prit la main et me dit, en essuyant ses larmes : — Il faut bien me pardonner, je suis si malheureuse! Alors, je cherchai à la consoler; je lui dis que si l'on allait à New-York en quinze jours, on pouvait bien en revenir de même, que j'écrirais à son fils et qu'elle le reverrait bientôt. Cette promesse la calma. Je l'engageai à se mettre au lit : elle avait passé toute la nuit en voiture, elle était très-fatiguée; et quand je vis que ses pauvres yeux brûlés par les larmes commençaient à se fermer, je la laissai s'endormir, et je me retirai dans ma chambre. Après m'être habillée et reposée, j'appelai un des gens de l'hôtel pour lui donner des ordres relatifs à notre départ; mais, au lieu de la personne qui m'avait d'abord servie, je vois une jolie petite fille de huit à dix ans entrer timidement chez moi.

En m'apercevant, elle recule effrayée.—Que voulez-vous, mon enfant? lui dis-je en l'attirant à moi.—Rien, madame, répond-elle. — Mais si, vous êtes venue pour chercher

quelque chose? — Je ne savais pas que madame était ici.
— Que veniez-vous faire dans cette chambre?—Je venais
comme hier pour voir... — Quoi donc? — Là... les Turcs.
—Les Turcs? Comment! je suis entourée de Turcs!—Oh!
ils ne sont pas dans le petit salon à côté de cette chambre;
mais par la porte de ce petit salon on peut les voir dans la
grande salle où ils sont rassemblés et où ils font leur musique.. Si madame voulait seulement me laisser passer.—
Par où?—Par ici; il y a une porte derrière cette toilette,
on l'ouvre, on va là-dedans, on monte sur une table, et on
voit les Turcs. La petite dérangea la toilette, entra dans le
salon, et bientôt après elle revint me dire : — Comme ils
sont beaux! Madame ne veut donc pas les voir? — Non.

Au bout d'un moment elle revint encore :

— Les musiciens sont tous endormis, dit-elle... mais,
madame, ils sont fous ces Turcs, ils ne dorment pas... ils
ne parlent pas... et ils font des grimaces horribles, ils ont
les yeux qui tournent; quelle drôle de mine ils font, il
y en a un qui ressemble à mon oncle quand il a la fièvre.
Ah! celui-là, madame, il est fou... Regardez donc, on dirait qu'il va danser!... et puis qu'il va... mourir!...

Cette petite disait des choses si absurdes, qu'enfin elle
éveilla ma curiosité. J'entrai dans le petit salon, et je
montai sur la table où elle était; de là, par une assez
large ouverture de la boiserie qui est à coulisses, et dont
les panneaux étaient mal rejoints, on voyait très-bien ce
qui se passait dans le grand salon. Il était richement
tendu, jusqu'à une certaine hauteur, d'étoffes turques
très-belles; un superbe tapis de Smyrne était par terre.
Dans un angle du salon, des musiciens dormaient en berçant tendrement dans leurs bras et sur leur cœur leurs
instruments de musique de formes bizarres. Une douzaine
de Turcs, magnifiquement vêtus, étaient assis sur le tapis
moelleux, à la mode des Orientaux, c'est-à-dire à la manière des tailleurs; ils s'appuyaient de chaque côté sur des
piles de coussins de toutes couleurs et de toutes dimensions

et semblaient plongés dans les ravissements de l'extase. Un de ces rêveurs enfants de l'aurore attira d'abord mon attention par son brillant costume et par l'éclat de ses armes.

Aux pâles clartés des bougies expirantes, aux blafardes lueurs d'un jour naissant, obscurcies encore par les lourdes tentures des fenêtres, j'avais peine à distinguer les traits de ce superbe musulman. Toutefois je croyais le reconnaître; j'ai rencontré bien peu de pachas dans ma vie, eh bien! il me semblait que j'avais déjà vu celui-là quelque part. Je le regardais et je trouvais ses mains plus blanches que les mains de ses compatriotes, et cela me paraissait suspect. A force d'observer ce douteux mécréant, ce barbare amateur, je commençais à le soupçonner de civilisation et d'*européisme*... Un des musiciens endormis près de la fenêtre ayant fait un mouvement, la longue guitare qu'il tenait embrassée, et qu'on appelle, je crois, une *guzla*, s'embarrassa dans les plis du rideau qui s'entrouvrit; le jour pénétra plus vivement dans la salle, et un rayon dénonciateur tomba d'aplomb sur le visage du jeune Turc de contrebande... C'était Edgard de Meilhan! Une petite tasse remplie d'une sorte de confiture verdâtre était posée sur un coussin auprès de lui. Je me souvins qu'il m'avait parlé cent fois des effets merveilleux du hatchich, et du désir violent qu'il éprouvait de connaître cette ravissante ivresse; il m'avait parlé aussi d'un de ses anciens camarades de collége, établi à Smyrne depuis des années; un original qui s'était donné pour mission de *rebarbariser* l'Orient. Cet ami lui avait déjà envoyé force poignards indiens et pipes turques, et il devait encore lui envoyer une provision de tabac et de hatchich. Ce Turc, récent et volontaire, se nommait Arthur Granson... Je demandai à la petite fille de l'aubergiste : Savez-vous à qui est loué cet appartement? — Oui, madame; c'est à monsieur Granson... Ce nom et cette rencontre expliquèrent tout.

O Valentine! je veux être sincère jusqu'à la fin... Edgard était admirablement beau dans ce costume !... ces magnifiques étoffes orientales, cette veste turque toute brodée d'or et d'argent, ces yatagans, ces pistolets, ces poignards constellés de pierreries, ce turban orgueilleux, drapé avec un art inimitable, lui donnaient un aspect majestueux, imposant et superbe !... qui vous saisissait tout d'abord d'étonnement... Mais, — car il y a toujours des défauts aux plus belles choses, mais... mais il avait l'air bête !... Non, jamais sultan d'opéra jetant le mouchoir à sa bayadère... prince allemand du Gymnase complimenté par sa cour... Bajazet de province écoutant les menaçantes déclarations de Roxane... sous-préfet de banlieue couronnant une rosière... n'ont su trouver dans la gaucherie de leurs rôles, dans la naïveté de leurs fonctions, une attitude plus puissamment ridicule, une expression de figure plus royalement, plus idéalement bête ! On a peine à comprendre qu'une intelligence aussi grande ait pu s'absenter si complétement de sa demeure habituelle, sans laisser, sur le visage qu'elle a coutume d'animer, la moindre trace, le plus vague souvenir ! Edgard avait les yeux levés au plafond... un moment j'ai cru rencontrer son regard, mais quel regard ! Je n'ajouterai plus à mon récit qu'un détail important, mais sur lequel je dois passer avec légèreté. Edgard était accoudé sur deux piles de coussins ; il paraissait absorbé dans la contemplation d'astres invisibles ; il ne dormait pas, mais une fort belle négresse, vêtue comme une esclave indienne, était endormie à ses pieds.

Ce spectacle étrange remplit mon cœur d'une folle joie. Loin de m'indigner, ce jour-là, je découvrais avec bonheur cette infidélité libératrice. Edgard m'oubliait, et vraiment il lui était bien permis de m'oublier ; nul lien ne l'attachait à moi comme Roger. Un jeune poëte a le droit de s'habiller en Turc avec ses amis ; mais un noble prince n'a pas le droit de paraître en public d'une manière scandaleuse, quand la dignité de son rang est à reconquérir, quand la gloire de son nom est à recommencer. Oh! ce jour-là, je n'eus pas même une heure de colère; je compris tout de suite l'avantage de la situation : plus de sacrifices, plus de remords, plus d'hypocrisie; j'étais libre, on me rendait mon avenir. O ce bon Edgard! ô ce cher poëte!... comme je l'aimais... de ne pas m'aimer!...

Je dis à la petite fille : Allez vite chercher un des gens de l'hôtel. Un domestique vient, je lui donne cinq ou six louis pour frapper son imagination, et je lui adresse cette recommandation solennelle : Quand on vous sonnera dans ce salon, vous direz à ce jeune Turc qui a une veste rouge... Vous le reconnaîtrez?... — Oui, madame. — Vous lui direz que la comtesse, sa mère, l'attend ici, au numéro 7, au fond du corridor. — Ah! cette dame de ce matin qui pleurait tant? — Elle-même. — Madame peut compter sur moi.

Là dessus, je paie ma dépense, je m'informe des moyens de quitter vite le Havre, et je m'enfuis de l'hôtel.

En marchant dans la Grand'-Rue de Paris, je vois avec plaisir beaucoup de monde allant et venant, des curieux attirés au Havre par les fêtes. Dans cette foule je serais moins remarquée, et puis on devait pouvoir partir facilement de cette ville où tant de gens arrivaient; je hâtai ma course, encore inquiète et agitée; tout à coup, comme je passais devant le théâtre, je m'entends appeler par mon nom. Vous jugez de ma frayeur; j'entends crier très-distinctement : Mademoiselle Irène! mademoiselle Irène! Je crus que j'allais tomber foudroyée... Je double le pas; on m'appelle encore; mais la voix devient tellement suppliante que je la reconnais... Je m'arrête, c'est ma pauvre Blanchard qui s'élance vers moi, éperdue, essoufflée, baignée de larmes. Elle s'écrie : Je sais tout, mademoiselle, vous allez en Amérique! Emmenez-moi. Depuis votre naissance, voilà le premier jour que j'ai passé sans vous! — La pauvre femme, je l'avais laissée à Pont-de-l'Arche, et elle venait me rejoindre, croyant que j'allais m'embarquer. — Tais-toi, et viens vite. Je l'emmène avec moi ; j'oublie seulement de lui dire que je ne vais pas en Amérique. J'arrive au bord de la mer ; je me jette dans une barque ; l'infortunée Blanchard, qui est hydrophobe, me suit. — Tu as peur? lui dis-je. — Non, mademoiselle ; j'ai peur sur la Seine, mais sur la mer, c'est tout autre chose. — Cette subtilité, dont je comprends la touchante délicatesse, m'émeut jusqu'aux larmes. Je veux abréger le supplice de cette amie dévouée ; je me fais conduire dans le port le plus voisin, au lieu d'aller très-loin, ce que je comptais faire, pour éviter la route de Rouen et le prince, le bateau à vapeur et M. de Meilhan. Débarquée sur la plage, j'envoie vite ma fidèle compagne dans le plus proche village demander une voiture et des chevaux. — Il faut que je sois demain à Paris, lui dis-je. — Mais nous n'allons donc pas en Amérique ? — Non. — Tant mieux !

Je restai seule au bord de l'Océan. Oh! que j'étais bien là! que j'aimerais habiter ce beau désert d'azur si charmant et si terrible! Comme en l'admirant j'oubliais vite mes ennuis mondains et les vaines tribulations de ma vie bourgeoise! Comme je m'enivrais de ses parfums sauvages, de son air libre et puissant! je croyais respirer pour la première fois! Avec quelle volupté je livrais au souffle de la mer mon front brûlant et mes cheveux épars! Comme mes regards aimaient à se perdre dans ces horizons infinis! Combien — moquez-vous de mon orgueil — combien je me sentais à l'aise et à ma place dans l'immensité! Je ne suis pas de ces cœurs modestes que les grandeurs de la nature oppriment et humilient ; moi, au contraire, je ne me sens en harmonie qu'avec les sublimités, non par moi-même, mais par les aspirations de ma pensée... Je ne trouve jamais qu'il y ait autour de moi, sur ma tête, devant moi, trop d'air, trop de hauteur, trop de clarté, trop d'espace ; j'aime que les horizons lumineux et sans bornes rendent pour ainsi dire visibles à mes yeux la solitude et la liberté.

Je ne sais pas si tout le monde éprouve, en voyant l'Océan pour la première fois, l'impression que j'ai éprouvée ; mais je me sentais dégagée de tous les liens, purifiée de toute haine et même de tout amour ; j'étais affranchie, calme, forte, insensible, armée, prête à braver tous les maux de la vie, comme quelqu'un qui vient de consulter Dieu et qui a acquis le droit de dédaigner le monde. Ainsi que le ciel, la mer inspire le mépris de la terre, et c'est toujours un bon effet.

Arrivée à Paris, je suis allée chez votre père ; là, j'ai eu de vos nouvelles, et j'ai été rassurée, enfin ! Vous devez avoir quitté Genève ; j'aurai bientôt une lettre de vous. Je ne suis pas chez ma cousine ; j'habite ma chère mansarde. Je n'ai pas envie de redevenir mademoiselle de Châteaudun d'ici à longtemps, je veux me reposer de mes tristes épreuves. Que dites-vous de cette nouvelle expérience ? Qu'elle est belle ma théorie du découragement ! trop belle ! Première épreuve : désespoir occidental au vin de Champagne ; deuxième épreuve : désespoir oriental au hatchich ; sans parler des accessoires consolateurs, des belles aux bras d'ivoire, des esclaves aux bras d'ébène. Je serais bien naïve si je ne me regardais pas comme suffisamment éclairée. Je vous en prie, ne me parlez pas de votre héros avec qui vous voulez me marier ; je suis très-décidée à ne me marier jamais. J'aimerai une image, je chérirai une étoile. Elle est revenue, la petite lumière, je la vois briller tout en vous écrivant, et ces poétiques amours suffisent à mon âme blessée. Une chose m'inquiète : on a abattu les grands arbres du jardin ; demain peut-être je verrai celui ou celle qui habite cette mansarde fraternelle... Je frémis ! Peut-être un troisième désenchantement m'attend-il à mon réveil... Bonsoir, chère Valentine ; je vous embrasse tous. Je suis bien fatiguée, mais je suis contente : c'est doux de n'être plus inquiète et de n'avoir personne à consoler.

IRÈNE DE CHATEAUDUN.

XXX

A MONSIEUR
MONSIEUR LE PRINCE DE MONBERT
POSTE RESTANTE, A ROUEN.

Paris, 27 juillet 18...

Mon cher Roger, dussiez-vous faire sur moi toutes les plaisanteries que méritent les gens qui se tirent des coups de pistolet par-dessus la tête après avoir laissé sur leur table de nuit des adieux désespérés au monde, il faut que je l'avoue, je ne suis pas parti; vous avez le droit de me chasser d'Europe, j'ai promis d'aller en Amérique et vous pouvez l'exiger; soyez clément; ne me couvrez pas de ridicule; ne me criblez pas du feu roulant de votre artillerie moqueuse; ma douleur, bien que je reste dans ce vieux monde, n'est ni moins grande ni moins cuisante.

Je vais vous conter comment tout cela s'est passé.

Comme toute ma vie je n'ai rien pu comprendre à la division du temps, et que c'est tout au plus si je distingue le jour de la nuit, j'ai été me loger non à la meilleure auberge du Havre, mais à celle qui se trouvait le plus près du quai et des fenêtres de laquelle on pouvait voir fumer les cheminées de *l'Ontario* en partance pour New-York. J'étais accoudé au balcon, dans la pose mélancolique du portrait de Raphaël, regardant l'océan dont la poitrine se soulevait et s'abaissait, avec ce sentiment de tristesse infinie que le cœur le plus ferme ne peut s'empêcher d'éprouver devant cette immensité composée de gouttes d'eau amères comme des larmes humaines. Je suivais vaguement des yeux un groupe bizarre que venait de jeter sur le rivage le paquebot arrivant de Portsmouth : — c'étaient des Orientaux richement costumés, suivis de domestiques nègres et de femmes couvertes de longs voiles.

L'un de ces Turcs, en passant sous ma fenêtre, lève le nez par hasard, m'aperçoit et s'écrie, en français très-correct, avec un accent parisien très-prononcé : « Eh! tiens! mais c'est Edgard de Meilhan! » Et, sans plus de souci de la dignité orientale, se précipite dans l'auberge, monte à ma chambre, me frotte la figure contre sa barbe noire et frisée, m'enfonce dans l'estomac les pommeaux ciselés d'une collection complète d'yatagans et de kandjars, et me dit, voyant ma mine incertaine : « Comment! tu ne me reconnais pas, moi, ton vieux camarade de collége, ton compagnon d'enfance, Arthur Granson, enfin! Est-ce que le turban me change à ce point-là? Tant mieux! — ou aurais-tu la petitesse de t'attacher à la lettre du proverbe qui prétend que les amis ne sont pas des Turcs? Par Allah et son prophète Mahomet, je te prouverai que les Turcs sont des amis.

Pendant ce flux de paroles, j'avais en effet reconnu Arthur Granson, un bon et singulier jeune homme que j'aime effectivement beaucoup et qui vous plairait, à coup sûr, car c'est le garçon le plus paradoxal des cinq parties du monde, et, chose rare, il pousse la conscience jusqu'à mettre ses paradoxes en action, fantaisie que lui permettent une grande indépendance et une fortune considérable, car l'or c'est la liberté : les seuls esclaves sont les pauvres.

— C'est convenu, je m'installe ici avec ma palette vivante de couleur locale; et, sans me laisser le temps de lui répondre, il redescendit et donna des ordres pour l'installation de sa suite.

Quand il fut revenu, je lui dis : — Que signifie cette étrange mascarade? Il y a longtemps que le carnaval est passé et il n'est pas près de revenir, nous sommes à peine à la fin de l'été. — Ce n'est pas une mascarade, répondit Arthur avec un flegme dogmatique et un sérieux transcendental qui m'eût fait rire en toute autre occasion; — c'est un système complet qu'il faut que je te développe.

Là-dessus mon ami, quittant ses babouches, s'accroupit sur le divan dans l'attitude classique des Orientaux, et, passant sa main dans sa barbe, me dit à peu près ce qui suit. J'abrége beaucoup.

Dans mes voyages, j'ai remarqué qu'aucun peuple ne

comprenait rien à la beauté particulière du pays qu'il habite. Nul n'a la conscience de sa physionomie, chacun rêve d'être un autre. Les Espagnols, les Turcs s'excusent tant qu'ils peuvent d'être beaux et pittoresques. Le Majo Andalou vous demande pardon de n'être pas en frac et en chapeau rond. L'Arnaute, dont le costume est le plus splendide et le plus élégant qui ait jamais vêtu la forme humaine, regarde en soupirant votre redingote et se demande à part lui s'il ne vous tirera pas un coup de fusil pour vous la prendre dans la première gorge de montagne où il vous rencontrera seul ou mal accompagné. — La civilisation est l'ennemie naturelle de la beauté. Toutes ses créations sont laides. — La barbarie, — ou du moins la barbarie relative, — a le secret de la forme et de la couleur. — L'homme encore près de la nature en imite les harmonies et trouve les types de ses vêtements, de ses ustensiles, dans le milieu qui l'entoure. Les mathématiques ne sont pas encore arrivées avec leurs lignes droites, leurs angles secs et leur aridité désolante. — Maintenant, les traditions pittoresques se sont perdues, le pantalon à sous-pied envahit l'univers, les affreuses gravures du journal des Modes se glissent partout ; cependant, il me répugne de croire que le goût de l'homme se soit perverti à ce point que si on lui faisait voir des costumes où l'élégance se marie à la richesse, il ne les préférât pas aux hideux haillons modernes. Ayant fait ces réflexions judicieuses et profondes, je me suis senti comme illuminé d'en haut, et le secret de ma mission sur terre m'a été révélé : je suis venu au monde pour prêcher le costume, et, comme tu vois, je prêche d'exemple. Considérant que la Turquie est le pays le plus menacé de paletot et de chapeau tromblon, je suis allé à Constantinople faire une réaction en faveur de la veste brodée et du turban. Mes graves études sur la question, ma fortune et mon goût me permettent d'atteindre le *nec plus ultrà* du genre.

Je doute que jamais sultan ait possédé une garde-robe

plus splendide et plus caractéristique. J'ai découvert, dans les bazars des villes les moins infectées de l'esprit moderne, des tailleurs pleins d'un mépris profond pour les modes franques, qui, de leurs vieilles mains émues, m'ont fait des merveilles de coupe et de broderie. Je te montrerai des caftans passementés dans quelque bourgade perdue de l'Asie Mineure par de pauvres diables à qui tu ne voudrais pas ici donner ton chien à promener, qui valent, pour l'entrelacement des lignes, les plus pures arabesques de l'Alhambra, et, pour la couleur, les queues de paon les plus heureusement épanouies d'Eugène Delacroix ou de Narciso Ruy Diaz de la Pena, un grand peintre qui fait aux bourgeois la concession de ne porter que le quart de son nom.

Je puis dire que mon apostolat n'a pas été sans fruit. J'ai ramené au doliman plus d'un jeune Osmanli près de se faire habiller chez Buisson ; j'ai sauvé plus d'un cheval de la race Nedji de l'affront de la selle anglaise, plus d'un Turc grivois adonné au vin de Champagne a repris l'usage de l'opium. Quelques Géorgiennes, qu'on allait compromettre aux bals des ambassadeurs européens, me doivent d'être renfermées plus étroitement que jamais. J'ai fait sentir à ces Orientaux dégénérés combien une pareille indécence était désastreuse. J'ai détourné le sultan Abdul-Medjid de l'idée d'introduire la guillotine dans ses États. Sans me vanter, j'ai fait beaucoup de bien, et si nous étions seulement une douzaine de gaillards comme moi, nous empêcherions les peuples de ressembler à des bottiers en chambre. — Et toi, que fais-tu ? mon cher Edgard. — Je vais en Amérique, et j'attends ici que *l'Ontario* chauffe. — C'est une bonne idée ! Tu te feras sauvage, tu ressusciteras le dernier Mohican de Fenimore Cooper, — une tortue bleue dans le creux de l'estomac, des plumes d'aigle dans ton scalp, des mocassins brodés en tuyaux de porc-épic. — Je te vois d'ici, tu seras très-beau ; avec ton air triste, tu auras l'air de pleurer sur ta race morte. — Si je n'étais absent de chez moi depuis quatre années, je

t'accompagnerais, mais je suis si pressé d'aller mettre ordre à mes affaires que j'ai pris pour revenir en France la route de l'Angleterre afin d'éviter la quarantaine. Je t'admets dans ma religion, tu deviens mon disciple ; je conserve les costumes barbares, tu conserveras les costumes sauvages. C'est moins beau, mais c'est aussi caractéristique. Nous avions justement des Indiens sur notre paquebot ; je les ai étudiés : c'est le peuple qui te va. Mais, avant ton départ, nous ferons ensemble une orgie orientale du style le plus pur. — Mon cher Granson, je ne suis nullement en train de prendre part à une orgie, fût-ce une orgie orientale. Je suis triste comme la mort..
— Très-bien — je vois ce que c'est — quelque chagrin de cœur ; — vous autres occidentaux vous avez toujours martel en tête à cause de quelque femme ; ce qui n'arriverait pas si elles étaient enfermées ; il est dangereux de laisser vaguer ces animaux-là. — Je suis charmé que tu sois dans une disposition mélancolique et chagrine ; cela fera d'autant mieux ressortir l'efficacité supérieure de mes moyens exhilarants. — J'ai fait au Caire sur la place des Teriaki, en face l'hôpital des fous, — n'est-ce pas une idée profondément philosophique d'avoir placé là les marchands de bonheur ? — la trouvaille d'un vieux gredin sec comme un papyrus du temps d'Amenoteph, ridé comme les barbes du Pschent de la déesse Isis ; ce droguiste cabalistique possédait la vraie recette de la préparation du hatchich ; il paraissait du reste assez âgé pour la tenir directement du vieux de la Montagne, à moins qu'il ne fût lui-même le prince des Assassins qui vivait du temps de saint Louis : ce squelette en étui de parchemin me fournit une multitude de paradis, sous forme de pâte verte dans de petites tasses de Japon, entourées de filigranes d'argent ; c'est à ces voluptés hypercélestes que je veux t'initier. Je te donnerai une boîte de bonheur à te faire oublier toutes les coquettes et toutes les perfides du monde.

Sans écouter mes refus, Granson me pria de ne l'appeler

désormais que Sidi-Mahmoud, fit tendre dans sa chambre des tapis de Perse, disposer des piles de carreaux, matelasser les murs jusqu'à hauteur d'appui et jeter des parfums dans des cassolettes ; trois ou quatre musiciens de couleur sombre prirent place dans un coin avec des taraboucks, des rabebs et des guzlas ;— puis une Ethiopienne nue jusqu'à la ceinture, les hanches bridées par un pagne étroit, nous servit la précieuse drogue sur un plateau de laque rouge.

J'avalai par complaisance quelques cuillerées de cette confiture verdâtre où je ne démêlai d'abord d'autres saveurs que celles du miel et de la pistache. J'avais revêtu, — car Granson est un de ces fous opiniâtres de qui on ne peut se débarrasser qu'en leur cédant, — un costume anatolien d'une richesse fabuleuse, mon ami prétendant que lorsqu'on montait au paradis il ne fallait pas être gêné par les entournures de ses manches.

Au bout de quelques instants, j'éprouvai à l'estomac une légère chaleur, mon corps jetait des étincelles et brûlait comme un billet de banque à la flamme d'une bougie ; je n'étais plus soumis à aucune loi de la matière : pesanteur, épaisseur, opacité, tout avait disparu. J'avais gardé ma forme, mais une forme aromale, diaphane, flexible, fluide, les obstacles me traversaient sans me causer de douleur ; selon la place que je voulais occuper, je m'agrandissais ou je me rapetissais. Ma volonté suffisait pour me transporter instantanément d'un endroit à un autre. J'étais dans un monde impossible, éclairé par une lueur de grotte d'azur, au milieu d'un bouquet de feu d'artifice composé de gerbes sans cesse renaissantes, de fleurs lumineuses aux feuillages d'or et d'argent, aux calices de diamant, de rubis et de saphirs ; des jets d'eau, faits de rayons de lune en fusion, tombaient, en grésillant, sur des vasques de cristal qui chantaient avec une voix d'harmonica toutes les mélodies qu'auraient dû faire les grands musiciens. — Une symphonie de parfums suivit ce premier enchantement, qui s'écroula en pluie de paillettes au bout de quelques secondes ; le thème était fait d'une vague senteur d'iris et d'un parfum d'acacia qui se poursuivaient, s'évitaient, se croisaient, s'enlaçaient avec une volupté et une grâce adorables. Si quelque chose en ce monde peut vous donner une idée approximative de cette phrase embaumée, c'est le jeu des petites flûtes dans la danse des Almées de Félicien David.

Pendant que le motif passait et repassait chaque fois avec une douceur plus impérieuse, un charme plus fascinateur, les deux parfums prenaient le corps de la fleur dont ils émanent ; deux iris et deux grappes d'acacia s'épanouissaient dans un vase d'onyx d'une transparence merveilleuse ; bientôt les iris scintillèrent comme des étoiles bleues, les fleurs d'acacia se fondirent en ruisseaux d'or, le vase d'onyx prit des contours féminins, et je reconnus le visage charmant et la taille gracieuse de Louise Guérin, mais idéalisée, passée à l'état de Béatrix ; je ne sais même pas si ses blanches épaules ne se continuaient pas en ailes d'ange. Elle me regardait avec une bonté si triste, une mélancolie si languissante, que je me sentis venir les larmes aux paupières : — elle semblait regretter d'être au ciel ; on eût dit, à l'expression de ses traits, qu'elle m'accusait et me demandait pardon.

Je ne vous promènerai pas à travers les prodiges de ce rêve merveilleux fait les yeux ouverts ; l'harmonie monotone du tarabouk et du rebeb me parvenait vaguement et servait comme de rhythme à cet étrange poëme, qui rendra désormais pour moi les livres d'Homère, de Virgile, d'Arioste et du Tasse, aussi ennuyeux à lire que des tables de logarithmes. Tous mes sens étaient déplacés ; je voyais la musique et j'entendais les couleurs ; j'avais de nouvelles perceptions, comme doivent en avoir les êtres qui habitent une planète supérieure à la nôtre ; mon corps se composait, à mon gré, d'un rayon, d'un parfum ou d'une saveur ; j'éprouvais le bien-être des anges traversés par la lumière divine, car le hatchich n'a rien de cette ivresse ignoble et lourde que les peuples du nord se procurent avec le vin et l'alcool : c'est un enivrement tout intellectuel.

Peu à peu l'ordre se rétablit dans mon cerveau ; je commençai à me rendre compte des objets intérieurs.

Les bougies avaient brûlé jusqu'aux bobèches ; les musiciens dormaient, tenant leurs instruments embrassés. La belle négresse ronflait sous mon pied ; je l'avais prise pour un coussin. Une pâle raie lumineuse commençait à se dessiner à l'horizon ; il était trois heures du matin. Tout à coup un tuyau vomissant une fumée épaisse passa rapidement sur la barre blafarde ; c'était *l'Ontario* qui se mettait en marche.

Un bruit confus de voix se fit entendre dans la chambre voisine : c'était ma mère, qui ayant, je ne sais par qui, appris mes projets d'exil, forçait la consigne imposée par Granson de ne laisser monter personne.

Je n'étais pas médiocrement honteux d'être surpris dans un si ridicule accoutrement ; mais ma mère ne s'aperçut de rien ; elle ne savait qu'une chose, c'est que je partais pour toujours. Je ne me souviens plus de ce qu'elle me dit, ces choses-là ne s'écrivent pas, des phrases dont elle se servait avec moi lorsque je n'avais encore que cinq ou six ans, enfin elle pleurait. Je lui promis de rester et de revenir à Paris. — Comment refuser quelque chose à sa mère qui pleure ? — N'est-ce pas la seule femme dont on n'ait jamais à se plaindre ?

Après tout, comme vous l'avez dit, Paris est le désert le plus sauvage ; c'est encore là qu'on est le plus seul. Des indifférents, des inconnus valent bien des sables et des savanes.

Si mon chagrin est trop tenace, je demanderai à mon ami Arthur Granson l'adresse du vieux Teriaki et je ferai venir du Caire quelques pots d'oubli. Nous partagerons si vous voulez. — Adieu, cher Roger, je suis à vous d'esprit et de cœur.

EDGARD DE MEILHAN.

XXXI

A MADAME
MADAME LA VICOMTESSE DE BRAIMES
HOTEL DE LA PRÉFECTURE,
A GRENOBLE (ISÈRE).

Paris, 30 juillet 18...

Bienfait et bénédiction! Je l'ai retrouvée, c'est elle! Après l'avoir ouvert à ma tristesse, madame, ouvrez votre cœur à ma joie. Oubliez un malheureux qui jeta vers vous, voilà quelques jours, un cri de douleur, et qui, hier encore, s'abandonnait lui-même, ayant dit à l'espérance un éternel adieu. Cet infortuné a cessé d'exister; il a fait place à un jeune être ivre d'amour, et pour qui la vie n'a plus que des caresses et des enchantements. D'où vient cependant que mon âme, qui devrait s'exhaler en hymnes d'allégresse, est grave et recueillie? Serait-ce que l'homme n'est point fait pour les grandes félicités, ou que le bonheur est naturellement triste, moins près du rire que des larmes, parce qu'il a le sentiment de sa fragilité et l'instinct d'une expiation prochaine?

Après avoir cherché vainement mademoiselle de Châteaudun dans les murs de Rouen, M. de Monbert s'étant décidé, sur je ne sais quelle indication, à l'aller demander aux vieux châteaux de la Bretagne, ma douleur, qui avait besoin de se repaître d'elle-même, me donna le lâche conseil de ne le point accompagner. Le fait est que je ne lui pouvais être d'aucun secours dans ses perquisitions. J'avais cru remarquer d'ailleurs que ma présence le gênait. A vrai dire, nous nous gênions mutuellement. Tout cœur qui souffre se croit volontiers le centre du monde et n'admet pas qu'il puisse exister sous le ciel une autre douleur que la sienne. Je laissai donc partir le prince, et pris de mon côté la route de Paris. Un dernier espoir me restait : je me disais que si Louise n'aimait pas M. de Meilhan, elle avait dû quitter Richeport en même temps que moi.

Je descendis à Pont-de-l'Arche, et j'allai rôder, comme

un proscrit, autour des lieux où le bonheur m'était apparu.

J'errais ainsi depuis près d'une heure, quand j'aperçus le facteur rural qui venait de prendre à la poste les lettres qu'il portait dans les châteaux voisins. Plus pâle et plus tremblant que le feuillage argenté des saules du rivage, je l'interrogeai et j'appris que madame Guérin était encore à Richeport. Je m'éloignai la mort dans l'âme; j'arrivai le soir à Paris.

Résolu à n'y voir personne, à n'y passer que quelques jours dans le silence et dans la retraite, je ne cherchai pas d'autre asile que la petite chambre que j'avais occupée en des temps moins fortunés et pourtant plus heureux. Je voulus reprendre mon même train de vie qu'autrefois; mais je n'avais goût à rien. Tant qu'on marche à la poursuite du bonheur, la route est riante et belle, l'espoir égaie les horizons; quand on a pu le saisir, et qu'on l'a laissé s'échapper, tout est morne et désenchanté; car il est de ces voyageurs qu'on ne rencontre pas deux fois dans son chemin. J'essayai de l'étude, qui ne fit qu'irriter mes ennuis. A quoi bon connaître et savoir? Le livre de la vie était fermé pour moi. J'essayai des poëtes, qui, en la traduisant dans leur langage passionné, ne firent qu'exalter ma souffrance. Ainsi, chose étrange où la raison se perd, une blanche et blonde créature avait glissé dans mon existence comme un fil de la Vierge sur un ciel serein, et il avait suffi de cette gracieuse apparition pour en troubler à jamais le repos! A peine entrevu, l'ange de mes rêves s'était envolé, et je devais garder éternellement sur mon front l'ombre de ses ailes! Ce n'était qu'une enfant, et cette enfant avait traversé ma destinée comme un orage! Elle s'était posée dans ma vie comme un oiseau sur une branche, et ma vie en demeurait brisée! Ma raison s'y perdait, en effet. Jeune, libre et riche, je ne savais à quel parti me rendre. Que faire? que devenir? De toutes parts, je ne voyais autour de moi que l'abandon et la solitude. Le jour, je me mêlais à la foule, et vaguais, par les rues, comme une âme en peine. Je rentrais le soir, rompu, mais non vaincu par la fatigue. L'insomnie brûlante assiégeait mon chevet, et je n'avais pas la chère petite lumière pour me sourire et me consoler. Je n'entendais plus comme autrefois une voix caressante me crier à travers les arbres du jardin : Courage, ami ! je veille et je souffre avec toi. Cependant, une nuit je vis l'étoile poindre et scintiller. Quoique je n'eusse plus le cœur à ces chimères, je retrouvai, en l'apercevant, un mouvement de jeunesse et de joie. Comme autrefois, je restai longtemps à la contempler. Était-ce la même que j'avais vue, pendant deux ans, s'allumer et s'éteindre régulièrement aux mêmes heures? Il était permis d'en douter, mais je n'en doutai pas un instant, parce qu'il me plaisait de le croire. Je me sentis moins isolé, et repris presque confiance en découvrant que mon étoile ne m'avait point abandonné. Je lui dis tout bas mon martyre, puis je lui demandai : D'où viens-tu? As-tu souffert aussi! M'as-tu un peu regretté dans l'absence? Et, comme autrefois, je croyais l'entendre qui me répondait dans le silence de la nuit. Je m'endormis vers le matin, et je vis en rêve, comme à travers une cage en verre, Louise veillant et travaillant dans une chambre pauvre comme la mienne, à la lueur du bien-aimé rayon. Elle était pâle et triste, et de loin en loin s'interrompait de son travail pour regarder la clarté de ma lampe. Quand je me réveillai, il faisait grand jour : je sortis pour tuer le temps.

Je rencontrai sur le boulevard un ancien ami de mon père, esprit fin et délicat, intelligence cultivée, cœur affectueux. Il arrivait de nos montagnes, où il avait hâte déjà de retourner, car c'est là qu'il a caché sa vie. Mon air abattu et l'altération de mes traits le frappèrent. Il tourna autour de mon cœur et s'y prit si bien qu'il finit par mettre le doigt sur mon mal. — Que faites-vous ici? me dit-il : c'est un endroit malsain pour la douleur. Revenez dans nos campagnes. Le pays natal vous fera du bien. Partez avec moi; je vous réponds que vos chagrins ne tiendront pas contre le parfum de nos genêts et de nos bruyères. Puis il me parla de mes devoirs avec une tendre gravité. Il ne me cacha pas qu'avec ma fortune, et dans la position où m'avait laissé mon père, je me devais au coin de terre où j'étais né; que jusqu'à présent je l'avais trop négligé peut-être, et que l'heure était enfin venue de m'occuper sérieusement de ses besoins et de ses intérêts. Bref, il me fit rougir de mes jours inutiles, et me retrempa, d'une main douce et ferme, à la source des réalités. A la tombée de la nuit, je rentrai chez moi, non pas consolé, mais plus fort, et décidé à partir dès le lendemain pour regagner les bords de la Creuse. Je n'espérais pas y guérir, mais il me souriait de mêler la pensée de Louise à tous les bienfaits que je pourrais rendre et de faire bénir le nom que j'aurais voulu lui offrir.

En rentrant, je remarquai tout d'abord que mon petit phare jetait un éclat inaccoutumé. C'était, non plus un filet de lumière glissant timidement à travers le feuillage, mais toute une croisée de mansarde, dont les vitres éclairées se dessinaient et s'encadraient dans l'ombre. A force de chercher à me rendre compte de ce phénomène, je découvris qu'on avait, durant la journée, abattu les arbres du jardin, et, en plongeant un regard dans les ténèbres, j'aperçus, couché tout de son long, le cadavre du pin qui m'avait caché, pendant deux ans, la chambre où chaque nuit brillait la clarté fraternelle. Ainsi, je ne partirais pas sans avoir vu au moins une fois les traits de l'être mystérieux qui, probablement à son insu, avait préoccupé ma pensée inquiète. Je ne pus m'empêcher de sourire avec tristesse en songeant au désenchantement qui m'attendait peut-être le lendemain à mon réveil. Je fis défiler devant moi le cortége des figures qui pouvaient m'apparaître à cette fenêtre, et, comme le plaisant et le bouffon se mêlent presque toujours à toutes les situations de la vie, j'avoue que j'en arrivai à me poser cette question étourdissante :
— Si ça allait être lady Penock?

Je dormis peu et me levai au retour de l'aube. J'étais

inquiet sans oser m'avouer pourquoi. Il m'en eût trop coûté de reconnaître qu'il y avait place dans ma douleur pour une curiosité d'enfant et pour une fantaisie de poëte. Qu'est-ce donc que le cœur de l'homme ? Il se pleure lui-même, s'enveloppe d'un linceul et s'apprête à mourir, et voilà que, pour le distraire, il a suffi d'un oiseau qui vole, d'un rayon qui luit, ou d'un oiseau qui passe. Je vis le soleil rougir et embraser successivement la cime des toits d'alentour. Paris sommeillait encore; on n'entendait que le bruit des charrettes matinales qui roulaient lentement au loin sur les pavés de la ville endormie. Je regardai la chère mansarde qu'il m'était donné de voir pour la première fois à la face du jour. Sans volets ni persiennes, les vitres n'étaient voilées qu'à l'intérieur par un double rideau rose dont les teintes se confondaient avec celles du soleil levant. Cette fenêtre, qui n'avait ni parterre ni encadrement de plantes grimpantes, respirait je ne sais quoi de chaste et de recueilli qui me charma. La maison elle-même avait un air honnête qui me plut. J'écrivis quelques lettres pour abréger les heures trop lentes au gré d'une impatience dont je me gardais bien de convenir avec moi-même. A chaque volet qui s'ouvrait, je tressaillais et sentais tout mon sang affluer violemment vers mon cœur. Mon esprit se raillait de ces enfantillages; mais décidément il y avait en moi quelque chose qui ne pouvait se défendre de prendre ses folies au sérieux. Au bout de quelques heures, j'aperçus une main entr'ouvrir furtivement les rideaux roses. Cette main discrète ne pouvait être que celle d'une femme : un homme s'y serait pris plus brusquement, avec moins de façon. Ce ne pouvait être qu'une femme jeune : la nuance de ces mêmes rideaux l'indiquait. Évidemment, il n'y avait qu'une jeune femme qui pût mettre des rideaux roses à la croisée d'une mansarde. Là-dessus, je me rappelai la petite chambre où j'avais dit adieu à Louise avant de m'éloigner de Richeport. Je me représentai tous les détails de ce poétique réduit, et je revis Louise telle qu'elle s'était montrée dans cette dernière entrevue, émue, pâle, distraite et répandant des larmes silencieuses qu'elle ne cherchait pas à cacher.

A ce souvenir, ma douleur éclata en imprécations contre Edgard et contre moi-même. Je demeurai longtemps le visage entre mes mains, en contemplation douloureuse devant une invisible image. Ah! malheureux, me disais-je avec un sombre désespoir, pourquoi l'as-tu quittée? Dieu t'offrait le bonheur, et tu l'as refusé! Elle était là, devant toi, tremblante, éperdue, les yeux baignés de pleurs, n'attendant qu'un mot pour tomber sur ton sein, et ce mot tu ne l'as pas dit, et tu t'es enfui lâchement! A ton tour, pleure, infortuné! Ta vie, qui commence à peine, est close, et tu n'auras même pas pour consolation suprême la mélancolie des regrets, car l'aiguillon du remords restera brûlant dans ta blessure, tu seras poursuivi jusqu'à ton dernier jour par le fantôme des félicités que tu n'auras pas su saisir!

Quand je relevai la tête, la croisée de la mansarde s'était ouverte sans bruit, et, dans un flot de soleil qui l'inondait de toutes parts, debout, immobile, ses blonds cheveux au vent du matin, j'aperçus Louise qui me regardait.

Madame, tâchez de comprendre ce qui dut se passer en moi; pour moi, je ne saurais le dire. J'essayai de parler, ma voix expira sur mes lèvres; je voulus tendre les bras vers la céleste apparition, je les sentis changés en pierre et soudés le long de mon corps; je voulus courir vers elle, mes pieds étaient scellés au parquet. Cependant, elle était toujours là, et me regardait en souriant. Enfin, par un effort désespéré, je parvins à briser le charme qui me clouait sur place, et je m'échappai de ma chambre, ivre de joie, fou de bonheur. J'étais fou, c'est le mot. Sainte folie, que la froide raison s'humilie devant toi! Aussi prompt que la pensée, j'ignore par quel enchantement je me trouvai, en moins de quelques secondes, à la porte de Louise. J'avais reconnu la maison cherchée vainement autrefois; j'étais entré sans rien demander, sans autre indication que le parfum qui s'en exhalait, j'étais allé droit au sanctuaire. Je pris les mains de Louise dans les miennes, et nous restâmes quelques instants à nous observer en silence, dans l'extase d'un bonheur fatalement perdu et miraculeusement retrouvé : extase de deux amants qui, séparés par un naufrage, après s'être crus morts l'un l'autre, se rencontrent, pleins d'amour et de vie, sur le même fortuné rivage.

— Quoi ! c'était vous ! dit-elle enfin en montrant ma chambre par un geste charmant.

— Quoi ! c'était vous ! demandai-je à mon tour en couvant d'un œil attendri une petite lampe de cuivre que j'avais aussitôt remarquée sur une table chargée d'écrans, de boîtes de couleurs, de palettes de porcelaine.

— C'était vous, la petite lumière !

— C'était vous, l'étoile de mes nuits !

Et tous deux, en même temps, nous racontions le poëme de ces deux années d'existence, et il se trouvait que nous disions la même histoire. Louise commençait mes phrases, et j'achevais les siennes. En découvrant les rapports de nos âmes, et les sympathies mystérieuses qu'elles avaient échangées, pendant deux ans, sans se connaître, c'étaient à chaque instant entre nous de naïfs étonnements et des admirations profondes. Nous nous interrompions de loin en loin pour nous regarder et nous prendre les mains, comme si nous voulions nous assurer que nous étions bien éveillés et que ce n'était pas un songe. Et toujours cette phrase qui revenait à chaque instant comme un charmant et gai refrain :

— Quoi ! c'était vous le frère et l'ami de ma pauvreté !

— Quoi ! c'était vous la sœur et la compagne de ma solitude !

Puis, en remontant le courant des jours écoulés, nous arrivâmes, de détours en détours, à notre rencontre sur les bords de la Seine, sous les ombrages de Richeport.

— Ce qu'il y a de triste, me dit-elle avec une mélancolie souriante, c'est qu'après m'avoir aimée sans me connaître, vous vous êtes retiré de moi aussitôt que vous m'avez connue. C'étaient vos chimères que vous adoriez ; et moi, si je vous aimais, ajouta-t-elle, j'en serais pourtant réduite à être jalouse de cette pauvre lampe.

Je dis à quelle inexorable nécessité j'avais dû céder quand j'étais parti de Richeport. Louise m'écoutait d'un air à la fois pensif et charmé. Mais, quand je vins à parler de l'amour d'Edgard, elle partit d'un frais éclat de rire, et se prit à me raconter avec une folle gaieté je ne sais quelle histoire toute récente à laquelle il me fut impossible de rien comprendre, sinon qu'il y était fort question de Turcs.

— Cependant M. de Meilhan vous aime ? lui demandai-je enfin avec une vague inquiétude.

— Oui, oui, s'écria-t-elle, il m'aime... jusqu'à la folie !

— Il vous aime, puisqu'il est jaloux.

— Oui, oui, s'écria-t-elle encore, jaloux... comme un musulman.

Et le rire de recommencer.

— Cependant, demandai-je encore, si vous ne l'aimiez pas, comment se fait-il qu'après mon départ de Richeport, vous y soyez restée plus d'un jour ?

— Je vous y attendais, me répondit-elle, en passant sans efforts de la gaieté d'une enfant à la gravité d'un esprit sérieux et d'un cœur réfléchi.

Je lui parlai de mon amour. J'étais sincère, je dus être éloquent. Je vis à plusieurs reprises sa paupière se mouiller de larmes, qui, cette fois, n'étaient pas des larmes de douleur. Je racontai ma vie tout entière. Ce que j'avais espéré, attendu, souffert, je dis tout, jusqu'à l'heure où elle m'était apparue comme la réalisation enchantée des rêves de ma jeunesse.

— Vous m'offrez, me dit-elle, de partager votre destinée, et vous ne savez pas qui je suis, d'où je viens, où je vais.

— Vous vous trompez, je vous connais, m'écriai-je ; vous êtes noble autant que belle, vous venez du ciel, et vous y retournez. Emportez-moi avec vous sur vos ailes.

— Monsieur, tout cela est bien vague, me répondit-elle en souriant.

— Écoutez, lui dis-je ; c'est vrai, j'ignore qui vous êtes ; mais je sais, mais je sens que le mensonge n'a jamais profané ces lèvres, ni faussé le rayon de ces yeux. Voici ma main ; c'est celle d'un gentilhomme. Prenez-la sans pâlir et sans hésiter ; je n'en demande pas davantage.

— Monsieur de Villiers, c'est bien, dit-elle en mettant avec dignité sa petite main dans la mienne. Et maintenant, ajouta-t-elle, voulez-vous connaître ma vie ?

— Non, lui répondis-je ; vous me la direz quand vous me l'aurez donnée.

— Cependant…

— Je vous ai vue, lui dis-je, et dès lors vous n'avez eu rien à m'apprendre. Je sens bien un mystère dans votre existence ; mais je sens aussi que ce mystère est beau, et que vous ne pouvez cacher que des trésors.

A ces mots, je vis errer sur sa bouche un sourire indéfinissable.

— Du moins, s'écria-t-elle, vous savez bien que je suis pauvre ?

— Oui, lui répliquai-je, mais vous avez montré que vous étiez digne de la fortune, et, de mon côté, je crois avoir prouvé que je n'étais pas tout à fait indigne de la pauvreté.

La journée se poursuivit ainsi et s'acheva en tendres entretiens. J'examinai dans tous ses détails cette chambre que ma pensée avait visitée tant de fois. Je me retins pour ne pas appliquer mes lèvres sur la petite lampe qui me valait plus de félicités que n'aurait pu m'en procurer la lampe d'Aladin. Je parlai bien de vous, madame ; je mêlai votre image à notre bonheur pour le compléter. Je dis à Louise combien vous l'aimeriez, qu'elle vous aimerait aussi ; elle me répondit qu'elle vous aimait déjà. Nous ne nous séparâmes que le soir, et nos lampes joyeuses brûlèrent toute la nuit.

Au milieu de mes enivrements, je n'oublie pas, madame, les intérêts qui vous sont chers. Avez-vous écrit à mademoiselle de Châteaudun, ainsi que je vous ai supplié de le faire? L'avez-vous fait avec fermeté? Avez-vous dit à votre jeune amie qu'il s'agit de son repos et de sa destinée? Lui avez-vous montré le nuage près de s'effondrer sur sa tête? Quand je l'ai quitté, M. de Monbert était bien sombre et bien irrité. Que mademoiselle de Châteaudun prenne garde!

Agréez l'expression de mes respectueux hommages.
RAYMOND DE VILLIERS.

XXXII
A MADAME
MADAME LA VICOMTESSE DE BRAIMES
HOTEL DE LA PRÉFECTURE,
A GRENOBLE (ISÈRE).

Paris, 5 août 18...

Voilà toutes vos lettres qui m'arrivent à la fois. J'en ai reçu deux hier, une ce matin. Celle-là est la plus ancienne, elle est datée de Berne. Ah! si je l'avais eue à son heure, que de chagrins elle m'aurait épargnés! Comment! il vous écrivait: Je l'aime! et il ne me disait rien à moi! Quand il m'a quittée, vous saviez, vous, combien il était malheureux! et moi, que son départ rendait si misérable, je le voyais indifférent! Mais quand je vous ai appris que j'allais me sacrifier, pour consoler madame de Meilhan, vous avez dû croire que j'étais devenue folle!... Je devine par cette lettre désolée que vous m'écrivez de Genève, et que j'ai reçue hier, quel a été votre effroi. Maudit voyage, maudite poste, une lettre perdue pouvait anéantir à jamais mon bonheur; cette lettre s'est égarée quelques jours... et, pendant ces quelques jours, j'ai dévoré plus de douleurs que je n'en ai ressenti dans les plus amers chagrins de toute ma vie. Aussi ces douleurs inutiles, et que je pouvais si facilement éviter, me rendent-elles incrédule et tremblante devant cet avenir de délices qui m'est promis. J'ai tant souffert, que la joie elle-même me trouve craintive ; et puis ce bonheur est si grand, qu'il est bien permis de l'accueillir avec tristesse et de douter de lui !

Il vous a dit sa joie délirante en me reconnaissant à cette fenêtre ; mais il ne vous a pas dit, et il ne pouvait vous dire mes inquiétudes à moi, mes affreux soupçons, mon désespoir quand je l'ai aperçu dans cette mansarde. Notre position n'était pas la même ; ce qui devait l'étonner et le charmer devait sans doute m'étonner aussi, mais ne pouvait que m'alarmer. Il me croyait pauvre, il me découvrait dans une mansarde : c'était tout simple ; la seule chose merveilleuse dans cette découverte, c'est que la mansarde habitée par moi fût précisément voisine de la maison où il se trouvait... Mais, moi, je le savais riche, je savais qu'il se nommait le comte de Villiers, je connaissais sa famille, noble et ancienne... Je savais, par mille détails de conversation, qu'il avait voyagé en Italie honorablement ; je l'avais vu à Richeport très-élégant et très-généreux ; il a dans toutes ses manières une très-grande simplicité, c'est vrai, mais c'est une simplicité de grand seigneur... Tout me disait, enfin, qu'il ne devait pas convenablement habiter une mansarde, et que si je le retrouvais là... je ne le retrouvais pas chez lui !

Songez donc, Valentine, que depuis deux mois je vis de déceptions ; je suis bercée de désenchantements ; j'ai inspiré les désespoirs les plus variés, j'ai étudié les consolations les plus pittoresques ; je me suis vue *pleurée* à l'Odéon dans une loge avec des courtisanes... Je me suis vue pleurée au Havre dans une auberge avec une négresse... je pouvais bien me voir encore *pleurée* à Paris dans une mansarde avec une grisette ! O douleur, dans ce seul instant de crainte, tous les poignards de la jalousie ont fondu ensemble sur mon cœur. Oh ! cette fois je ne m'indignais pas, je ne me plaignais pas, je mourais... Et je crois que si je n'avais aussitôt rencontré son regard, si je n'avais vu aussitôt la plus pure joie rayonner sur son noble visage, si je n'avais à l'instant tout compris, tout deviné, je crois que je me serais jetée par la fenêtre pour échapper à cette torture inconnue qui me donnait le vertige, et que je ne pouvais, que je ne voulais pas supporter. Mais il paraissait trop heureux pour être coupable. Il me fit signe, et je compris qu'il allait venir. Je l'attendis... Quelle attente! Mes cheveux étant dénoués, j'appelai ma bonne Blanchard pour m'aider à me coiffer et à m'habiller, et ma voix était si faible, qu'elle accourut tout effrayée, croyant que je me trouvais mal... Mille pensées confuses se pressaient dans ma tête; une seule restait claire et immuable : Je l'ai retrouvé, je vais le revoir! Quand je fus habillée... oh! je n'avais pas beaucoup de prétention pour ma parure ce jour-là... j'allai m'asseoir sur le canapé de mon pauvre petit salon; et là, pâle d'émotion, et n'osant respirer, j'écoutais avec une impatience brûlante les différents bruits de la maison. Bientôt j'entendis sonner à la porte; la porte s'ouvrit; une voix cria : Vous!... monsieur le comte! Il n'attendit pas qu'on m'avertit; il entra dans le salon et vint à moi. Il était si joyeux de me retrouver, j'étais si heureuse de le revoir, que dans les premiers moments il n'y eut pas du tout besoin, ni pour lui ni pour moi, d'explications : c'était bien évident qu'il était libre de m'aimer puisqu'il avait tant de joie; c'était bien prouvé que moi-même je pourrais être tout à lui, puisque je le revoyais avec tant de bonheur. Quand il eut retrouvé la voix, il me dit : Quoi! c'était vous, cette étoile chérie que j'ai aimée pendant deux ans! Alors, je me suis rappelé mes craintes d'un moment, et je lui dis à mon tour : Quoi! c'était vous le phare mystérieux! Mais comment demeuriez-vous là... Pourquoi M. le comte de Villiers habitait-il une mansarde?

Alors, chère Valentine, il m'a conté sa noble histoire : il m'a avoué, en se troublant un peu, qu'il était devenu pauvre comme moi; bien pauvre, parce qu'il avait donné toute sa fortune pour sauver l'honneur d'un de ses amis, M. Frédéric B... Oh! comme j'ai pleuré en écoutant ce touchant récit, plein de grandeur naïve, de simplicité sublime, d'insouciance généreuse; cette histoire m'aurait fait l'adorer, si je ne l'avais aimé déjà follement; tout le temps qu'il me la racontait, je pensais à la femme de ce malheureux Frédéric, à ses inquiétudes, à ses tortures d'épouse et de mère, quand elle a cru son mari perdu, ses enfants ruinés... à son étonnement, à sa joie enivrante, quand elle les a vus sauvés tous, à sa reconnaissance profonde, éternelle! et je n'avais qu'une idée, je me disais : Que je voudrais connaître cette femme, pour parler de Raymond avec elle !

Je voulus, à mon tour, lui raconter mon histoire, il refusa de l'entendre; je n'insistai pas. D'ailleurs, je voulais me montrer généreuse, et lui laisser pendant quelque temps encore la croyance que j'étais humble et misérable. Il était si heureux de penser qu'il allait m'ennoblir et m'enrichir... Je n'avais pas le courage de le désenchanter.

Cependant, hier, il a bien fallu tout lui dire : dans son impatience à hâter notre mariage, il s'occupe toute la matinée d'affaires, d'actes, de contrats; depuis deux jours il me tourmentait pour avoir mes papiers de famille, afin de les mettre en ordre et de trouver mon acte de naissance, indispensable pour se présenter à la mairie; je remettais toujours au lendemain pour le lui donner; mais hier, il a pris sa voix la plus douce, c'est son ton de commandement, il a fallu obéir. Pour le préparer à la terrible surprise, je lui ai dit que ces papiers étaient dans mon secrétaire dans ma chambre, et je l'ai prié de venir les chercher avec moi.

A l'aspect de ces grands portraits de famille qui couvrent les murs de cette petite cellule du haut jusqu'en bas, il s'est arrêté stupéfait, épouvanté, et il les a examinés avec inquiétude... Sur quelques-uns de ces portraits, on lit le nom et le titre de l'illustre personnage qu'ils représentent. En lisant ce nom : Victor-Louis de Châteaudun, maréchal de France, il est resté immobile et m'a regardée d'un air étrange; puis il remarqua un très-beau portrait de femme, au bas duquel il lut cette inscription :

« Marie-Félicité-Diane de Châteaudun, duchesse de Montignan. »

Alors, il se retourna vivement vers moi, et, la pâleur au front : — Louise! s'écria-t-il...

— Non pas Louise, ai-je répondu; Irène!... et tout l'orgueil de mon sang éclata dans ma voix, quand je redevins moi-même devant lui.

Un moment il garda le silence. Une tristesse amère se peignait sur son visage. Je n'en fus pas effrayée. Ce n'est rien, pensai-je; c'est de l'envie; il est dur, pour un homme qui se sent généreux, d'être vaincu en générosité. Il est douloureux, quand on croit tout donner, de découvrir qu'on va recevoir des millions; il est cruel, quand on rêve la volupté des sacrifices comme un héros de roman, d'être forcé de faire platement une belle affaire comme un banquier ou un agent de change.

Mais Raymond était plus que triste, et son maintien presque sévère m'alarma, et pour mon amour et pour ma dignité... Il était allé s'asseoir loin de moi... Je m'approchai de lui, et, tremblante d'émotion, les larmes aux yeux :

— Vous ne m'aimez plus? lui dis-je.

— Je n'ose aimer la fiancée d'un de mes amis...

— Ne me parlez jamais de M. de Monbert, ni de vos scrupules : il ne les comprendrait pas.

— Mais il vous l'avait dit : il vous aimait, mademoiselle. Pourquoi l'avez-vous quitté brusquement?

— Je me défiais de cet amour et je voulais l'éprouver...

— Eh bien! quel est le résultat de l'épreuve?

— Il ne m'aime pas et je le méprise.

— Il vous aime et vous devez l'honorer.

Alors, pour ne pas entrer dans de pénibles explications, pour ne pas descendre à me justifier, je lui ai remis une longue lettre que j'écrivais à ma cousine, et dans laquelle je lui racontais, sans lui dire mon déguisement, que le hasard m'avait fait apercevoir le prince de Monbert au spectacle, la manière dont il y était entouré, et le profond dégoût que sa conduite m'inspirait. Je la priais de lire cette lettre au prince lui-même, qui était près d'elle en ce moment; il est allé la chercher dans une de ses terres en Bretagne, il comprendrait, au ton décidé de ma lettre, que ma résolution était prise, que je ne l'aimais pas, et qu'il n'avait rien de mieux à faire que de m'oublier.

J'avais écrit cette lettre hier matin sous votre inspiration et pour prévenir les dangers bien imaginaires que vous redoutez. Croyez-moi, ma chère Valentine, M. de Monbert sait bien qu'il est coupable envers moi, il pourrait peut-être chercher à empêcher mon mariage; mais, quand il apprendra que je ne suis plus libre, il faudra bien qu'il se résigne à me perdre; ne craignez rien, je connais deux très-belles créatures à qui il permettra bien vite de le consoler. Un homme véritablement malheureux n'aurait pas pris pour confidents de ses amours dédaignés tous ses amis, tous ses laquais et tous les mouchards de la police; on ne livre pas aux échos indiscrets un nom cher et sacré; un homme qui n'a pas le respect de son amour n'a pas d'amour sérieux; il ne mérite ni égard ni pitié; je lui écrirai à lui-même, si vous le voulez; mais, quant à une querelle d'honneur, que peut-il prétendre? je ne lui ai donné aucun droit; et s'il venait jamais me menacer de provoquer en duel mon mari, je n'aurais qu'à lui dire : Prenez pour vos témoins MM. Ernest et Georges de S..., qui étaient ivres avec vous à l'Odéon; et il rougirait de honte, et il comprendrait à l'instant même l'odieux et le ridicule de sa colère.

J'avais laissé Raymond seul dans ma chambre, occupé à lire cette lettre, j'étais rentrée dans le salon et je pleurais. Je ne pouvais m'accoutumer à le voir sévère contre moi; je devinais qu'il m'accusait d'inconséquence et de caprice; l'idée de lui avoir déplu un moment me navrait de douleur... Je ne sais si la lettre qu'il parcourait me servait de justification à ses yeux, s'il la trouvait assez loyale, assez digne, mais sitôt qu'il eut achevé de la lire, il m'appela : Irène, dit-il, et je fus bien doucement émue en l'entendant prononcer mon nom véritable pour la première fois. J'allai le rejoindre dans la chambre où il était resté; il me tendit la main en me disant : Pardonnez-moi de vous avoir crue un moment capricieuse et légère, je vous pardonne bien, moi, de me faire jouer vis-à-vis d'un ami un rôle odieux. Ensuite, d'une voix plus tendre, il me dit qu'il comprenait toute ma conduite et que j'avais eu raison; que, lorsqu'on n'était pas sûre d'aimer son prétendu ou d'être aimée de lui, il était permis de vouloir l'éprouver, que cela était juste et honnête. Alors, il m'a demandé, en souriant, si je ne voulais pas à son tour l'éprouver et le quitter un mois ou deux pour savoir si j'étais aimée. — Oh! non, non, me suis-je écriée; je crois en vous; je ne veux pas vous quitter... Oh! quand on s'aime, comment peut-on vivre sans se voir? comment ose-t-on perdre un jour?

Je me rappelle ce que vous m'avez dit, quand j'ai abandonné M. de Monbert. Maintenant, je reconnais combien vous aviez raison : l'amour véritable est confiant; il fuit le doute, car il ne peut le supporter.

Cette triste impression qu'il ressentit, en apprenant que Louise Guérin était Irène de Châteaudun, fut le seul nuage qui passa sur notre bonheur. Bientôt la joie revint à nous vive et pure. Et nous avons parlé de vous tendrement; c'était lui, ce pauvre blessé, qui vous a donné tant d'inquiétudes; c'était lui, ce jeune mari si parfait, que vous aviez choisi pour moi et que je refusais avec une si superbe insolence !

Ah! ma bonne Valentine, que je vous remercie de l'avoir soigné comme une sœur; que vous avez été pour lui noble et charmante ! je voudrais, pour votre récompense, vous voir témoin de notre bonheur. Et ce digne M. de Braimes, remerciez-le bien de ma part, et ma belle petite Irène, qui lui a appris à aimer mon nom et qui venait tous les matins lui apporter un bouquet, et votre bel Henri, cet ange aux cheveux d'or, qui lui donnait à garder ses colombes enfermées dans votre panier à ouvrage pendant qu'il prenait ses leçons. Embrassez pour moi tous ces chers enfants, qu'il a vus, qu'il a caressés, qui l'ont égayé dans ses souffrances, et que j'aime à cause de lui et de vous.

N'est-ce pas que vous me permettrez de penser à ma filleule et de lui faire un présent de noces qui la rende *libre* à jamais, et riche assez pour avoir, sans imprudence, le droit de se marier par amour? Je suis si heureuse d'aimer, que je ne m'imagine pas que l'on puisse être heureux dans ce monde sans aimer; mais tout ce bonheur m'inquiète. Je me demande si mon cœur pourra suffire à une telle joie; si ma pauvre raison, fatiguée par tant de tourments, pourra conserver assez de force pour supporter ces émotions violentes, et si le bonheur n'a pas sa démence comme le malheur. Je m'efforce, quand je suis seule, pour calmer mon esprit égaré, de me redire froidement l'histoire de ma vie, avec cette inflexibilité de jugement, ce pédantisme d'analyse que vous m'avez souvent reproché.

Vous vous le rappellerez, Valentine, plus d'une fois vous m'avez dit en riant qu'il y avait en moi deux personnes : une jeune fille très-romanesque et un vieux philosophe désenchanté... Eh bien! aujourd'hui que la jeune fille romanesque est arrivée au plus beau chapitre de son roman, aujourd'hui qu'elle sent sa faible tête se troubler à l'idée d'un bonheur enivrant... elle appelle le vieux philosophe à son secours. Elle lui dit comment cette joie l'épouvante; elle lui demande de vouloir bien la rassurer sur l'avenir de ce bonheur si beau, en lui expliquant qu'il est naturel et logique, que c'est une conséquence des événements de sa vie passée, et qu'enfin, si grand qu'il puisse être, si extraordinaire qu'il lui semble, il est possible, il est durable, parce qu'elle l'a un peu mérité, et surtout parce qu'à force d'humiliations, de douleurs et d'épreuves, elle a su d'avance le racheter !

Oui, je l'avoue, ces événements heureux me paraissent si étranges, si impossibles, que je m'efforce de les expliquer, de les analyser avec calme, pour croire à leur réalité. Je me rappelle une à une toutes mes impressions depuis quatre ans, et je m'ingénie à trouver dans l'étrangeté, dans la fatalité, dans l'excessive injustice de mes malheurs passés, une explication naturelle au bonheur extraordinaire et incroyable des événements d'aujourd'hui. Les revers n'étaient-ils pas eux-mêmes bien romanesques, bien improbables ; les réparations, les consolations ne doivent-elles pas être à leur tour romanesques comme l'ont été les malheurs ? Est-ce tout simple qu'une jeune fille, élevée comme moi dans tout le luxe de la vie parisienne, appartenant à une illustre famille, soit réduite à la plus rude misère et forcée de se renier elle-même par convenance et par dignité ? Une grandeur innocemment déchue ne doit-elle pas tôt ou tard retrouver son niveau ?

Vous le voyez, par moi-même je serai remontée à mon rang ; M. de Meilhan voulait m'épouser sans fortune, sans nom... Hier, M. de Villiers ne savait pas encore qui j'étais : l'héritage de mon oncle n'a donc été pour moi qu'une force inutile. Je crois qu'une dignité native tôt ou tard retrouve sa place. Je crois à la logique des événements ; l'ordre a des lois impérieuses : on a beau jeter les statues par terre, il arrive toujours un moment où on les remet sur un piédestal. J'étais tombée de mon rang injustement, fatalement, je devais y remonter justement et nécessairement. Toute injustice criante a pour conséquence naturelle une réparation éclatante. J'avais éprouvé un malheur extraordinaire, prodigieux ; j'ai droit à un bonheur idéal... A vingt ans, j'ai perdu en une seule année mon noble et trop généreux père, ma pauvre mère, n'est-il pas juste que je retrouve en un seul amour tous ces amours?

Quant à ces passions terribles que vous prétendez que j'ai inspirées, et que je crois très-peu sérieuses, je les analyse aussi froidement, et je trouve dans cette analyse l'explication de bien des malheurs, de bien des fautes commises par de pauvres femmes que l'on accuse d'inconstance et de perfidie, et qui ne sont, au contraire, coupables que par innocence et par bonne foi. Elles croient aimer, et elles s'engagent, et puis, une fois engagées, elles découvrent qu'elles n'aimaient pas... C'est que l'amour véritable se compose de deux amours : on éprouve l'un des deux, on croit aimer, et l'on végète inquiet, agité par un demi-sentiment qui se cherche à se compléter, et l'on se débat dans des liens trop faibles; on n'est ni solidement attaché, ni libre; on n'est pas heureux, et cependant on n'a plus le droit de chercher le bonheur.

Valentine... c'est le vieux philosophe qui vous parle; croyez-le; il y a dans l'amour deux amours : l'amour social et l'amour naturel; l'amour volontaire et l'amour involontaire. Un jeune homme distingué, d'un rare mérite, aime une femme; il l'aime, il mérite d'être aimé, elle veut l'aimer. Seule, elle pense à lui. — Si l'on prononce son nom, elle rougit... Si quelqu'un dit devant elle : Madame de D... l'a aimé, elle se trouble... Ces symptômes lui semblent certains, et elle se dit : J'aime Adolphe, comme moi j'ai dit : J'aime Roger... Mais la voix de cet homme aimé ne l'émeut point jusqu'aux larmes; mais son regard de feu ne la fait ni pâlir ni tressaillir. S'il prend sa main, elle peut la lui laisser sans trembler... car elle n'éprouve pour lui qu'un seul des deux amours, l'amour social; il y a entre elle et lui harmonie dans les idées et dans l'éducation; il n'y a pas sympathie de nature.

L'autre amour est plus dangereux, surtout pour les femmes mariées, qui se trompent sur leur effroi, et qui prennent pour un remords l'honnête répugnance qu'il doit inspirer à toute femme d'une âme délicate et d'une imagination romanesque.

Je vous l'avoue franchement, si j'avais été mariée, si je n'avais été libre de mes actions, j'aurais cru que j'aimais Edgard... J'aurais pris pour une passion odieuse et coupable le trouble plein d'effroi, le malaise insupportable que me causait son amour. Mais ma raison vigilante, ma bonne foi implacable veillaient sur mon cœur; elles m'avaient dit : Fuis Roger; elles me disaient : Redoute Edgard... Si j'avais épousé Roger, malheur à moi! Cet amour de convenance, laissant mon cœur à tous ses rêves, aurait fait le tourment de toute ma vie... Mais si, plus folle encore, j'avais épousé Edgard, malheur, malheur à moi! parce qu'on ne sacrifie pas impunément à un amour incomplet toutes ses croyances, toutes ses habitudes, toutes ses manies même, tous ses préjugés d'éducation.

Ce qui m'a éclairée très-vite sur la fausseté de cet amour, c'est la liberté de ma position. Pourquoi, étant libre, avais-je peur d'un amour qui pouvait être légitime? Étrange mystère! Merveilleux instinct! Près de Roger, je me suis dit avec tristesse : Je l'aime, mais ce n'est pas de l'amour... Près d'Edgard, un jour, je me suis dit avec effroi : C'est de l'amour. Mais je ne l'aime pas. Et puis, quand Raymond m'est apparu, mon cœur, ma raison, ma bonne foi, dès le premier regard, l'ont reconnu, et, sans hésitation, sans arrière-pensée, sans prudence même, je me suis écriée : C'est lui... je l'aime, et c'est bien là de l'amour, — l'amour idéal, harmonie des idées et sympathie des cœurs.

Ah! cela me fait du bien d'être un peu pédante; je suis si émue, cela me calme; j'ai moins la crainte de devenir folle quand je prends ce ton sentencieux. Ah! quand je puis rire aussi, je suis bien contente; tout ce qui apaise un moment mon imagination exaltée me rassure. Ah! ce matin, que nous avons été heureux de rire comme deux enfants! Vous allez rire aussi; je n'ai qu'un mot à vous dire pour vous faire éclater ; il me dit ce matin : « Il faut que j'aille chez mon sellier pour faire réparer ma voiture de voyage. » Je lui dis : « J'en ai une neuve, je vais l'envoyer chercher. » Au bout d'une heure, on amena cette voiture, là, dans la cour. Il reconnut, avec des rires fous, la voiture de lady Penock.

— Quoi ! vous connaissez lady Penock ? Êtes-vous, par hasard, ce jeune audacieux qui la poursuit et qui l'a forcée à me vendre cette voiture ? — Oui, c'était moi ! — Ah ! quelle bonne gaieté ! c'était lui le héros de lady Penock, c'était lui la petite lumière, c'était lui le blessé, lui, le mari qu'on me destinait. Ah ! j'en perds l'esprit ; et nous partirons dans cette voiture. Ah ! lady Penock, pardonnez-lui !

IRÈNE DE CHATEAUDUN.

XXXIII
A MONSIEUR
MONSIEUR LE PRINCE DE MONBERT
POSTE RESTANTE, A ROUEN.

Paris, 11 août 18...

Me voilà à Paris, sombre, inoccupé, ne sachant que jeter dans le vide de mon âme, mécontent de m'être manqué de parole, ridicule à mes yeux dans mon amour et dans mon désespoir. — Je n'ai jamais été si triste, si malheureux, si abattu. Mes journées et mes nuits se passent dans d'éternelles récriminations contre moi-même ; je revise une par une toutes mes actions, toutes mes paroles ; je fais le procès à ma conduite vis-à-vis de Louise Guérin. Je compose des phrases superbes que j'ai oublié de prononcer, et dont l'effet eût été irrésistible. Je me dis : « Tel jour, tu as été d'une timidité stupide à te faire railler par un collégien. — Il fallait oser ; c'était le moment. Louise t'avait jeté, à la dérobée, un regard que tu n'as pas su traduire. Le soir où madame Taverneau était à Rouen, tu t'es laissé effrayer comme un sot par quelques airs superbes, par quelques vaines simagrées de vertu, dont la moindre insistance eût triomphé. Tu as pris pour de la pudeur une certaine sauvagerie d'épiderme. Ta délicatesse t'a perdu. Un peu de brutalité ne nuit pas, surtout auprès des prudes. Tu n'as profité d'aucun de tes avantages; tu as laissé fuir toutes les occasions. » — Enfin, je suis comme un général qui a perdu une bataille, et qui, retiré sous sa tente, au milieu de la plaine jonchée des débris de sa troupe, dessine après coup un plan stratégique qui lui eût infailliblement assuré la victoire!

Quelle chose affreuse, quel monstre impitoyable qu'un désir inassouvi qui vous rentre dans le cœur, la griffe acérée, le bec émoulu, et vous ronge à défaut d'autre proie! Le supplice de Prométhée n'est rien à côté de cela; car les flèches d'Hercule n'atteignent pas ce vautour invisible! — C'est mon premier amour malheureux, le premier gerfaut qui me revient sans tenir la colombe dans ses serres; j'en éprouve une inexprimable rage; je tourne dans ma chambre comme une bête fauve, et je pousse des cris inarticulés; je ne sais plus si ce que je sens pour Louise est de l'amour ou de la haine, mais il me semble que j'aurais une volupté infinie à l'étrangler avec ses cheveux, à frapper du poing sa nuque orgueilleuse et à la tenir sous mes pieds effarée et suppliante.

Mon bon Roger, je vous ennuie de mes lamentations; mais qui ennuiera-t-on, si ce n'est ses amis? Quand donc reviendrez-vous à Paris? Bientôt, je l'espère, puisque vous ne m'écrivez plus.

Je suis retourné chez la dame aux turbans; je passe presque toutes mes soirées dans le catafalque qu'elle appelle son salon. Ce lieu lugubre convient à ma mélancolie.

— Elle me trouve l'air encore plus fatal, plus giaour et plus Lara que de coutume : je suis son uscoque, son dieu! ou plutôt son démon, car elle en est encore aux diableries de l'école satanique! Vous l'avouerai-je, elle me déplaît horriblement, et pourtant j'éprouve une certaine douceur à être admiré par elle. — Cela console ma vanité du dédain de Louise, mais non mon cœur, hélas ! mon pauvre cœur, qui souffre et saigne. — J'ai vu le paradis par une porte entr'ouverte. La porte s'est fermée : je pleure sur le seuil !

Si Louise était morte, il me semble que cela me calmerait, mais elle existe, et elle n'est pas à moi ; cette idée me dévore et me rend la vie impossible. — Je ne puis penser à autre chose, et je sais à peine si les mots que je vous écris forment un sens... Je laisse ma lettre inachevée, je la finirai ce soir si je parviens à me distraire un instant de cette obsession...

..... Roger, il se passe une chose incroyable, à renverser tous les calculs et toutes les prévisions. — Je suis stupéfié, abruti... J'étais chez la marquise, il y faisait encore moins clair que de coutume. Une seule lampe tremblotait dans un coin, assoupie sous un large abat-jour. — Un gros monsieur, enseveli dans un fauteuil, débitait d'un ton somnolent les nouvelles du jour.

Je ne l'écoutais pas. Je pensais au petit lit blanc de Louise, dont j'avais soulevé le chaste rideau, avec cette intensité douloureuse et ces regrets poignants qui torturent les amants rebutés... Tout à coup un nom frappe mon oreille, le nom d'Irène de Châteaudun. — Je deviens attentif. — Elle se marie demain, continue le monsieur bien informé, avec... attendez donc, je m'embrouille dans les noms et les dates ; à cela près, j'ai une mémoire excellente... un jeune homme, Gaston, Raymond, de je ne sais trop quoi, mais le prénom finit en *on* pour sûr.

Je questionnai avidement ce gros homme, il ne savait rien de plus. Je sortis et je rentrai chez moi pour envoyer Joseph aux informations.

Ce garçon, qui est vif, plein d'intelligence et méritait un maître plus adonné aux intrigues et aux galanteries, a été aux douze mairies. Il m'a rapporté le relevé de toutes les publications de bans.

La nouvelle était vraie : Irène de Châteaudun se marie

avec Raymond. — Que signifie cela? Irène votre fiancée, Raymond notre ami! Quelle comédie à imbroglio se joue-t-il ici? C'était donc là le motif de ces fuites, de ces disparitions. — On se moquait de vous. — Cela me paraît un peu bien audacieux. Comment se fait-il que Raymond, qui savait vos projets de mariage avec mademoiselle de Châteaudun, ait osé aller ainsi sur vos brisées? — Cela sort des prouesses à la don Quichotte et du sauvetage des vieilles Anglaises.

Accourez vite, par le chemin de fer, par la poste, à franc étrier, à vol d'hippogriffe; que dis-je? à peine aurez-vous reçu ma lettre au moment où le mariage se célébrera. — Mais je veillerai pour vous, je m'acquitterai de votre vengeance, et mademoiselle Irène de Châteaudun ne deviendra pas madame Raymond de Villiers sans que je lui souffle à l'oreille une phrase qui la remplira d'épouvante et la rendra plus blanche que son voile nuptial. — Quant à Raymond, ce qu'il a fait ne m'étonne pas; j'avais senti contre lui, à Richeport, de ces mouvements haineux qui ne me trompent jamais et qui me viennent toujours en face des caractères lâches et hypocrites; il parlait trop de vertu pour n'être pas un misérable. — Je voudrais pouvoir rayer de ma vie le temps où je l'ai aimé. — Il n'est plus possible de s'opposer à ce mariage, dont l'idée me révolte. Comment donc Irène de Châteaudun, qui devait avoir l'honneur d'être votre femme, que vous m'avez dépeinte comme une personne pleine d'esprit et d'élévation, a-t-elle pu se laisser prendre, après vous avoir connu, aux jérémiades de ce pleurnicheur sentimental? Depuis Ève, tout ce qui est noble, loyal et franc, répugne donc aux femmes; déchoir est donc un besoin invincible pour elles; et elles préféreront donc toujours, à la voix de l'homme d'honneur, le susurrement perfide de l'esprit du mal, qui avance son visage fardé entre les feuillages, et se roule en orbes squammeux autour de l'arbre fatal?

EDGARD DE MEILHAN.

XXXIV

A MADAME
MADAME LA VICOMTESSE DE BRAIMES
HOTEL DE LA PRÉFECTURE,
A GRENOBLE (ISÈRE).

Paris, 11 août 18...

Cette lettre est probablement la dernière que je vous écrirai. Ne me plaignez pas; mon destin est moins digne de pitié que d'envie. Je n'en connais pas et n'en ai point rêvé de plus beau. On a dit, on a répété que la vie réelle est pâle, terne et désenchantée, auprès des fictions des poëtes. On s'est trompé : c'est le contraire qu'il fallait dire. Il est un inventeur plus merveilleux que tous les rapsodes, cet inventeur s'appelle la réalité. C'est elle qui tient la baguette magique; l'imagination n'est auprès d'elle qu'une assez pauvre magicienne. Madame, n'écrivez pas à mademoiselle de Châteaudun. Puisque ce n'est pas déjà fait, il faut nécessairement que mes lettres ne vous soient point parvenues. Quel qu'il soit, béni le hasard qui vous a empêchée de suivre mes avis! Que vous disais-je? J'étais fou. Gardez-vous d'alarmer cette enfant. Il a vécu suffisamment celui qu'elle a aimé un jour. N'écrivez pas, il est trop tard; mais admirez les coups du sort. Le diamant que je cherchais avec le prince de Monbert, je l'avais trouvé sans m'en douter; j'aidais à le chercher, tandis qu'à mon insu il était dans mon cœur. Louise, c'est Irène; madame Guérin, c'est mademoiselle de Châteaudun. Si vous aviez vu sa joie en se faisant connaître! Je l'ai vue joyeuse et triomphante, comme si son amour n'était pas ce qu'elle pouvait donner de plus précieux. Quand elle s'est nommée, j'ai senti passer sur mon front un souffle glacé; puis j'ai remercié Dieu de m'avoir fait une félicité à laquelle je ne survivrai pas, si grande que je dois et qu'il faut en mourir.

— Ne m'aimez-vous donc pas assez, m'a-t-elle dit, pour me pardonner ma fortune?

Comment aurait-elle pu comprendre qu'en se nommant, elle avait signé mon arrêt de mort?

Elle m'a parlé, en riant, de M. de Monbert, ainsi qu'elle avait fait d'Edgard; pour s'excuser, elle m'a raconté une histoire de désenchantement que vous savez déjà, madame. Il semble ici qu'il eût été de mon honneur de détromper Irène et de l'éclairer sur la passion du prince. Je l'ai fait, mais sans insistance. Quand le bonheur vous est offert chargé à balles, on n'a guère le droit d'être généreux.

Nous nous marions demain, chastement, sans public, sans éclat et sans bruit. Une voiture sans armoiries nous attendra sur la place de la Madeleine; à la sortie du temple, nous partirons pour Villiers. M. de Meilhan est à Richeport; M. de Monbert est en Bretagne. Avant qu'ils soient avertis, huit jours au moins s'écouleront. Ainsi, j'ai devant moi huit jours de sainte ivresse. Quel homme jamais en a pu dire autant?

Rappelez-vous ces paroles d'un poëte de vos amis : Il est beau de mourir jeune et de rendre à Dieu, qui nous juge, un cœur pur et plein d'illusions. Ce poëte a dit vrai; seulement, il est encore plus beau de mourir au sein du bonheur et de s'ensevelir avec la fleur d'un amour qui n'a point pâli.

Cet amour n'aurait pas suivi la loi fatale des tendresses vulgaires; les années auraient passé sur lui sans le vieillir. Mais qu'importe la durée, si l'éternité peut tenir dans une heure? Qu'importe le nombre de jours, si les jours sont remplis?

Cependant, je ne puis m'empêcher de la regretter, cette vie qui promettait d'être si belle. Nous aurions été bien, là-bas, dans mon petit château de la Creuse. J'étais né pour les délices du foyer et pour les joies de la famille. Je voyais déjà de beaux enfants jouer sur mes pelouses et se presser autour de leur mère. Et aussi quelle joie d'initier aux mystères de la fortune la noble et douce créature que je croyais alors pauvre et déshéritée! Je m'em-

parais de son existence pour n'en faire qu'une longue fête.
Oh! que de soins m'eût coûtés une destinée si chère et si
charmante! De quel duvet soyeux je devais tapisser son
nid! Que de soleil à l'entour, de parfums et de tièdes
brises! Quelle mousse épaisse et verte sous ses pieds délicats! Il n'y faut plus songer. Je connais M. de Monbert;
ce que j'ai vu de lui me suffit. M. de Meilhan, lui aussi,
ne me fera point défaut. Je ne me cache pas; dans huit
jours, ces deux hommes m'auront trouvé. Dans huit jours,
ils seront à ma porte, comme deux créanciers implacables, me demandant compte, l'un de Louise, l'autre d'Irène. Quand je descendrais à me justifier, quand je parviendrais à les convaincre de ma droiture et de ma
loyauté, leur désespoir n'en crierait pas moins haut vengeance. Eh bien! madame, que ferai-je alors? Essayerai-je
de prendre la vie de mes amis après leur avoir pris le
bonheur? Qu'ils me tuent, je serai prêt. Mais, sur mes
lèvres près de se glacer, ils verront encore errer le sourire
de l'amour vainqueur; en s'exhalant avec le nom d'Irène,
mon dernier soupir leur sera une cruelle injure, et les
malheureux m'envieront jusque dans les bras de la mort.

Je ne crois pas, il n'est pas à souhaiter qu'Irène me
survive. Mon âme, en partant, doit entraîner forcément
la sienne. Sans moi, que ferait-elle ici-bas? Vous verrez
que, sans le vouloir, se sentant doucement attirée, elle
s'en ira sans efforts de ce monde où je ne serai plus. —
Je répète qu'il n'est pas à souhaiter qu'elle demeure après
moi sur la terre. Cependant la douleur ne tue pas à coup
sûr; la jeunesse est puissante, la nature fait des miracles.
J'ai vu des arbres frappés de la foudre rester debout et se
couvrir encore, de loin en loin, d'un vert feuillage. J'ai
vu des destinées ravagées se traîner jusqu'à la vieillesse.
J'ai vu de nobles cœurs dédoublés se consumer lentement
dans les ennuis du veuvage et de la solitude. Si l'on mourait nécessairement quand on a perdu ce qu'on aimait, il
serait aussi par trop doux d'aimer. Jaloux de sa créature,

Dieu n'a pas voulu qu'il en fût toujours ainsi. C'est une grâce qu'il n'accorde qu'à de rares élus. Si donc il arrivait, par une fatalité qui n'est pas sans exemple, qu'Irène eût la force et le malheur de vivre, c'est à vous, madame, que je la confie. Soignez son âme, non dans l'espoir de la guérir, mais pour qu'il ne s'y mêle point d'autre amertume que celle des regrets. Représentez-lui ma mort, non comme l'expiation des chastes imprudences de sa jeunesse, mais comme celle d'un bonheur trop haut pour n'être pas frappé. Dites-lui qu'il en est des grandes joies ainsi que des grandes douleurs, et que, lorsqu'elles ont dépassé la mesure humaine, il faut que le cœur qui les contient éclate et se brise. Dites, ah! surtout dites-lui que je l'ai bien aimée, et que, si j'emporte sa vie tout entière, je lui laisse la mienne en échange. Enfin, madame, dites-lui que je suis mort en la bénissant, avec le regret de n'avoir qu'une existence pour payer le prix de son amour.

Tandis que je vous écris, je la vois à sa fenêtre, belle, radieuse et souriante, éclatante de joie, resplendissante de vie et de jeunesse.

Adieu, madame. Un éternel adieu!

Raymond de Villiers.

XXXV

A MONSIEUR
MONSIEUR LE PRINCE DE MONBERT
POSTE RESTANTE, A ROUEN.

Paris, 12 août 18...

Ce que je vous ai écrit hier est bien incroyable, bien infâme. Vous pensez que c'est tout; eh bien! non! Vous n'avez encore que la moitié de l'histoire. La main me tremble de colère, et j'écrase ma plume sur mon papier.

— Le reste est le comble de l'odieux et de la perfidie; c'était une trahison en partie double; nous étions joués tous deux, vous comme époux, moi comme amant. Tout ceci vous paraîtra incohérent comme un rêve. Que puis-je avoir de commun avec Irène que je n'ai jamais vue ? Attendez, vous allez voir !

Mon fidèle Joseph avait découvert que le mariage devait se faire à l'église de la Madeleine, à six heures du matin.

J'étais si agité, si inquiet, si tourmenté de pressentiments funestes, que je ne me couchai pas. — Dès que l'heure fut venue, je sortis enveloppé dans mon manteau. Quoique nous soyons en été, j'avais froid ; un vague frisson de fièvre me parcourait les membres. J'étais déjà pâle de la catastrophe future.

La Madeleine se détachait blafarde sur le ciel gris du matin. Quelques figures livides de débauchés, surpris par le jour, se montraient çà et là aux angles des rues. Le mouvement de la ville n'avait pas encore commencé. Je croyais être arrivé trop tôt, mais une voiture, de couleur sombre, sans armoiries ni chiffres, gardée par un domestique en livrée vague, stationnait discrètement dans une des contre-allées qui longent l'église.

Je montai les degrés d'un pas mal affermi et je vis bientôt, à une de ces chapelles bâtardes qu'on a eu tant de peine à loger dans ce faux temple grec, une lueur de cierge et des gestes de prêtre qui officiait.

La mariée ensevelie dans ses voiles, prosternée sur le dos de sa chaise, paraissait prier avec ferveur ; le mari, comme s'il n'était pas le plus lâche des hommes, tenait le front haut et rayonnait d'une tranquille béatitude. La cérémonie tirait à sa fin, Irène releva la tête, mais j'étais placé de façon à ne pouvoir distinguer ses traits.

Je m'adossai contre une colonne pour jeter à Irène, lors de son passage, un de ces mots aigus comme les poignards de cristal des bravi de Venise qu'on casse dans la plaie, qui tuent et ne font pas saigner. — Irène s'avançait légèrement, appuyée au bras de Raymond, avec une démarche ondulée, rhythmique, comme si ses pieds, au lieu du froid pavé de l'église, eussent effleuré la molle ouate des nuages. Elle ne tenait pas à la terre, son bonheur la soulevait, l'ardeur de sa joie m'a fait comprendre ces assomptions de saintes qui, dans leur extase, quittaient le sol de leurs cellules ou de leurs cavernes ; elle éprouvait ce ravissement profond d'une femme qui se perd.

Quand elle arriva à la hauteur de la colonne qui m'abritait, un courant électrique l'avertit sans doute de ma présence, car elle tressaillit comme atteinte par une flèche invisible et retourna vivement la tête ; un rayon de soleil égaré illumina sa figure, et je reconnus dans Irène de Châteaudun Louise Guérin ; dans la riche héritière, l'enlumineuse de Pont-de-l'Arche !

Irène et Louise c'était la même personne !

Nous avons été traités en Cassandres de comédie ; nous avons joué sérieusement la scène d'Horace et d'Arnolphe. Nous nous racontions nos amours, nos espoirs et nos tristesses. C'est fort bouffon ; mais, contre l'usage, la tragédie suivra la farce, et nous saurons si bien nous y prendre, que nul ne sera tenté de rire de notre mésaventure : d'une chose ridicule nous ferons une chose terrible. Ah ! mademoiselle Irène de Châteaudun, vous vous imaginiez qu'on pouvait s'amuser ainsi de deux hommes comme le prince Roger de Monbert et comme Edgard de Meilhan, et qu'il n'en serait que cela, et qu'il suffirait de leur dire : « J'en aime mieux un autre ? » Et vous, maître Raymond, vous espériez que votre réputation vertueuse ferait passer votre perfidie pour un acte de dévouement ? Non, non ; dans le drame où la grande dame était une aventurière, l'ingénue une rouée, le héros un traître, l'amant un niais et le fiancé un Géronte, les rôles vont changer.

Un cri rauque s'échappa de mon gosier. Irène serra convulsivement le bras de Raymond et sortit de l'église à pas précipités. Raymond, sans rien comprendre à cet élan subit, y céda et descendit très-vite l'escalier. La voiture était avancée ; ils montèrent dedans tous deux ; le cocher fouetta les chevaux ; le tout disparut.

Irène, Louise, quel qu'ait été votre nom ou votre masque, vous ne serez pas longtemps madame de Villiers ; un prompt veuvage vous permettra de recommencer vos manéges. Je regrette de vous frapper à travers un autre, car vous avez mérité la mort. Edgard de Meilhan.

XXXVI
A MONSIEUR
MONSIEUR LE COMTE DE VILLIERS
AU CHATEAU DE VILLIERS (CREUSE).

16 août 18....

Monsieur,

Ce matin, à mon lever, je suis bien aise de vous envoyer, en forme d'apologue, une anecdote, dont vous pouvez retirer quelque profit.

J'ai rencontré dans mes voyages un homme estimable. C'était un créole de la colonie du Port-Natal : il avait nom Smollett !

J'allais quelquefois en chasse du côté de son habitation : je lui demandai même deux fois l'hospitalité. Il me reçut d'une façon équivoque, m'admit à sa table, me parla peu, me servit du vin de Constance, refusa ma main que je lui présentai, et me donna son lit.

Du Port-Natal j'écrivis à ce sauvage deux billets de remercîments, avec cette formule : *Mon cher ami.* Je ne pouvais lui donner, en lui écrivant, un titre de noblesse, je lui donnais un titre d'affection : *Mon cher ami.*

Il ne répondit pas à mes deux billets. Au fond, je ne demandais rien ; il n'y avait donc rien à répondre.

Ayant rencontré un soir le créole Smollett sous les arbres de l'avenue occidentale du Port-Natal, je l'abordai affectueusement, et je lui tendis les mains. Encore une fois, mes mains ne doublèrent pas les siennes. Je fis un mouvement de dépit.

« Monsieur, me dit le sauvage, vous me paraissez un bon enfant, un jeune homme sincère, et très-peu européen. Il faut donc vous éclairer dans votre candeur. Vous m'avez appelé deux ou trois fois *votre cher ami ;* cela pourrait vous coûter cher, et j'en serais au désespoir ; je ne suis pas votre ami, je ne suis l'ami de personne... au contraire... évitez-moi, monsieur ; évitez mon voisinage, évitez mon habitation. Retirez-moi la confiance que vous m'avez donnée avec votre légèreté de voyageur. Adieu. »

Cet *adieu* fut accompagné d'un sourire à contractions félines et d'un regard fauve peu rassurant.

Je pris des informations, à bonne source, sur le créole Smollett, et mon ignorance fut instruite. Cet homme estimable était tout simplement un bandit de profession !!

J'espère, monsieur de Villiers, que le sens de cet apologue ne vous échappera pas. Cependant, à tout hasard, j'ajouterai quelques lignes pour secourir la naïveté de votre intelligence.

Vous avez toujours été mon ami, vous, monsieur ; vous n'avez jamais renié ce titre : vos mains ont toujours serré les miennes, dans toutes nos rencontres, n'est-ce pas ?

En peu de mots, voici l'histoire de votre amitié ; elle a justifié ma confiance, et je serais bien ingrat si je vous estimais moins que le créole en question.

Vous avez organisé contre moi, avec madame de Braimes, une trame domestique pleine d'élégance et de gracieuse noirceur. Vous appelez cela, sans doute, une association ; je lui donne, moi, le nom de complicité. J'entends d'ici les railleries piquantes et les rires fous que vous avez mêlés à mon nom, avec madame de Braimes. Je suis encore heureux de penser que, dans ces deux amis, il y a peut-être un homme ; en présence de deux femmes, je n'aurais point de satisfaction à demander.

Vous avez été avec moi d'une complaisance merveilleuse. Quand je cherchais mademoiselle de Châteaudun, avec une anxiété aveugle et folle, vous m'avez charitablement aidé dans toutes mes perquisitions. Vous étiez mon guide, ma boussole, mon soutien. Vous me conduisiez sur tous les chemins où Irène ne passerait pas ; votre itinéraire était si bien combiné, qu'au bout de mes poursuites, vous avez trouvé, vous seul, ce que nous avions cherché inutilement tous les deux. Comme cela doit vous avoir paru plaisant, monsieur ! Madame de Braimes en a-t-elle bien ri ?

Vraiment, monsieur, vous êtes plus vieux que votre âge, et votre éducation ne s'est pas bornée au grec et au latin ; vous avez acquis des talents qui font supposer de longues études et l'expérience du monde civilisé. Vous jouez à ravir les rôles de haute comédie, et votre ambition, moins modeste, devrait vous engager à monter sur un théâtre plus brillant. Je suis seul à vous applaudir quand vous jouez ; je forme seul votre parterre et votre public. C'est vraiment dommage ! il faut élargir votre scène, vous ne vous connaissez pas. Regardez-vous.

Vous jouez l'étonnement, le désintéressement, la candeur, la générosité, la grandeur d'âme, et une pléiade d'autres vertus, écloses comme des fleurs dans les jardins de l'âge d'or. Vous êtes un comédien raffiné. Si vous aviez au cœur toutes les vertus de votre masque, le ciel serait jaloux de vous, comme il le fut d'Henoch, et vous seriez enlevé à notre admiration par un nuage intelligent. Un homme vertueux de votre force serait un fléau moral dans notre société corrompue ; il humilierait trop orgueilleusement ses voisins : en 18.., la nature ne doit pas se permettre un pareil écart de fécondité vertueuse. Mettez-nous tous à notre aise, en acceptant le titre de comédien.

Permettez-moi une question à ce propos. Le courage est aussi une vertu, qui peut être jouée au naturel, comme une autre, lorsqu'on ne l'a pas au cœur. Je serais bien aise de vous mettre à l'épreuve pour le rôle de comédien courageux. En attendant votre réponse, je suis forcé de vous faire l'injure de penser que ce dernier talent manque à votre riche répertoire. Veuillez bien donner un prompt démenti à mon doute, et montrez-vous comédien accompli.

Votre public dévoué,

PRINCE DE MONBERT.

XXXVII

A MONSIEUR
MONSIEUR LE COMTE DE VILLIERS
AU CHATEAU DE VILLIERS
PAR GUÉRET (CREUSE).

Paris, 16 août 18....

Noble hidalgo, illustre chevalier de la Manche, vous qui aimez tant les aventures et les prouesses chevaleresques, je viens vous faire une proposition qui sera, je pense, de votre goût ; — un combat à fer émoulu, à la lance, à la hache, à la dague, sans pitié ni merci, jusqu'à ce que mort s'ensuive. Je sais d'avance ce que vous allez me répondre : — votre générosité naturelle vous empêche de vous couper la gorge avec un ami. — D'abord, je ne suis pas votre ami ; — les traîtres n'ont pas cet honneur.—Que ce scrupule ne vous arrête donc pas, délicat personnage.

Votre masque est tombé, cher Tartufe de beaux sentiments. On sait maintenant à quel chiffre de rentes vous vous dévouez. Avant de retirer les Anglaises des flammes ou des précipices, vous prenez des informations sur leur position sociale. Vous sauvez vos amis de la banqueroute à quatre-vingts pour cent de bénéfice, et quand vous filez le parfait amour avec une grisette, vous avez son blason et le total de ses rentes dans votre poche. En venant chez moi, vous saviez que Louise était Irène. Vous avez appris tous ces détails chez madame de Braimes pendant votre intéressante convalescence. — Tout cela peut paraître fort simple à d'autres de la part d'un mortel vertueux, d'un Grandisson comme vous. Quant à moi, je ne suis pas de cet avis ; votre conduite me semble basse, ignoble et lâche. — Je crois que je ne pourrais guère m'empêcher de vous traduire librement cette opinion, partout où je vous rencontrerai, en soufflets et en crachats en plein visage. J'espère que vous m'épargnerez ce désagrément en venant *poser* quelques minutes devant mon épée ou mon pistolet, à votre choix. Surtout ne montrez pas de grandeur d'âme, ne tirez pas en l'air : cela me toucherait peu, et je vous tuerais comme un chien. Vous me gênez sur terre, et je ne travaille pas pour la Morale en actions, moi.

EDGARD DE MEILHAN.

XXXVIII
A MESSIEURS
MESSIEURS ROGER DE MONBERT
ET EDGARD DE MEILHAN

Villiers, 13 août 18....

Laissons là ce langage indigne de vous et de moi. Nous sommes gentilshommes, de race militaire; nos pères, quand ils se faisaient entre eux l'honneur que vous me proposez, se provoquaient, ils ne s'insultaient pas. Si la partie était égale, si je n'avais affaire qu'à l'un de vous, peut-être essayerais-je de le ramener à la raison. Vous êtes deux, venez, je vous attends. COMTE DE VILLIERS.

XXXIX

Villiers, 21 août 18....

Depuis deux jours je veux vous répondre, ma chère Valentine; mais je suis tellement agitée, inquiète, que je n'ose écrire mes pensées, dont le désordre et la folie m'épouvantent. J'ai encore assez de raison pour m'accuser moi-même de démence, mais je crains les preuves, et même, en reconnaissant dans mes idées un égarement certain, j'évite encore ce qui doit clairement le constater. Je vous le disais bien, tant de bonheur ne peut être accepté sans crainte; tout est menace et danger dans un si doux enchantement! le moindre mot me donne de sombres inquiétudes; une lettre arrivée subitement, dont je ne connais pas l'écriture, une visite imprévue qui laisse Raymond un peu préoccupé : tout m'alarme; et lui me gronde tendrement, il me demande pourquoi je suis triste.

— Parce que je suis trop heureuse, lui dis-je, et il ne trouve pas que ce soit une bonne raison. Pour me distraire il m'emmène dans les vallées et dans les bois ; il me raconte son enfance, les beaux rêves de son jeune âge, et il m'assure que tous ses rêves de bonheur sont dépassés, il me dit qu'il n'aurait jamais pensé rencontrer sur la terre une femme comme moi, et que pour être aimé de moi, un jour, une heure, il aurait volontiers donné sa vie, et qu'un tel sacrifice n'était pas trop grand pour payer un tel amour. En le voyant si joyeux, je n'ose lui parler de mes craintes ; près de lui bientôt je les oublie, il a tant de confiance dans l'avenir, qu'il m'en inspire malgré moi. Aussi, quand il est près de moi, je suis heureuse et rassurée... Mais s'il s'éloigne un moment, si je reste seule livrée à mes folles idées, mille fantômes terribles m'apparaissent et viennent me menacer. Je m'accuse d'avoir été imprudente et cruelle, je m'accuse, non pas comme vous le dites, d'avoir inspiré deux violentes passions, mais d'avoir exaspéré deux amours vindicatifs. Je sais bien que M. de Monbert ne m'aimait point, et cependant je crains son ressentiment injuste ; je me dis la plaisante trahison d'Edgard, et pourtant Edgard, dont l'image jusqu'à présent ne me semblait que ridicule, Edgard m'apparaît menaçant et furieux. Un vague souvenir me poursuit. Le jour même de mon mariage, après la bénédiction, comme nous quittions la chapelle, un indicible effroi m'a fait tressaillir : je ne pourrais l'affirmer, mais j'ai cru entendre dans le silence de cette vaste église une voix, une voix étouffée, terrible, qui disait mon nom... le nom que je portais à Pont-de-l'Arche : Louise!... J'ai retourné la tête vivement du côté d'où elle venait, et il fallait que cette voix fût bien puissante pour avoir l'autorité de troubler l'émotion d'un pareil moment !... Je regardai près de moi et je ne vis personne... Louise!... Il y a tant de femmes qui portent ce nom! Peut-être était-ce un père qui appelait sa fille, ou un frère qui appelait sa sœur.

Cela n'avait rien de bien extraordinaire, mais ce cri m'a remplie d'effroi... Je me suis rappelé Edgard le soir où je l'avais vu courroucé contre moi; la rage qui se peignait dans ses yeux, la violente contraction de ses traits, sa voix étouffée et terrible, semblable à cette voix, et j'ai compris, alors seulement j'ai compris qu'il y avait bien de l'orgueil et de la haine dans son amour. Mais, me disais-je, si c'était lui, il m'aurait suivie, il serait venu regarder dans quelle voiture je partais; je l'aurais revu au pied de l'église, je l'aurais aperçu de loin sous le portique... D'ailleurs, pourquoi serait-il venu là? Il avait renoncé à me voir. S'il avait voulu me retrouver, rien ne lui était plus facile : Edgard connaissait la demeure de madame Taverneau, à Paris; il savait que nous habitions la même maison; s'il avait espéré être reçu chez moi, il serait venu tout simplement me faire une visite... enfin, s'il était à cette heure, à six heures du matin, dans l'église de la Madeleine, dans un quartier si éloigné de celui que j'habitais, cela n'était pas pour m'espionner. Cet homme qui avait appelé Louise, ce n'était donc pas Edgard, cela ne pouvait pas être Edgard.

Ces réflexions, que je fis rapidement, me rassurèrent. J'interrogeai Raymond; il n'avait vu personne, il n'avait rien entendu. Enfin je me répétais que M. de Meilhan n'était point à Paris, et que c'était folie que de se préoccuper si longtemps de sa pensée. Mais hier j'ai appris, par un billet de madame Taverneau, qui ne sait rien, ni mon mariage, ni mon départ, et qui ne saura que dans un an ce que j'ai fait pour elle, j'ai appris que M. de Meilhan, en quittant le Havre, était aussitôt venu à Paris. Sa mère ne lui a pas dit que j'étais allée avec elle le rejoindre. Quand elle a vu que, pour le retenir en France, son influence suffisait, elle a supprimé la mienne; je l'en remercie. J'aime beaucoup mieux qu'il ignore toujours la généreuse et folle idée que j'ai eue de le rendre à sa mère; mais ce qui m'alarme, c'est qu'elle le retienne à Paris, dans la crainte qu'à Richeport il n'apprenne la vérité, et dans l'espoir que là il oubliera plus vite cet amour qui contrariait si fort tous ses projets. Edgard était donc à Paris le jour de mon mariage, et peut-être. . Mais non... qui aurait pu l'avertir... Je demeurais à une lieue de la paroisse où je me suis mariée... Ce n'est pas lui... Cependant j'ai peur de cet homme... Je me souviens avec quelle amertume il me parlait de Raymond dans une lettre pleine d'injustes reproches qu'il m'a envoyée trois jours après mon départ de Richeport. Dans cette lettre, que j'ai brûlée tout de suite, il me disait que M. de Villiers devait épouser sa cousine. Oh! la révélation de cet engagement m'a rendue bien malheureuse! Il était rompu depuis plusieurs années; mais M. de Meilhan le croyait encore sérieux; il en parlait comme d'un lien qui devait le rassurer contre les prétentions de son ami à me plaire; et, cependant que de malveillance dans les éloges qu'il faisait de lui, que de terreur jalouse dans son insolente sécurité! comme il disait naïvement : Puisque je n'ai pas à le craindre, d'où vient donc que je le hais? Aujourd'hui, je me souviens de cette haine, et elle m'épouvante. Aidé de Roger, bientôt il saura tout, il apprendra que Louise Guérin et Irène de Châteaudun ce n'est que la même personne, et tous deux, associant leur fureur, ils viendront peut-être me demander compte de mes caprices et me reprocher la duplicité de ma conduite... Pensez-vous donc que cela soit possible, Valentine? Ne serait-il pas plaisant, dites-moi, que ces deux hommes qui ont si indignement traîné mon souvenir dans la fange, qui m'ont si indignement trahie, offensée par leurs laides infidélités, viennent hardiment me parler de leur constance et réclamer leurs droits à mon amour? Eh! mon Dieu, malgré l'absurdité d'une telle supposition, ils seraient vraiment bien capables de le faire : les hommes en amour ont une religion si commode, une conscience si pleine de facilités! Sous prétexte de prétendues passions indomptables, ils s'accordent tant d'indulgence, ils se permettent sans remords tant de mensonges misérables, tant d'oublis honteux, tant de lâches profanations!... Et jamais il ne leur vient à l'idée que la connaissance de ces torts impardonnables puisse altérer un pur amour; ils ont de la dignité des femmes une étrange opinion, leurs ménagements pour elles sont singulièrement distribués ; ainsi, lorsqu'ils insultent sans pudeur les nobles femmes qui les aiment avec ferveur et loyauté, c'est pour ne point repousser impoliment, disent-ils, les misérables effrontées qui courent après eux sans vergogne, car leurs égards sont tous pour celles-là... C'est pour épargner à ces amours-propres si délicats une légère piqûre, qu'ils percent, qu'ils frappent mortellement les cœurs généreux qui ne vivent que de leur pensée, qui ne savent que leurs noms révérés ; ils les frappent sans pitié, sans remords. Et puis, quand l'amour s'échappe de ces cœurs brisés, comme l'eau d'une urne tombée, ils s'étonnent, ils s'inquiètent... Ils ont brisé le cœur qui contenait l'amour ; et naïfs, innocents, révoltés, stupides, ils demandent ce qu'est devenu l'amour!... Ils l'ont tué lâchement, et ils s'indignent qu'il ait osé mourir de leurs coups!...

Mais pourquoi parler d'eux, d'Edgard et de sa haine, de Roger et de sa colère ? La destinée n'a pas besoin de ces instruments si terribles pour châtier notre bonheur ! le moindre accident, l'imprudence la plus légère peuvent servir sa cruauté ; tout peut l'aider dans sa vengeance contre un homme trop heureux et trop aimé. La brise froide du soir, après une journée brûlante, ne peut-elle pas lui donner le frisson avec la mort ? ce pont de bois jeté sur le torrent ne peut-il pas tout à coup devenir perfide et se rompre pour le punir d'être attendu sur l'autre bord avec trop d'impatience?... ces hauts rochers que les glaces de l'hiver ont fendus de toutes parts ne peuvent-ils pas se détacher de leur bloc jaloux, et rouler sur lui à son passage?... son cheval favori ne peut-il pas s'effrayer aussi follement à l'aspect de quelque fantôme sauvage, et l'emporter avec fureur dans les bruyères, loin des regards d'amour qui le suivent trop ardemment?... Que dis-je ? le caillou que tient cet enfant qui joue là-bas sur le gazon, et qu'il va jeter en riant aux arbres de l'avenue, ne suffit-il pas lui-même pour donner la mort à un homme aimé ?

Oh ! Valentine, je ne me fais pas d'illusions ; je vois le danger ; le monde entier se révolte contre un bonheur trop pur ; la société le poursuit comme une injustice ; la nature, à cause de sa perfection, le maudit ; toute perfection lui semble une monstruosité intolérable. Sitôt qu'elle le comprend, qu'elle le devine, elle donne l'alarme et les éléments se conjurent contre ce bonheur insolent ; la foudre est avertie... elle se tient prête à frapper le front qui rayonne. Chez les humains, à l'instant même toutes les méchancetés sont réveillées ; des avis secrets, des voix inconnues préviennent les envieux de toutes les nations qu'il y a quelque part une grande joie à troubler, qu'il y a dans un coin de la terre deux êtres qui se cherchaient et qui se sont trouvés, deux cœurs qui s'aiment avec une égalité idéale, une harmonie enivrante... Le hasard lui-même, ce railleur insouciant, se fait pour eux orgueilleux et jaloux ; il en veut à ces deux êtres qui se sont cherchés volontairement, qui se sont choisis consciencieusement, et qui n'ont rien voulu attendre de lui pour être heureux ; il s'informe de leurs deux noms, lui qui ne sait le nom de personne, et il les poursuit de ses coups, il cesse d'être aveugle pour les reconnaître et les frapper. Ah ! je le sens, nous sommes trop heureux. La mort nous regarde ! j'ai peur !

Ce n'est pas permis sur la terre de savourer les suprêmes délices, la joie sans trouble et sans mélange, d'avoir ensemble l'extase du cœur et le délire de la passion ; d'avoir l'orgueil de l'amour et la fierté de la conscience honnête... Les joies brûlantes ne sont permises qu'aux amours coupables. Que deux malheureux êtres, engagés séparément dans des liens détestés, se rencontrent et se reconnaissent mutuellement pour l'idéal de leurs rêves, on leur permettra de s'aimer, parce qu'ils se sont trouvés trop tard, parce que cette immense joie : trouver l'idéal de ses rêves ! est d'avance empoisonnée par le remords et la honte. Leur bonheur criminel pourra vivre, parce qu'il est criminel ; il a les conditions de la vie, la fragilité et la misère ; il porte la tache originelle, donc il a droit d'humanité... Mais trouver l'amour idéal dans une union légitime ; mais le trouver à temps et pouvoir l'accueillir sans honte et l'éprouver sans remords ; mais être heureuse comme une amante et rester digne comme une épouse ; mais connaître la folle ardeur de la passion et garder la voluptueuse fraîcheur de la pureté ; mais être tour à tour, avec délice, esclave et reine, dans l'équitable loi du plus harmonieux amour ; appeler qui vous appelle, chercher qui vous cherche, aimer qui vous aime, admirer qui vous admire, en un mot, être l'idole de son idole !... C'est trop, c'est dépasser les joies humaines, c'est dérober le feu du ciel ; je vous le dis : c'est avoir mérité la mort !

Je le sens à mon enthousiasme, j'habite déjà les limites du monde réel ; j'entrevois le ciel ; la terre disparaît à mes yeux. J'attends et je comprends la mort, parce que la vie m'a dit son dernier mot. L'exaltation que j'éprouve a quelque chose de l'avenir des bienheureux : c'est une agonie triomphante, c'est la joie finale et suprême qui m'annonce que mon âme va me quitter.

O mon Dieu ! ma tête se perd ; je vous écris mille extravagances ! Valentine, vous le voyez, toutes les émotions excessives se ressemblent ; le délire de la joie est le même que celui du désespoir. Arrivée au faîte du bonheur, savez-vous ce que l'on aperçoit à ses pieds ?... l'abîme ! de tous côtés l'abîme... On ne retrouve même plus derrière soi l'aride sentier par où l'on a gravi péniblement jusqu'au sommet ; parvenu là, on ne voit nul moyen de redescendre doucement la pente... de cette hauteur on ne redescend jamais, on tombe ! Il n'y a qu'un secret pour conserver le bonheur, c'est de le renier, c'est de le méconnaître ; il se plaît quelquefois à rester chez les ingrats.

En vain je cherche à me rassurer par des expiations, par des sacrifices; depuis huit jours, je jette l'or à pleines mains dans ce pays, je dote tous les enfants, je nourris tous les pauvres, j'enrichis les hospices; je me ruinerais volontiers en charités généreuses, en dons magnifiques, je donnerais ma fortune de bon cœur pour obtenir le repos ; tous les matins j'entre seule dans l'église, je me prosterne sur la pierre et je demande à Dieu, avec une ferveur ardente, qu'il me permette, par quelque grand sacrifice, de racheter mon bonheur ; je lui dis de m'envoyer les plus dures épreuves, de nouvelles humiliations, des douleurs violentes, au-dessus même de mon courage; mais de me laisser, de me laisser quelques jours encore Raymond... Raymond et son amour.

Mais ces larmes et ces prières seront inutiles; lui-même, sans comprendre ses pressentiments, il a l'instinct de sa fin prochaine. La pureté de son âme, la grandeur de son caractère, le désintéressement sans exemple de sa conduite sont des indices effrayants; ces vertus sublimes sont des symptômes d'agonie; cette générosité, ce désintéressement sont de tacites adieux. Raymond n'a dans l'esprit aucune des faiblesses des hommes destinés à vivre longtemps dans ce monde; il n'a pris sa part d'aucune des passions mauvaises de ce siècle, il s'est isolé de lui, comme un passager d'un jour; il a renié bravement les turpitudes de l'humanité, comme un homme qui n'a pas longtemps à se commettre avec elle. Il traite la vie en pèlerin, il ne s'établit dans aucune de ses misères; il n'a passé marché avec aucun de ses désenchantements; son orgueil superbe, sa loyauté implacable et rigide dès l'enfance ont caché un secret funèbre; il ne s'est tenu à l'écart que parce qu'il avait le sentiment de sa fin précoce; il n'est si sûr de lui que parce qu'il sait bien qu'il n'a pas à lutter longtemps; il n'est si joyeux et si fier que parce qu'il regarde la victoire comme déjà remportée... Et je le pleure en l'admirant. Dieu ne prête qu'un moment à la terre ces modèles divins.

Hélas! dois-je donc trouver un sujet de douleur et de crainte dans ces qualités si nobles, si belles et si séduisantes, qui m'ont fait l'adorer? C'est parce qu'il mérite d'être aimé plus que jamais on n'a été aimé dans ce monde, que je dois trembler pour lui! Valentine, un tel bonheur ne vous fait-il pas pitié? Depuis ce matin, je me tourmente. Raymond m'a quittée pour quelques heures; il est allé à Guéret; une de ses parentes, revenant des eaux de Néris, a dû y passer aujourd'hui vers dix heures; elle l'a prié de venir la voir un moment à l'hôtel de la poste; rien n'est plus naturel, et je n'ai aucune raison de m'alarmer; et cependant cette courte absence m'inquiète comme un long voyage; elle m'attriste aussi : c'est la première fois depuis huit jours que nous sommes si longtemps sans nous voir. Ah! comme je l'aime, et que je m'ennuie quand il n'est plus là! Une pensée me rassure dans l'état d'âme où je suis; dans l'exaltation que j'éprouve, il n'y a pas de malheur supportable pour moi : une nouvelle fatale, une image douleureuse, une erreur même... certain nom terrible mêlé sans raison à un nom adoré, je vous le répète, une fausse nouvelle à l'instant même démentie, du premier coup me tuerait; je ne vivrais pas les deux minutes qu'il faudrait vivre pour entendre la nouvelle contraire, la vérité heureusement démontrée. Cette idée me console. Si mon bonheur doit finir, je finirai avec lui.

Il est deux heures, Valentine : c'est une chose inconcevable que Raymond ne soit pas encore revenu. Mon cœur commence à se serrer tristement; ma main tremble en écrivant; mes yeux se troublent... Qui peut le retenir? Il est parti à huit heures; il devrait être ici depuis longtemps. Je sais bien que cette parente qui veut le voir peut avoir été elle-même retardée en route; on dit : Je passerai dans telle ville, à telle heure, et puis il arrive qu'on s'est trompé dans ses calculs. Les femmes surtout sont très-ignorantes en voyage; elles ne comprennent rien aux chiffres des livres de postes. Tout me dit que j'ai tort d'être inquiète, et pourtant je frémis à tous moments... ce cheval est si vif... Ce qui m'étonne, c'est que Raymond ne m'ait point donné à lire la lettre de cette parente; il il m'a dit : Je l'ai laissée sur la table ; et moi j'ai cherché sur sa table et je ne l'ai pas trouvée, cette lettre; j'aurais voulu la lire, elle m'aurait appris exactement à quelle heure il devait se trouver à Guéret, et j'aurais pu juger par là de l'heure à laquelle il aurait dû revenir ici. Mais cette parente est la mère de la jeune fille qu'il devait épouser... elle l'aimait peut-être; est-elle aussi venue?... Ah! quelle idée absurde! J'ai tant peur que je m'amuse à être jalouse, pour me rassurer, en choisissant des dangers impossibles. Oh! mon Dieu! ce n'est pas de son amour que je doute... il m'aime, il m'aime autant que je l'aime, et c'est bien là ce qui m'épouvante. C'est dans cet amour si pur, si parfait, si divin ; c'est dans ce bonheur si complet qu'est le danger. N'est-ce pas que cela est mal d'aimer avec idolâtrie une créature de Dieu, et que cette adoration n'est due qu'à lui seul; mettre toute son âme sur un seul être, oublier tout pour lui, c'est mal?...

Oh! que je voudrais le voir et entendre sa voix! j'aime tant cette voix!... Comme je suis inquiète!... quelle horrible angoisse! j'étouffe, mes idées se perdent; ce n'est pas vivre que de se sentir ainsi emportée dans cette tourmente désespérée. Et puis, s'il venait tout à coup, quelle joie!... Oh! je ne voudrais pas qu'il vînt tout de suite, je voudrais être préparée à le revoir, un moment, un seul!... S'il entrait tout à coup dans cette chambre, je deviendrais folle de joie en l'embrassant!

Ma chère Valentine, quel tourment que l'amour! même l'amour heureux!... Jamais je ne pourrai supporter plus d'une heure une agitation pareille. Je suis sûre que j'ai la fièvre; j'ai froid, je brûle; ma pensée tourbillonne, j'ai le vertige. Tout en vous écrivant, assise près de la fenêtre, je jette des regards avides sur la campagne qui est devant moi, sur cette longue avenue de chênes par laquelle il doit revenir. Je regarde, j'écris un mot, une ligne entière, pour lui laisser plus de temps de s'avancer, pour avoir plus de chance de l'apercevoir en levant les yeux, et à chaque ligne écrite, je regarde encore. Rien ne paraît à l'horizon désert : je ne vois ni son cheval, ni le nuage de poussière qui doit l'annoncer. L'heure sonne! trois heures! c'est effrayant... L'espoir me quitte... tout est perdu... Je me sens mourir. Mon instinct me dit qu'il se passe quelque événement affreux pour moi sur cette terre... Ah! mon cœur se déchire; ce que je souffre est horrible. Raymond! Raymond! Valentine! ma mère! au secours! au secours! Au bout de l'avenue je vois venir un cheval; ce n'est pas celui de Raymond... Ah! voilà le sien... Mais lui, je ne le vois pas... Dieu!...

. . . .

(Cette lettre inachevée de la comtesse de Villiers, adressée à Mme de Braimes, ne portait ni adresse ni signature.)

XL
A MONSIEUR
MONSIEUR EDGARD DE MEILHAN
HOTEL DE BELLEVUE,
A BRUXELLES (BELGIQUE).

Vous êtes à Bruxelles, en ce moment, cher Edgard. Je le crois, et j'ai besoin de le croire, pour avoir un peu de repos. Certainement, je ne crains pas pour vous les rigueurs de la justice; mais je tiens beaucoup à savoir que vous êtes en lieu sûr et hospitalier.

Les procès criminels dénoués par une issue favorable sont toujours fort tristes. Dans votre cas, il faut se mettre à couvert, d'abord, et sonder l'opinion. L'avenir règle la conduite. Au reste, tant que la législation du duel ne sera pas faite, il faudra toujours se méfier des tribunaux. Un jour arrivera où quelque jury, ennuyé des acquittements antérieurs, fera tomber une condamnation. Il est permis à chacun de redouter, pour soi, ce jury. La prudence conseille de s'éloigner et d'attendre.

J'ignorais toutes ces choses, moi. Au retour d'un voyage de dix ans, on apprend du nouveau.

Immédiatement après le combat, j'ai couru chez M. l'avocat Delestong, celui que vous m'aviez désigné. Là, il m'a fallu raconter l'affaire telle qu'elle s'était passée, sauf quelques omissions volontaires. Je dois vous mettre au courant de ce que j'ai dit et de ce que je n'ai pas dit, afin que cela vous serve de règle exacte, le cas échéant, et pour éviter le danger des contradictions devant un juge instructeur.

Il était inutile de raconter ce qui s'était passé entre vous et moi avant le combat. Je n'ai donc pas dit que nous avions tiré au sort le nom de celui de nous qui vengerait l'autre, en lui laissant le rôle de témoin. Je n'ai pas cru devoir, non plus, donner des explications sur les trop sérieuses causes du duel; il m'aurait fallu faire une longue histoire, et mêler des noms de femmes à tout propos, ce que des hommes né doivent jamais faire. Je me suis borné à dire qu'il y avait malheureusement des motifs graves, et de nature à légitimer le plus acharné combat. Nous sommes partis de Guéret, ai-je ajouté, à six heures du matin, M. Edgard de Meilhan et moi. A une lieue de la ville environ, nous nous sommes écartés de la grande route de Limoges, et nous sommes descendus de cheval dans l'endroit de la forêt appelé la petite cascade. Un quart-d'heure après, M. de Villiers est arrivé avec deux officiers de chasseurs à cheval, ses témoins d'obligeance. Nous avons échangé des saluts, à la distance de dix pas, mais aucune parole n'a été prononcée. Le plus âgé des officiers s'est avancé vers moi, m'a tendu la main, et, me prenant à l'écart, m'a dit : — Nous n'osons pas nous récuser, nous militaires, dans ces rencontres, lorsqu'un homme de cœur nous appelle, mais nous arrivons toujours sur le terrain avec un but de conciliation. Ces jeunes gens ont la tête chaude; il y a quelque belle blonde ou brune là-dessous;

j'ai compris cela, un enfantillage de rivalité. On ne se bat plus pour ces misères. Ce n'est plus dans nos mœurs. Nous allons arranger cela pour le mieux, n'est-ce pas? et en ménageant l'amour-propre de ces messieurs. — Monsieur, lui ai-je répondu, c'est avec un profond regret, croyez-le bien, que je repousse une proposition d'arrangement qui est autant dans mon caractère que dans le vôtre. Nous venons ici avec une résolution immuable. Si vous saviez.. — Dites-moi, je saurai, — a dit l'officier, en m'interrompant avec vivacité. — Vous demandez l'impossible, ai-je repris; c'est d'ailleurs une chose convenue. — Eh bien! si c'est ainsi, monsieur, a dit le militaire, nous nous retirons, mon camarade et moi. — Si vous vous retirez, capitaine, — lui ai-je dit en lui serrant la main, je me retire aussi, et je ne réponds plus de ce qui arrivera. — Et qu'arrivera-t-il? — Ces messieurs se battront sans témoins; je vous l'affirme sur l'honneur.

L'officier a incliné sa tête, et a fait avec ses mains un signe d'acquiescement forcé.

Après une courte pause, il m'a dit d'un ton froidement poli : — Tout cela est fort désagréable. Nous nous sommes embarqués, là, dans une fâcheuse affaire... Voyons, finissons-en... A-t-on réglé les armes? — Il est convenu, lui ai-je répondu, que les armes seront tirées au sort. — Mais, s'est écrié le militaire, il n'y a donc pas d'offenseur, pas d'offensé! Ils ont tous deux raison, et tous deux tort? — C'est ainsi convenu, capitaine. — Il faut encore se résigner, tirons les armes au sort, puisque c'est convenu.

Le sort a choisi l'épée.

— Avec cette arme, ai-je dit, tout le désavantage du combat était pour M. Edgard de Meilhan; le nom de son adversaire a une certaine célébrité d'escrime parmi les amateurs. C'est un des meilleurs élèves de Pons.

Avez-vous amené un chirurgien? m'a demandé l'officier. — Oui, monsieur. C'est le docteur Gillard. Nous l'avons laissé dans la maison la plus proche.

Comme vous voyez, cher Edgard, j'insisterai toujours fortement sur le désavantage que l'arme blanche vous donnait; et, quand il le faudra, j'exprimerai, en termes saisissants, les angoisses que j'ai subies, lorsque votre main, plus exercée au maniement de la plume que de l'épée, s'est fermée, avec hésitation, sous la coquille d'acier.

J'ai terminé ma déposition en ces termes : « Lorsque les places ont été réglées par le sort sur le terrain, nous avons remis aux combattants des épées jumelles ; le plus âgé des témoins adverses, et moi, nous nous sommes placés, à trois pas, la canne haute pour nous élancer, entre les deux épées, à nos risques et périls, si le cas l'exigeait, conformémént à la plus belle et la plus française des injonctions du Code du duel, par M. de Chateauvillard.

» Au signal donné, les épées se sont bravement croisées, Edgard a vivement attaqué son adversaire, avec cette audace qu'une héroïque inexpérience donne toujours. L'autre s'étonnait d'être obligé de se défendre ; il pensait trop, dans ces moments terribles, où la pensée tue l'action. La lutte n'a pas été longue. L'épée d'Edgard, mollement écartée par une défense pleine de distractions, a traversé son adversaire de part en part... En arrivant, le chirurgien n'a trouvé qu'un cadavre. Edgard est remonté à cheval, et je ne l'ai pas revu depuis. Ceux qui restaient ont rendu les derniers devoirs au mort. »

J'ai été obligé de vous écrire ces choses, mon cher Edgard, non pas pour vous les apprendre, puisque vous les savez, mais pour vous les rappeler exactement, et judiciairement, dans leur ordre naturel ; et surtout, je vous le répète, pour éviter les versions contradictoires, dans les débats d'un procès.

Maintenant, il me reste à vous écrire ce que vous ne savez pas.

J'avais un devoir à remplir, bien plus terrible que le vôtre, et il a fallu me rappeler notre exécrable serment, pour me donner le courage et la force de m'obéir.

Avant de tirer au sort, vous et moi, pour savoir quel serait le héros de ce duel, nous nous sommes engagés par serment à nous présenter nous-mêmes à la maison de cette femme pour lui annoncer l'issue du combat, si elle nous était favorable. Dans le délire d'irritation fiévreuse et folle qui brûlait en ce moment notre cœur et notre front, ce serment nous paraissait la plus raisonnable chose du monde. Il y avait, dans chaque goutte de notre sang, une flamme de haine si juste, si vive contre lui et contre elle, que la vengeance devait même franchir un cadavre, et poursuivre son œuvre devant une robe de deuil, avec un raffinement et un luxe de cruautés inouïs. Edgard ! Edgard ! quand j'ai vu couler le sang ; quand j'ai vu la jeunesse et la vie sous la pâleur du cadavre ; quand vous m'avez laissé seul sur ce théâtre de mort, une révolution subite s'est opérée dans mon esprit ; il m'a semblé que cet instant me vieillissait d'un demi-siècle, et, sans m'ôter toute ma haine, ne m'en laissait que la perception confuse, avec un vague souvenir plein de tristesse et de désenchantement. Le crime était grand, sans doute ; mais quelle foudroyante expiation ! quel enfer, résumé pour lui dans une minute d'agonie ! Tout perdre à la pointe d'une épée, tout ! jeunesse, fortune, amour, femme, voluptés célestes, harmonies des campagnes, lumière du soleil !

Cependant, cher Edgard, je me suis souvenu de notre promesse solennelle ; et comme vous n'étiez plus avec moi pour m'en délier, il m'a bien fallu remplir jusqu'au bout ma mission. Et puis, vous le dirai-je ? cette commisération humaine qui m'avait saisi, en face d'un cadavre, ne remontait pas complètement jusqu'à la femme criminelle. Je me sentais toujours au cœur un sentiment qui n'a pas de nom dans la langue des passions ; mélange de haine, d'amour, de jalousie, de mépris, de désespoir. Elle n'était pas morte, elle ! Un homme avait été immolé, comme une victime, à l'autel de cette déesse ; voilà tout. Ne leur faut-il pas de ces amusements aux femmes ! Elle vivrait.

Elle aurait des larmes aujourd'hui; elle marcherait demain dans l'ornière banale de la consolation. Une victime ne suffit pas à tant d'orgueil satiné! il faut bien vite se consoler pour mériter encore dans son temple de nouveaux sacrifices humains!

M'entretenant et m'excitant de ces pensées, je lançai mon cheval, à travers la campagne, dans la direction qui m'avait été indiquée la veille. Je reconnus bientôt le site pittoresque, où se refugiait la maison maudite, entre la fraîcheur des arbres et la fraîcheur des eaux. Une secousse électrique a dû vous communiquer, cher Edgard, le serrement de mon cœur à la vue de ce paysage. Il y a toute une histoire d'amour écrite à chaque pas. Il y a d'ineffables accords de bonheur dans les haies fleuries des vallées; des caresses langoureuses dans le murmure des iris, au bord des ruisseaux; des extases de jeunes époux dans le frémissement des feuilles; des enivrements divins dans les exhalaisons des fleurs agrestes, et dans les jeux suaves de la lumière, de l'ombre et du vent, sous les alcôves mystérieuses des arbres. Oh! qu'ils ont été heureux dans ce paradis! Que d'amour et de volupté leur souffle a laissé partout! Il y a sans doute ici un être surnaturel et invisible, qui a été le jaloux témoin de ces allégresses nuptiales, et qui s'est servi de votre épée pour les briser! Tant de bonheur offensait le ciel. Nous avons été les instruments aveugles de quelque intelligente colère. Mais qu'importe la mort, après cette vie d'un jour! après avoir savouré toutes les exquises tendresses de ce monde! En le voyant, lui, ce jeune époux triomphant, remonter cet escalier de fleurs, à la clarté des premières étoiles; en le voyant incliner ses yeux pleins d'avenir sur la beauté de l'épouse, qui ne se serait écrié, comme le poëte : *Ma vie pour un quart d'heure de cet homme!* Qui n'aurait accepté votre coup de poignard, au prix de sa divinité d'un moment! Les malheureux sont ceux qui survivent, parce qu'ils ont vu passer sous leurs lèvres ce bonheur, sans le goûter, Tantales infernaux des voluptés du paradis ! Les malheureux sont ceux qui survivent, parce que leur rêve a été la réalité d'un autre, et que la vengeance la plus légitime leur laisse une satisfaction empoisonnée comme un remords !

Continuez à me suivre, cher Edgard, dans mon triste pèlerinage à la maison maudite, et marchez avec moi jusqu'au bout.

En sortant des massifs d'arbres, et en mettant le pied sur le terrain nu et découvert qui s'étend devant la maison, comme une immense terrasse d'herbes et de fleurs, j'ai vu beaucoup de choses étranges, et je les ai vues avec cette rapidité de coup d'œil que donne la fièvre des grandes émotions : deux chevaux ruisselants de sueur, brides flottantes et sellés, ravageaient les plates-bandes. J'ai reconnu celui que montait le mort ; il avait été ramené sans doute par un domestique resté en arrière, et qui montait l'autre. Pas une figure ne se montrait au soleil, ni devant la ferme, ni sur le perron, ni dans le verger, ni aux fenêtres. Je remarquai dans le parterre deux râteaux couchés sur de belles tiges d'azaléas ; ils n'avaient donc pas été déposés avec précaution ; ils avaient été abandonnés subitement et au hasard de leur chute, à quelque lamentable appel de la maison. Une seule fenêtre était ouverte ; la riche étoffe du rideau que cette fenêtre laissait entrevoir annonçait la chambre d'une femme ; et le désordre des persiennes écartées sans symétrie faisait deviner que de longs regards d'attente fiévreuse étaient partis de là, aux heures tristes du matin. Un silence désolé régnait autour de la maison ; et ce silence était affreux, à ce moment du jour, où le travail joyeux s'agite et chante, à l'unisson des fontaines et des oiseaux.

Je montai l'escalier du perron en regardant, comme contenance, les jolies fleurs qui le bordaient, — les fleurs se mêlent à toutes les catastrophes de la vie ; — sur le seuil de la maison, je m'oubliai pour songer à vous, pour vivre avec votre âme, pour marcher avec vos pieds, car ma volonté seule eût expiré à cette fatale limite. Dans le vestibule, une porte ouverte à deux battants me laissa voir, dans un clair-obscur funèbre, des hommes et des femmes de campagne agenouillés et priant. Personne ne leva la tête pour me regarder. Je traversai le salon à pas lents et les yeux à demi couverts par la paupière et gonflés par des larmes violemment retenues; j'entrevoyais dans un angle, sur une chaise longue, quelque chose de blanc et d'immobile qui donnait le frisson... C'était... j'ai oublié son nom, Edgard, c'était elle!

Morte ou vivante, voilà ce que mon regard plein de trouble ne discerna pas. Elle semblait endormie, sa chevelure déployée en mille gerbes, dans le désordre du sommeil du matin.

Tout auprès, un jeune domestique, dont la veste avait des taches de sang, pleurait, la tête appuyée sur ses mains.

Derrière la tête de la femme couchée, une fenêtre basse était ouverte, pour laisser entrer un peu de fraîcheur dans le salon. Cette fenêtre est contiguë à une cour intérieure, très-sombre, à cause des grandes masses de feuilles flottantes qui semblent pleuvoir, du haut de ses murs, pour la combler.

Deux hommes vêtus de noir, et d'un maintien plus grave encore que leur costume, se parlaient bas, dans cette cour. Je ne les voyais qu'en buste; le petit mur inférieur de la fenêtre cachait la moitié de leurs corps. Au reste, je ne donnai que l'éclair d'un regard à ces observations de détail; mes yeux, ma douleur, ma haine, mon amour étaient tout à cette femme. J'étais absorbé dans une contemplation désolante.

Un instinct, et non une idée, me retenait à cette place.

J'attendais qu'elle reprît ses sens, et qu'elle rouvrît les yeux, non pour ajouter quelque chose à sa douleur par mon regard, ou ma parole, mais pour lui prouver que j'étais là, comme une vivante et muette accusation.

Des garçons de ferme entrèrent avec des bougies allumées, une croix et un bénitier, et me forcèrent, par des gestes brusques, à quitter ma place, et à m'éloigner. Dans le désordre de mon esprit, je ne compris rien, et je sortis lentement sur la terrasse, avec l'intention vague de respirer un instant l'air extérieur, et de rentrer ensuite.

Il y avait une ironie atroce contre le deuil de ce moment, dans la sérénité du ciel, l'éclat du jour, le vert lumineux des arbres, les sourires des fleurs, le chant des oiseaux. Souvent la nature refuse de s'associer aux douleurs humaines, parce que souvent ces douleurs sont une ingratitude envers sa bonté. Elle crée les merveilles du ciel pour nous rendre heureux ; nous évoquons les secrets de l'enfer pour brûler nos corps et nos âmes. La nature a raison de verser tant de raillerie sur nos volontaires douleurs.

Cher Edgard, vous le voyez, je vous fais passer par toutes mes misères, par toutes mes réflexions. Je vous donne cette heure, minute par minute, angoisse par angoisse, comme je l'ai subie, moi.

J'étais à l'écart sous les premiers arbres, et je ne sais pas trop ce que j'attendais. L'un de ces hommes, vêtus de noir, que j'avais entrevus dans la cour intérieure, a descendu l'escalier du perron et a suivi le sentier des arbres. Je l'ai abordé en bégayant une phrase inintelligible, mais que la situation éclaircissait. — Vous êtes un parent, un ami, une connaissance ? m'a-t-il demandé d'une voix assez calme. — Oui, monsieur. — C'est un grand malheur, a-t-il ajouté en croisant les mains et baissant la tête, — ou, pour mieux dire, deux grands malheurs à la fois. La pauvre femme aussi est morte...

Ce n'est qu'avec le sens des rêves que j'ai entendu le reste de la phrase, et je vous la transcris, sous l'impression d'un souvenir qui me paraît déjà bien éloigné, quoique d'hier... Oui, morte ! a-t-il ajouté, nous avons été appelés trop tard. Une saignée aurait pu dégager le cerveau. Il y a eu congestion foudroyante, asphyxie instantanée. Nous avons des exemples comme ça... Perte immense pour le pays. Une femme jeune et belle comme un ange, et bonne comme la charité... Morte!

Il leva la tête, montra le ciel avec sa main, et s'éloigna rapidement.

Il y a un souvenir qui me poursuit, et qui ne s'effacera jamais. Ce souvenir est sans doute aussi le vôtre, cher Edgard. C'est une image éloquente et muette, taillée dans le vide de l'air, comme le simulacre d'un tombeau; fantôme que ne peut dissiper le soleil, et qui me regarde dans les rayons ou dans les ténèbres : c'est le visage de Raymond, lorsqu'il s'est posé en face de vous, sur le terrain du combat. Son front, ses yeux, ses lèvres, son attitude respiraient tous les nobles sentiments qu'une tombe imméritée peut ensevelir. Il venait là, cet héroïque jeune homme, avec la conviction fatale de son dernier jour; il n'avait contre nous deux ni mépris ni haine; il obéissait aux inexorables exigences de cette heure, sans se plaindre, sans accuser. Le silence de Raymond voilait, avec une délicatesse sublime, son amitié pour nous, son amour pour elle. Son maintien n'exprimait ni la résignation qui veut être ménagée, ni la fierté qui provoque l'ennemi. Sa figure rayonnait de cette sérénité modeste, fille des résolutions suprêmes. En quelques jours d'union conjugale, il venait d'accomplir le cercle des félicités humaines; il venait d'épuiser toute la somme de béatitude divine qu'un homme peut dépenser ici-bas; et il se préparait sans faiblesse à l'inévitable et sanglante expiation de son bonheur!

Voilà ce qui était sur le visage de Raymond!

Edgard! Edgard! nous sommes trop vengés!

Comment se fait-il que l'honneur, cette noble vertu française, soit la mère de tant de remords?

Adieu.

ROGER DE MONBERT.

XLI
A MONSIEUR
MONSIEUR LE PRINCE DE MONBERT
RUE SAINT-DOMINIQUE,
A PARIS (FRANCE).

N'ayez aucune inquiétude, cher Roger; j'ai atteint la frontière sans avoir été poursuivi; la nouvelle de ce duel funeste ne s'était pas encore répandue. Je vous remercie toutefois de la lettre que vous m'avez écrite et dans laquelle vous me traciez la conduite que je devais tenir en cas d'arrestation. Dès qu'un juge d'instruction s'en mêle, les choses les plus claires et les moins compliquées prennent tout de suite un air coupable. — D'ailleurs, il m'eût été tout à fait égal d'être arrêté et condamné; j'ai fui plutôt pour vous que pour moi. Aucun intérêt humain ne peut désormais m'émouvoir; la mort de Raymond a terminé ma vie!

Quelle énigme inexplicable que le cœur de l'homme! Quand j'ai vu devant moi, sur le terrain, Raymond... une inexprimable rage s'est emparée de mon âme. La résignation céleste qui régnait sur ses traits m'a paru une infâme et suprême hypocrisie; je me suis dit : Il singe l'ange, le misérable! et je regrettais d'interposer une épée entre lui et ma haine. Cela me semblait froid et puérilement cérémonieux. J'aurais voulu lui ouvrir la poitrine avec les ongles, lui mordre le cœur avec les dents. — Je savais que je le tuerais, j'en étais certain; j'apercevais déjà, dessinées sur sa poitrine par le maigre doigt de la mort, les lèvres rouges de la blessure. Quand j'engageai mon fer avec le sien, je ne cherchai ni attaques, ni parades; j'avais oublié le peu que je sais d'escrime; j'allais au hasard, presque les yeux fermés; mais j'aurais eu pour adversaire Saint-Georges ou Grisier, que le résultat eût été le même.

Lorsque Raymond tomba, j'éprouvai un étonnement

profond ; quelque chose s'écroula en moi que nulle main ne pourra relever ! un gouffre s'ouvrit que rien ne comblera ! Je restai là, regardant avec une fixité morne l'écume pourprée qui montait, en sifflant, sur les bords de la plaie étroite et triangulaire. Ce spectacle de l'immobilité succédant à l'action, de la mort succédant à la vie sans transition, sans nuances ; — ce jeune homme tout à l'heure si plein d'avenir, étendu là, aussi impossible à ressusciter que Chéops sous sa pyramide, me fascinait malgré moi, et je murmurais dans une espèce de délire froid le mot de Macbeth : « Il avait bien du sang ! »

L'on m'emmena ; je me laissai mettre en chaise de poste comme une chose inerte. Les bourdonnements de la colère, du tumulte de la vie, s'étaient apaisés pour faire place à un silence tumulaire, à un calme glacial ; je n'avais plus ni mémoire, ni projet, ni pensée, ni rêve ; j'étais anéanti ; j'aurais voulu m'arrêter, m'étendre à terre et ne plus m'occuper de rien. Je n'éprouvais aucun remords ; je n'avais pas encore la conscience de mon crime ; l'idée que j'étais un meurtrier n'avait pas eu le temps de s'acclimater dans mon esprit ; je ne me sentais lié à mon action par aucun fil, et je demandais si c'était bien moi, Edgard de Meilhan, qui avais tué Raymond ! Il me semblait n'avoir été que simple spectateur de cette scène.

Quant à Irène, la cause innocente de cette horrible catastrophe, j'y songeais à peine : elle ne m'apparaissait que comme un vague fantôme entrevu dans une autre existence ! — Mon amour, mes désirs, ma jalousie, tout s'était évanoui. Une goutte de sang tiède de Raymond avait fait sur ces folles ébullitions l'effet de la goutte d'eau froide qui réduit en rosée les flots grondants de la chaudière à vapeur ! Elle est morte, pauvre enfant, c'est le seul bonheur que je pouvais lui souhaiter : cela diminue mon désespoir. Si elle vivait ! quelles tortures, quelles pénitences furieuses d'ermite dans le désert, aurais-je dû m'imposer !

Quelles pointes d'acier ! quelles lanières tranchantes auraient dû labourer mes chairs !

Repose en paix, chère Louise, car, pour moi, tu seras toujours Louise, même au ciel où je n'irai pas, car j'ai tué mon frère et je suis de la race des Caïns ; je ne te plains pas, tu as serré dans tes bras le rêve de ton cœur.

— Tu as été heureuse, et le bonheur sur terre est un crime puni de mort, comme le génie, comme la divinité.

Tu ne peux m'en vouloir ! chez toi, j'avais deviné l'ange à travers la femme. — Moi aussi je cherchais mon idéal, et je l'avais trouvé. O belle âme amoureuse ! pourquoi faut-il que la foi t'ait manqué, pourquoi as-tu douté de l'amour que tu inspirais ! Hélas ! je t'ai crue coquette, perfide, tu étais consciencieuse ; ton cœur était un trésor que tu ne pouvais reprendre, et tu voulais le bien donner ! — Maintenant je sais tout ; — on sait toujours tout quand cela ne sert plus à rien, et que le sceau de l'irréparable est posé sur les événements ! Tu es venue au Havre, pauvre belle, pour me chercher, et tu t'es enfuie te croyant trompée, tu n'as pas vu mon désespoir à travers ma fausse joie, tu as pris mon masque pour ma figure, le délire de mon corps pour l'oubli de mon âme ! Eh bien ! à cet instant où mon pied pressait le torse d'une négresse, où ma tête flottait dans les vapeurs de l'orgie, tes yeux d'azur étoilaient mon rêve, tes tresses blondes ruisselaient devant moi pareilles aux fleuves d'or du paradis, j'étais rempli de ta pensée comme un vase d'une liqueur divine ! Jamais je ne t'avais plus aimée, je t'aimais plus que le condamné n'aime la vie sur la dernière marche de l'échafaud, que Satan n'aime le ciel du fond de son enfer ! Mon cœur ouvert aurait montré ton nom écrit dans toutes ses fibres comme ces veines du bois qui se répètent dans toute l'épaisseur du bloc. Il n'y avait pas en moi un atome qui ne t'appartînt, tu me traversais en tous sens comme la lumière traverse l'air. Ta vie s'était substituée à la mienne ; je n'avais plus ni libre arbitre ni volonté.

Tu t'es penchée un instant sur l'abîme, et tu t'es reculée avec épouvante, car nulle femme n'a regardé sans vertige le gouffre du cœur de l'homme; les précipices t'ont toujours effrayée, — cher ange, comme si tu n'avais pas eu d'ailes! Si tu étais restée un instant de plus, tu aurais vu loin, bien loin, du fond des ténèbres, briller sur un fond d'azur inaltérable, au milieu des étoiles épanouies, la réflection de ton image adorée.

Vains regrets! plaintes superflues! La terre humide et brune enveloppe sa forme délicate! Ses beaux yeux, son front candide, son sourire charmant, nous ne les verrons plus jamais, — jamais, — jamais, quand nous vivrions des milliers de siècles. Chaque heure qui s'écoule rend la séparation plus profonde. Sa beauté va s'effacer dans la tombe, son nom dans l'oubli! Car bientôt nous aurons disparu nous-mêmes, pâles figures courbées sur un marbre pâle!

Tout ceci est bien triste, bien sinistre et bien terrible, et pourtant il vaut mieux que tout soit ainsi. — La voir aux bras d'un autre: Roger! nous n'avions rien fait à Dieu pour être damnés vivants! — Je puis plaindre Raymond, puisque la mort le sépare de Louise. Qu'il me pardonne! il le fera, car c'est un grand, un noble et parfait ami. Nous l'avons méconnu tous deux, comme cela devait être! la sottise et la bassesse sont seules comprises ici-bas.

Nous avons tous fait une course désespérée pour atteindre le bonheur! Un seul est arrivé, — mort!

EDGARD DE MEILHAN.

FIN.

www.ingramcontent.com/pod-product-compliance
Lightning Source LLC
Chambersburg PA
CBHW071246160426
43196CB00009B/1179